# ŚWIATŁO W FILMIE

BLAIN BROWN

# ŚWIATŁO W FLMIE

Przekład
Karolina Kosińska

Wydawnictwo Wojciech Marzec

Warszawa 2009

# Światło w filmie

Autor
Blain Brown

Przekład
Karolina Kosińska

Projekt okładki
Agencja reklamowa MIDEA

Redakcja i korekta
Magdalena Kostrubiec

Manager wydania
Magdalena Konopa


ISBN 978-83-927215-0-5

Wydanie pierwsze
Skład: Renata Mianowska
Druk i oprawa: Drukarnia Narodowa

Dystrybucja:
PLATON Sp. z o.o.
ul. Kolejowa 19/21
01-217 Warszawa

Wydawnictwo Wojciech Marzec
www.w-wm.pl
2009

*Dla mojej żony, Ady Pullini Brown,*
*bez której niczego bym nie ukończył.*

# SPIS TREŚCI

# PRZEDMOWA
# DO DRUGIEJ EDYCJI

Od momentu pierwszego wydania tej książki technologia oświetleniowa filmu i wideo znacznie się rozwinęła. W tym wydaniu staraliśmy się uwzględnić jak najwięcej tych nowinek. Choć jednak mamy dziś do dyspozycji nowocześniejszy sprzęt, taśmy, obiektywy, choć pojawiły się technologie DV i HD, zaakceptowane już przez profesjonalistów, zasady operowania światłem pozostały te same. Dobre oświetlenie to odwieczny problem; podstawowe koncepcje dotyczące światła nie zmieniły się od czasów Rembrandta, Caravaggia i innych mistrzów.

W tej książce zajmiemy się zarówno technologią oświetlenia, jak i estetyką, techniką i tym, co nazwać można „procesem", na który składa się pomysł i metodologia oświetlenia danej sceny oraz przygotowanie jej do sfilmowania.

Jedna rzecz nie zmienia się nigdy, niezależnie od tego, czy mamy do czynienia z produkcją filmową, wideo, czy HD: podstawą zawsze jest czas. Produkcja kosztuje – zwykle całkiem sporo. Umiejętność szybkiego działania jest więc równie ważna, jak inne aspekty pracy. Dotyczy to zarówno filmów niskobudżetowych, jak i przedsięwzięć wielkich wytwórni. Spytajcie jakiegokolwiek operatora – powie wam, że aby utrzymać się w biznesie, musicie osiągać jak najlepsze wyniki w jak najkrótszym czasie. Zrozumienie procesu jest tu niezwykle ważne. Równie duże znaczenie ma też znajomość możliwości sprzętu i świadomość wcześniejszych dokonań innych. Na planie często działa się intuicyjnie. Z czasem jednak uczymy się, że warto dokładnie przemyśleć, co się chce zrobić i dlaczego. Tak tworzy się solidny grunt dla późniejszych, już intuicyjnych decyzji, tak zyskuje się pewność działania. W trakcie pracy inni będą was obserwować: reżyser, jego asystent, producent, cała ekipa. Im bardziej pewni jesteście swoich posunięć, tym sprawniej wszystko idzie.

Nauka oświetlenia trwa całe życie; bardzo niewielu fachowców czuje, że naprawdę wie już wszystko. Możliwość nieustannego rozwoju, dowiadywania się coraz to nowszych rzeczy to jedna z atrakcji tego zawodu; jeśli robilibyśmy wszystko według jednej recepty, jakże nudna byłaby nasza praca.

Mam nadzieję, że książka ta będzie pomocna zarówno dla tych, którzy dopiero zaczynają swoją przygodę z filmem, jak i dla tych, którzy mają już pewne doświadczenie z oświetleniem filmowym i wideo.

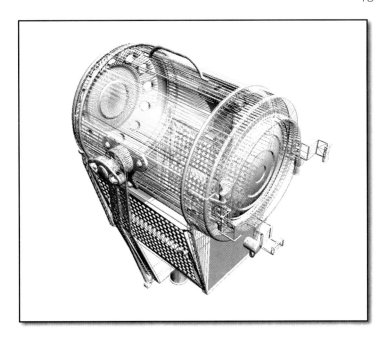

# HISTORIA OŚWIETLENIA

*Oświetlenie jest dla filmu tym, czym muzyka dla opery.*
C. B. DeMille

Oświetlenie kreuje środowisko dla opowieści, a w przypadku filmu podstawą opowiadania historii są obrazy. Pierwszym światłem dla opowieści był ogień. Dla pewnych celów nadal jest to światło niemalże doskonałe. Jest ciepłe i świetliste, wiąże się z poczuciem bezpieczeństwa. Przyciąga ludzi, którzy bezwiednie tworzą wokół ognia krąg, a odległość między nimi pozwala wygodnie prowadzić rozmowę.

Jest migotliwe, subtelne i koncentruje uwagę słuchających. Płomień, z początku niezwykle jasny i rozjarzony, stopniowo słabnie – wtedy nastrój robi się refleksyjny a powieki coraz cięższe. Przygasa wtedy, kiedy słuchacze zbierają się do odejścia. Dla myśliwego wracającego z łowów, dla szamana odprawiającego swój rytuał, dla członka starszyzny przypominającego historię plemienia, jest to światło idealne.

Kiedy teatr się sformalizował, gdy pojawiły się pisane scenariusze i liczniejsza publiczność, normą stały się przedstawienia przy świetle dziennym: musiało być jasno, by każdy mógł widzieć wyraźnie. Klasyczne greckie dramaty odgrywane były w trakcie świąt, które

Fig. 1.1
Mocne, teatralne światło
w filmie The Thread of Destiny
D. W. Griffitha z 1910 roku.

zwykle rozpoczynały się o świcie i trwały cały dzień. Teatr ten polegał przede wszystkim na sile słowa; nacisk na kostiumy (poza maskami), scenografię, inscenizację czy efekty był znacznie mniejszy. (Niektórzy puryści twierdzą, że od tamtego czasu teatr przeżywa nieustający regres). Nawet w czasach Szekspira i jego The Globe, standardem były właśnie dzienne przedstawienia.

Z czasem coraz częściej sztuki odgrywano w arystokratycznych domach i dla mniejszej widowni. Tego rodzaju wydarzenia oświetlane były świecami i pochodniami, co bez wątpienia dawało prosty, lecz mocny efekt. Inscenizacje, które oglądamy dziś, wykształciły się wraz ze spektaklami Ingo Jonesa, brytyjskiego architekta z XVII wieku, specjalizującego się w wyrafinowanych sztukach o pełnych przepychu scenografiach i kostiumach.

## ŚWIATŁO KONTROLOWANE

Kontrolowane, kierunkowe światło w teatrze nie jest niczym nowym. Już w 1781 roku francuski chemik Lavoisier sugerował, że do latarni olejowych można dodać ruchome reflektory. Dzięki tego rodzaju innowacjom teatr francuski tamtego czasu wiódł prym w dziedzinie oświetlenia sceny. Jednakże opinie dotyczące europejskiego dramatu były podzielone: jedni chcieli prostego oświetlenia służebnego wobec wyszukanych scenografii, inni z kolei uważali, że powinno się rozwijać sztukę światła nieco bardziej teatralnego i ekspresyjnego.

Pierwszym unowocześnieniem technologicznym było pojawienie się lampy gazowej, solidniejszej i mniej dymiącej niż olejowa, ale tylko trochę mniej niebezpiecznej. Następnie przyszedł czas na lampy wapienne, w których naturalny gaz i tlen spalały się w druciku żarowym wykonanym z tlenku wapnia. Lampa ta, dająca piękne, ciepłe światło współgrające z karnacją skóry aktorów, wciąż obecna jest w naszym języku – określenie „światła rampy" pochodzi właśnie od tego typu technologii. Mniej więcej w tym samym czasie to niewielkie, bardziej skupione źródło światła połączone zostało z prostymi, płaskowypukłymi soczewkami i sferycznymi reflektorami. Tak stworzono podstawę jednego z najważniejszych elementów współczesnego sprzętu oświetleniowego: światła ukierunkowane i ogniskujące.

Rewolucyjnymi postaciami w dziedzinie ekspresjonistycznej inscenizacji byli wielcy pionierzy teatru, Adolphe Appia (1862-1928) i Dawid Belasco (1853-1931). Appia prawdopodobnie jako pierwszy stwierdził, że cienie są równie istotne, co światło i że operowanie światłem i cieniem może być środkiem przekazywania ekspresjonistycznych idei. W opozycji do „naturalizmu" panującego w tym czasie (z jego, co ciekawe, bardzo sztucznym, płaskim oświetleniem), Appia proponował śmiałe oświetlenie ekspresjonistyczne, pełne burzy i naporu.

Belasco z kolei kładł nacisk na wartość efektu realistycznego, podkreślającego dramat. W 1901 roku stwierdził, że w stosunku do światła na scenie aktorzy są drugorzędni – zapewne w ten sam sposób myśli niejeden współczesny operator filmowy. Jego elektryk, Louis Hartmann uznawany jest przez niektórych za wynalazcę pierwszej żarówki punktowej (innymi kandydatami do tego tytułu byli Appia, Gordon Craig oraz Max Reinhardt), poprzedniczki większości dziś używanych świateł. Aby zneutralizować twarde światło w teatrze, Belasco i Hartmann instalowali także rzędy lamp o miękkim świetle, zawieszonych nad głowami aktorów, niezwykle przydatnych w naturalistycznych scenach rozgrywających się w świetle dnia (choć do dziś nie można właściwie mówić o prawdziwie miękkim świetle w oświetleniu teatralnym). Nazwiska Belasco i Hartmann, co godne pochwały, wyszczególnione były na plakatach reklamujących przedstawienia. W wyposażeniu teatralnym obecne były również lampy łukowe wykorzystujące elektrody do wytworzenia silnego płomienia. Miały szerokie zastosowanie, zwłaszcza w punktowych reflektorach o dużej intensywności.

Fig. 1.2
Lampy łukowe
wykorzystywane
w plenerze
wraz z efektem
deszczu
(Dzięki
uprzejmości
Mole-Richardson
Co.)

## WCZESNA PRODUKCJA FILMOWA

Kiedy pojawiły się pierwsze ruchome obrazy w 1888, czułość emulsji była tak niska, że aby ją skutecznie naświetlić, potrzebne było bardzo mocne światło. Filmy realizowano więc przede wszystkim na zewnątrz, aż do momentu, kiedy Thomas Edison (1847-1931) otworzył swoje słynne studio Black Maria. Wybudowane w 1893 roku przez współpracownika, K. I. Dicksona (współtwórcę wczesnej technologii ruchomych obrazów), studio miało nie tylko otwarty dach, ale też i ruchomą podstawę, dzięki czemu mogło obracać się w stronę słońca.

W miarę rozwoju przemysłu filmowego, studia w Nowym Jorku i w Ft. Lee (New Jersey) także otwierano na światło słoneczne, zwykle za sprawą ogromnych okien w dachu. Światłem tym można było do pewnego stopnia manipulować – pod świetlikami rozpinano muślinowe zasłony, które miały rozpraszać promienie i pozwalały na kontrolowanie poziomu kontrastu. Jako że filmy te były nieme i hałas nie stanowił problemu, ekipy potrzebowały mniej przestrzeni w studiu i zdarzało się, że plany kilku filmów znajdowały się zaledwie kilka metrów od siebie.

Pierwszym sztucznym źródłem światła wykorzystywanym przy produkcji filmowej były lampy rtęciowe Cooper-Hewitt, zawieszone pod szklanym dachem Biograph Studio na 14 ulicy w Nowym Jorku. Pojawiły się w użyciu około 1905 roku. Potem zastąpiły je lampy łukowe, będące po prostu adaptacją ówczesnych typowych latarni ulicznych. Długi czas naświetlania, brak odpowiedniego sprzętu i ciągle jeszcze wątłe fundusze przemysłu kinematograficznego powodowały, że jedynym możliwym oświetleniem było równomierne, płaskie światło. Kontrolny czynnik dla rozwoju techniki świetlnej stanowiła czułość widmowa emulsji. Przed 1927 rokiem taśma czarno-biała była ortochromatyczna, całkowicie nieczuła na promienie czerwone. Lampy żarowe, dające światło o dużym natężeniu czerwieni, były więc zupełnie nieprzydatne.

Kolejnym przystosowaniem współczesnego sprzętu przemysłowego do potrzeb filmu było wprowadzenie w 1912 roku lamp łukowych o białym świetle, wcześniej wykorzystywanych w fotograwiurze. Tak jak lampy łukowe dzisiaj, ówczesne urządzenia charakteryzowały się bardzo wysoką wydajnością i krzywą spektralną kompatybilną z taśmą ortochromatyczną. Łukowe lampy węglowe kupowano od firm zajmujących się oświetleniem teatrów, np. od Braci Kliegl z Nowego Jorku (których nazwisko przetrwało w nazwie lampy klieg).

Drogą wyznaczoną przez znakomitą karierę Belasco poszedł natomiast pewien młody człowiek, który pracował dla niego jako aktor – Cecil B. DeMille. DeMille buntował się przeciw płaskiemu oświetleniu, typowemu dla planów w studiach o przeszklonym dachu. W filmie Warrens of Virginia, reżyser DeMille i operator Alvin Wyckoff zastosowali niezwykle nowatorski pomysł: wykorzystali odbite światło słoneczne, które wpadając przez okno stanowiło jedyne źródło światła.

W tamtym czasie tylko kilku amerykańskich filmowców – DeMille, Erwin Porter i Billy Blitzer, operator D. W. Griffitha – walczyli z upodobaniem dla ogólnego, płaskiego światła. W 1908 roku Blitzer wykorzystał efekt płomieni w filmie Drunkard's Reformation, a rok później Pippa Passes pokazał upływ czasu za pomocą światła punktowego, którego przesuwający się snop symulował przesuwanie się słońca. W Thread of Destiny znaleźć można sceny oświetlone jedynie przez ukośnie padające promienie słoneczne; być może był to pierwszy przypadek efektywnego wykorzystania światłocienia (nazwanego przez Wyckoffa oświetleniem „Rembrandtowskim").

# WPROWADZENIE SZTUCZNEGO OŚWIETLENIA

Całymi latami operatorzy z tęsknotą spoglądali na kompaktowe, uniwersalne lampy żarowe (zwane też wówczas lampami Mazda). Lampy te były dostępne, ale ich przydatność była nikła – użycie udaremniała czułość spektralna ówczesnych taśm filmowych, niemalże całkowicie niewrażliwych na czerwień. Nawet obiekty o nieznacznie czerwonym zabarwieniu na zdjęciach ukazywały się czarne. Wolframowe żarówki miały (i do dziś mają) silnie czerwony odcień światła.

1.3
*Niegdysiejsze sztuczne oświetlenie na planie Broadwayu.
Jednostki w kształcie kopułek nazywane były „strzelbami",
bo potrafiły emitować światło na dalszą odległość.
Otwarte (open-face) lampy nosiły też nazwę „Solar Spots".
Ówczesne taśmy filmowe były niskoczułe (właściwa
ekspozycja wymagała dużej ilości światła), a obiektywy
ciemne, plan musiał być niezwykle mocno oświetlony.
(Dzięki uprzejmości Mole-Richardson Co.)*

Wprowadzenie w 1927 roku taśm czułych na wszystkie widzialne długości fal (stąd ich nazwa – panchromatyczne) radykalnie odmieniło możliwości oświetleniowe. Taśmy te były kompatybilne z żarówkami wolframowymi, co miało wiele zalet, w tym znaczne obniżenie kosztów produkcji. Zrealizowany w 1929 roku przez Universal film Broadway, którego operatorem był Hal Mohr, był pierwszym filmem całkowicie oświetlonym światłem żarowym.

Kierownictwo studiów widziało w nowej technologii szansę na zysk– oświetlenie planu można było teraz włączyć jednym guzikiem. Reakcja księgowych wytwórni (a istnieli nawet wtedy) na ten nowy, ekonomiczny typ lamp była tak entuzjastyczna, że w niektórych studiach użycie lamp łukowych było zabronione, poza szczególnymi sytuacjami, w których i tak potrzebne były specjalne pozwolenia. Wraz z nadejściem dźwięku, kamery uwięzione zostały w nieruchomych, dźwiękoszczelnych „lodówkach". Brak silnych lamp łukowych, które stworzyłyby mocny efekt świetlny, a także niezwykle statyczna praca kamery spowodowały, że obraz wielu powstających wtedy filmów był matowy i stłumiony.

Producenci lamp łukowych odpowiedzieli na to wyzwanie lampami, które także były kompatybilne z panchromatycznymi taśmami. Mimo wszystko jednak światła łukowe były (tak

*1.4*
*(**a**) Przed wynalezieniem lamp halogenowych, typowe lampy wolframowe (w tym wypadku 5K w oprawie Mole Skypan) były gromne. (Dzięki uprzejmości Mole-Richardson Co.) (**b**) Żarówki halogenowe pozwoliły na skonstruowanie małych reflektorów, tzw. szczeniaków, znacznie bardziej kompaktowych niż większe lampy. Na zdjęciu widzimy reflektor firmy Mole o mocy 1000W, zwany też „baby light".*

jak i dziś) nieporęczne a ich obsługa pracochłonna. Ostatecznym ciosem dla nich było pojawienie się lamp wyładowczych HMI, wydajniejszych i niewymagających osobnego operatora.

Główną wadą światła żarowego było (i nadal jest) to, że z zasady jest dużo słabsze niż światło lamp z łukiem węglowym. Potrzeba zwiększenia do maksimum możliwości żarówek zaowocowała pojawieniem się udoskonalonych reflektorów, wykonanych z polerowanych lustrzanych szkieł. Lampy oparte o tę technologię zwane były czasem „strzelbami" („rifle"), jako że dawały światło niezwykle jasne, ostre i długie. Niestety, choć wydajne, trudno było je regulować; stanowiły jedynie źródło surowego światła. Operatorzy zaś chcieli lamp o większej mocy, ale umożliwiających sterowanie szerokością i intensywnością strumienia. Dzięki wprowadzonym w 1934 roku soczewkom Fresnela (schodkowym) sprzęt oświetleniowy osiągnął kształt, który praktycznie nie zmienił się do dziś.

Po pojawieniu się technologii trójbarwnego Technicoloru w filmie Becky Sharp z 1935 roku, lampy łukowe wróciły do łask. Technicolor wymagał dystrybucji spektralnej podobnej do tej, jaką daje naturalne światło dzienne, a lampy żarowe do tego się nie nadawały. Jednocześnie producentom łuków udało się znacznie wyciszyć lampy. Tak więc łuki węglowe o białym płomieniu, wytwarzające światło podobne do dziennego i operujące ogromną mocą powróciły na plan. Dzięki nowym soczewkom Fresnela były też bardziej sterowne.

Rozpoczęły się lata świetności łuków węglowych. Przede wszystkim posiadały one odpowiednio zbalansowany kolor. Poza tym Technicolor – proces, w którym obraz z obiektywu rozbijany był przez pryzmat na trzy wiązki rejestrowane na trzech osobnych błonach – wymagał niezwykle silnych świateł. Łuki doskonale się tu sprawdzały. Niektóre z pierwszych filmów w Technicolorze oświetlane były tak mocno, że topiły wieka fortepianów, a dzieci (zwłaszcza Shirley Temple) z trudnością znosiły upał, który panował na planie.

Użycie lamp żarowych do pracy w kolorze wymagało poświęcenia niemalże połowy światła na filtry. Wykorzystanie ich przy filmach kolorowych było więc bardzo ograniczone, ale nadal znajdowały zastosowanie przy taśmie czarno-białej, a później w telewizji.

## ERA TECHNIKOLORU

Tak jak nadejście dźwięku, również Technicolor narzucił operatorom surowe ograniczenia. Aż do pojawienia się koloru, światłomierze były rzadkością: ustalając parametry światła kamerzyści wykorzystywali testy na taśmie, doświadczenie i intuicję. Precyzyjna inżynieria procesu trójbarwnego naświetlania wymagała sztywnych standardów oświetleniowych. W tamtych czasach nie ufano operatorom na tyle, by sami mogli wykonać całą pracę. Licencja Technicoloru obligowała do zatrudnienia operatora doradczego z ramienia samego Technicoloru, który nadzorowałby balans i ekspozycję koloru. Dlatego też w czołówkach tych filmów znaleźć można nazwiska dwóch osób odpowiedzialnych za zdjęcia.

Właśnie za sprawą tego ciągłego nadzoru pracowników firmy, a także przymusu angażowania doradców w kwestii koloru, zrodził się wciąż jeszcze żywy mit charakterystycznego stylu Technicoloru. Wbrew obiegowym opiniom ani owa technologia, ani typ taśm wówczas dostępnych nie odpowiadały za przejaskrawione barwy całkowicie pozbawione subtelności. To, co uważamy za klasyczny Technicolor, jest w rzeczywistości odzwierciedleniem chęci popisania się nową techniką, a także odbiciem dość prymitywnych gustów szefów studiów tego czasu. Ponieważ inżynierowie i doradcy decydowali o filmie w równym stopniu, co operatorzy i reżyserzy, postanowienia władz wytwórni wykonywane były w sztywny, biurokratyczny sposób. Nie miała już mocy stara tradycja, wedle której filmowcy zgadzali się z bezsensownymi wymaganiami szefostwa, a potem i tak robili filmy zgodnie z własnym wyczuciem i smakiem.

1.5
(**a**) Korygujące kolor fluorescencyjne lampy firmy Kino Flo na planie. (Dzięki uprzejmości Kino Flo, Inc.)
(**b**) Wyprodukowana przez Mole-Richardson lampa wyładowcza o mocy 12K z soczewką Fresnela.
(**c**) Panel świateł typu LED zamontowany na kamerze (Dzięki uprzejmości Lite Panels, Inc.)

Szala znów przechyliła się na stronę lamp żarowych, kiedy w 1951 roku wprowadzono taśmy Technicoloru przystosowane do tego typu światła. Taśmy takie produkowały też inne firmy, takie jak Kodak czy Ansco. Ustalił się więc standard obowiązujący do dziś: filmy zbalansowane do światła sztucznego, ale też nadające się do użytku przy świetle dziennym przy wykorzystaniu filtrów. Dopiero niedawno Kodak i Fuji wprowadziły na rynek fantastyczne błony negatywowe przystosowane do światła dziennego. W 1955 roku pojawiły się lampy łukowe o żółtym płomieniu (zbalansowane do światła sztucznego), dzięki którym można było ich używać w pracy z błoną zbalansowaną do światła sztucznego bez potrzeby korekcji koloru.

Lampy żarowe miały jednak wciąż poważną wadę: parujący wolfram wypalający się z żarnika osadzał się na stosunkowo chłodniejszej szklanej obudowie żarówki. W rezultacie moc lampy stopniowo słabła. Ponieważ lampa ciemniała, zmieniał się także balans kolorów.

Dużo praktyczniejszym rozwiązaniem było wynalezienie we wczesnych latach 60. żarówek wolframowo-halogenowych. Dzięki cyklowi gazowemu wypalony metal powracał do żarnika, a lampy miały dłuższą żywotność i większą wydajność. Inną zaletą mniejszych lamp kwarcowych był ich rozmiar, który pozwalał stosować je w niewielkich pomieszczeniach, w których nie mieściły się zwykłe światła wolframowe. Rezultatem tych zmian były małe, bardziej kompaktowe reflektorki (szczeniaki) i mniejsze, jak popularne 650 W Tweenie.

## METALOHALOGENKOWE (HMI), KSENONOWE, FLUORESCENCYJNE I DIODOWE (LED) ŹRÓDŁA OŚWIETLENIA

Rewolucja w oświetleniu nastąpiła w późnych latach 60., kiedy dla niemieckiej telewizji wyprodukowano wyładowcze lampy HMI. Ich główną zaletą była kolosalna przewaga mocy (pod względem lumenów w stosunku do watów) nad innymi źródłami światła. Ponadto charakteryzowały się zbalansowaniem koloru w świetle dziennym bez konieczności użycia filtrów.

HMI odmieniły rynek oświetleniowy, pozwalając na stosowanie mocniejszego sprzętu przy niższym zużyciu energii elektrycznej, co przekładało się też na mniejszą ilość generatorów i kabli. Moc największych lamp (12K i 18K) równała się, bądź przekraczała moc zżerających energię łuków, a przy tym nie wymagała prądu stałego ani ciągłego nadzoru operatora.

Choć te solidne, wydajne urządzenia zaprojektowane były początkowo na użytek telewizji, filmowcy szybko docenili ich zalety. Kiedy jednak po raz pierwszy zastosowano je przy filmie, wszyscy byli przerażeni nierównym naświetleniem taśmy. Powód migotania znaleziono szybko: HMI to lampy łukowe, podobne do brutusów (węglowych lamp łukowych), tyle, że wymagające prądu przemiennego, a nie stałego. Moc lampy zmieniała się wraz ze spadkiem i wzrostem napięcia w cyklu prądu przemiennego; w rezultacie więc zmieniała się także moc światła.

Poza kilkoma wyjątkami (takimi jak używanie sprzętu PAL w kraju, w którym używa się NTSC czy też zasilanie świateł z generatora o niekwarcowym synchronie), przy pracy z wideo nie stanowi to problemu, jako że oba systemy synchronizowane są z cyklem prądu przemiennego. W wypadku filmu synchronizacja ta jest często niemożliwa. Dziś wiemy, jakie warunki muszą być spełnione przy stosowaniu HMI, jednakże problemy te nałożyły wiele ograniczeń przy niektórych metodach filmowania, szczególnie przy wysokoczułej fotografii i przy pracy z monitorami live.

Tymczasem w 1982 roku film Łowca Androidów, z fantastycznymi zdjęciami Jordana Cronenwetha, spopularyzował lampy ksenonowe. Jako lampa wyładowcza, jest ona kuzynką HMI i starszą siostrą ksenonowej lampy projekcyjnej, wykorzystywanej w kinach. To niezmiernie wydajne źródło światła, połączone z polerowanym reflektorem parabolicznym może dawać niezwykle silny i bardzo wąski, skoncentrowany strumień światła. Choć dość specyficzne w użyciu, lampy ksenonowe stanowią przydatne i efektywne narzędzie dla wielu filmowców.

Rozwój lamp HMI bez efektu migotania i wyposażonych w elektroniczne, a nie magnetyczne stateczniki, usunął większość technicznych problemów związanych ze stosowaniem HMI w pracy z niskoczułą taśmą (off-speed filming). Pozostaje jednak jedna wada — pracując w trybie niwelującym migotanie, niektóre lampy wydają głośny szum, co może powodować obiekcje dźwiękowców.

## LAMPY KINO FLO I LED

Innymi osiągnięciami były świetlówki ze współczynnikiem oddawania barw odpowiednim dla filmów kolorowych. Wprowadzone przez firmę Kino Flo, te korygujące kolor lampy fluorescencyjne o wysokiej częstotliwości (eliminującej efekt migotania), były niezwykle popularne we wszystkich typach zastosowań.

Bardziej współczesnym rozwiązaniem są lampy panelowe LED (diody elektroluminescencyjne), nadzwyczajnie kompaktowe i często bardzo niewielkie. Światła te okazały się przydatne do oświetlania niewielkich przestrzeni, np. we wnętrzach samochodów lub w pomieszczeniach, które wymagały ukrycia sprzętu oświetleniowego w różnych miejscach.

Dzisiaj filmowcy mają do dyspozycji całą gamę wydajnych urządzeń o różnych zastosowaniach. Historia oświetlenia to historia adaptowania nowych technologii i technik na potrzeby sztuki i wizualnej narracji. Każdego dnia na planie wszyscy stykamy się z tymi samymi problemami. Warto więc korzystać z bogatego doświadczenia tych, którzy borykali się z nimi przed nami.

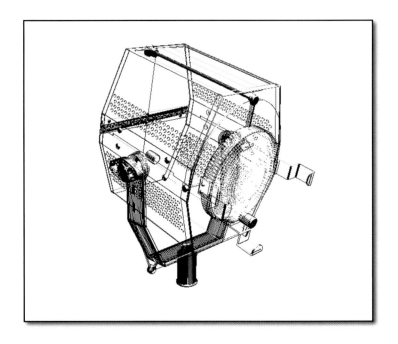

# ŹRÓDŁA OŚWIETLENIA

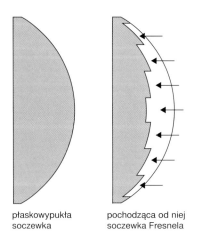

płaskowypukła
soczewka

pochodząca od niej
soczewka Fresnela

Urządzenia świetlne to narzędzia naszego rzemiosła. Tak jak mechanik zna możliwości swojego sprzętu, my także musimy zrozumieć właściwości naszych narzędzi, aby w pełni wykorzystać ich potencjał. W tym rozdziale przyjrzymy im się bliżej. Podzieliliśmy je na kilka głównych grup: lampy z soczewkami Fresnela, lampy wyładowcze HMI, łuki węglowe, jednostki otwarte (open-faced), PAR (żarówka paraboliczna z metalizowanym odbłyśnikiem), lampy rozpraszające (softs), lampy podświetlające (broad) i inne.

| 2.1 Soczewka Fresnela

# ŚWIATŁA Z SOCZEWKAMI FRESNELA

Z niewielkimi wyjątkami (takimi jak światła Dedo), większość świateł soczewkowych wykorzystuje soczewki Fresnela. Skonstruowane przez Augustina-Jeana Fresnela w XIX wieku dla latarni morskich, miały być odpowiedzią na problemy dotykające duże szklane soczewki. Podstawową wadą tych ostatnich było to, że ich grubszy środek szybko gromadził ciepło i często pękał.

Bazując na dokonaniach Leclerca i Bufona, Fresnel wpadł na pomysł „złamania" kształtu soczewki tak, by była cieńsza. Krzywizna (a więc i zdolność powiększania) pozostawała ta sama, ale szkło straciło swą grubość, a przez to okazało się mniej podatne na pęknięcia.

## Światła żarowe z soczewką Fresnela

Światła z soczewkami Fresnela określane są zawsze przez wielkość ich żarówek (2K, 5K, itd.) i dzielą się na dwa rodzaje: lampy studyjne i małe reflektorki (szczeniaki). Podczas gdy światła studyjne to jednostki o pełnej mocy i rozmiarze, szczeniaki mają mniejsze obudowy i żarówki. Zwykle większa wersja stanowi oprawę kolejnej, mniejszej wersji (na przykład lampa 5K podobna jest do 2K), z obudową, która rozszerza się od podstawy. Oprawka utrzymuje żarówkę skierowaną centralnie na reflektor i soczewkę. Niewielki rozmiar tych lamp sprawia, że są one bardzo popularne w pracy w naturalnych wnętrzach.

## Oświetlenie 10K i 20K

Przez wiele lat reflektor 10K był największą lampą z soczewką Fresnela dostępną na rynku. Do dziś jest chętnie używany, choć coraz częściej wypiera go mocniejszy, 20K. 10K ma napięcie 110 V (w USA), a 20K – 220 V.

Lampa 10K funkcjonuje w trzech wersjach:
- Mały reflektor 10K zapewnia mocne i wydajne światło; to sprzęt kompaktowy, łatwo przenośny, wyposażony w 14-calową soczewkę Fresnela.
- Standardowy reflektor 10K, zwana lampą atelierową 10K, wyposażona w 20-calową soczewkę Fresnela
- Reflektor Big Eye, czyli lampa 10K z dużą, 24-calową soczewką Fresnela.

Ostatni z modeli to lampa szczególna. Żarówka DTY (oznaczenia wg General Electric) o mocy 10.000W jest stosunkowo niedużym źródłem światła, ale ogromna soczewka pełni tu funkcję wielkiego radiatora. W rezultacie otrzymujemy ostre, twarde światło, obejmujące jednak przestrzeń na tyle szeroko, że przedmioty znajdujące się blisko lampy oświetlone są miękko i subtelnie. Dzięki tej własności, charakterystycznej dla wszystkich dużych świateł (także 12K

2.2
**(a)** Lampa 10K typu Big Eye.
**(b)** Lampa 2K firmy Mole.
**(c)** Lampa typu Tweenie

HMI i Brutusów), lampy te mają szczególną jakość, która nie poddaje się imitacji.

UWAGA: Nigdy nie zapalajcie lampy 10K, 20K czy 5K, kiedy skierowana jest do prosto do góry. Soczewka blokuje wówczas wentylację i lampa szybko się nagrzewa. Ponadto włókno żarowe, w tej sytuacji bez odpowiedniego podtrzymania, może opaść i dotykać szkła. W obu przypadkach może dojść do przegrzania i pęknięcia soczewki. Takie uszkodzenie kosztuje setki dolarów i całkowicie dyskwalifikuje sprzęt.

## Lampa 5K

Ten niewielki reflektor, zwany też seniorem, w swoim rozmiarze i konfiguracji przypomina atelierowy 2K. Posiada jednak obudowę powiększoną u nasady, by zmieściła się w niej żarówka 5K z żarnikiem odpowiednio ustawionym na wprost soczewki.

## Lampy typu Junior

Reflektory 2K z soczewkami Fresnela to potężne i popularne źródła oświetlenia – uniwersalne i przydatne w wielu różnych sytuacjach. Użyteczne przy stosowaniu wysokoczułych błon i obiektywów o dużej jasności w wypadku filmu), a także przy pracy z kamerami HD (w wypadku wideo) o doskonałych możliwościach rejestracji przy niskim oświetleniu, mają też na tyle dużą moc, by stanowić główne źródło światła na planie. „Szczeniaki" to bardziej kompaktowa wersja lamp 2K z soczewką Fresnela; przypominają 1K, ale mają szerszą podstawkę, by pasowała do niej żarówka FEY. Zwane są też baby junior lub BJ.

## Lampy 1K

W tych małych reflektorach stosuje się albo żarówkę 750 W (EGR), albo 1000 W (EGT). Rozpowszechniona nazwa – 750 – pochodzi jeszcze sprzed epoki lamp kwarcowo-halogenowych, kiedy najpopularniejszą żarówką była właśnie wolframowa 750. Większość tych świateł wykorzystuje dziś żarówkę kwarcową (1K), ale nadal używa się tej starej nazwy. Jej mniejszą wersją jest mała lampa baby 1K. Ze względu na mniejszą soczewkę i obudowę, ma szerszy promień niż atelierowa 750; przydaje się przede wszystkim na niewielkich planach, kiedy źródła światła trzeba ukryć w zakamarkach pomieszczenia.

## Oświetlenie typu 650, Betweenie oraz InBetweenie

Lampa typu 650, zwana też Tweenie, to sprzęt bardzo uniwersalny. Jego nazwa wskazuje na pozycję tego oświetlenia pomiędzy lampą 1K a lampą typu inkie. Przy nowych taśmach wysokoczułych, Tweenie doskonale sprawdza się w sytuacjach, w których do tej pory stosowano „szczeniaki". Ogromną zaletą tego światła jest jego kompaktowy rozmiar. Firma Mole wypuściła na rynek również Betweenie o mocy 300W i InBetweenie o mocy 100 lub 200W. Można też spotkać się z podobnym sprzętem innych producentów.

2.3
*Lampa wyładowcza 12/18K
z soczewką Fresnela
na statywie korbowym Lite Lift.*

## Oświetlenie typu Inkie

Przez długi czas Inkie było najmniejszą dostępną lampą. Nie ma zbyt dużej mocy (200 lub 250W), ale jeśli zbliżymy ją do fotografowanego obiektu, może dać zaskakująco dużo światła. Stanowi doskonałe narzędzie, jeśli potrzebujemy niewielkiej ilości światła na planie – tak jak w przypadku lampki do podświetlania oczu, światła dopełniającego czy awaryjnego, które rozjaśni nam nieco ekspozycję niewielkiej przestrzeni. Kiedy kończycie oświetlać scenę, jedna lub dwie lampy Inkie powinny zawsze być w pogotowiu, by podretuszować całość. Ponieważ są bardzo lekkie, z powodzeniem mogą być mocowane do kamery, podwieszane pod sufitem, podczepiane do różnych elementów czy po prostu trzymane w dłoni. Łatwe do zamontowania, służyć będą w każdej, nawet nietypowej sytuacji.

# LAMPY WYŁADOWCZE HMI

## Lampy 12K i 18K

12K i 18K to najsilniejsze dostępne światła z soczewką Fresnela. Mają ogromną moc i – jak wszystkie HMI – są niezwykle wydajne. Tak jak lampy łukowe, które wypierają z powszechnego użycia, wytwarzają bardzo ostre, czyste światło. Taki efekt osiąga się, jeśli światło z niewielkiego źródła (łuk gazowy) rzucane jest przez bardzo duże soczewki.

Przy plenerach filmowanych w ciągu dnia, duże lampy są jednymi z niewielu, które mogą zbalansować światło dzienne i wystarczająco rozjaśnić cienie, by można było kręcić w pełnym słońcu bez użycia blend czy reflektorów. Niezwykle istotny jest tu fakt, że ich temperatura barwowa jest zbliżona do światła dziennego (5500K) – to ogromna zaleta, bo przy tego rodzaju sytuacjach nie traci się światła na filtry.

Niektóre stateczniki wyposażone są w złącza typu Bates (zwane także 2P&G), inne podłączone są bezpośrednio do kabla zasilającego przez Camlock, wtyczkę lub inne złącza. Większość lamp HMI to lampy o napięciu 220V, ale można spotkać też jednostki 110V, które mogą utrudniać równoważenie obciążenia. Tak jak w przypadku wszystkich dużych lamp, zanim się je włączy lub wyłączy, należy koordynować swoje działania z operatorem agregatu. Zanim wypożyczycie którąś z tych lamp, upewnijcie się koniecznie, jakiego rodzaju złącza są do niej odpowiednie.

Wiele lamp HMI jest dziś wyposażonych w stateczniki wykorzystujące technologię fal prostokątnych, niwelujące migotanie obrazu przy każdym tempie przesuwu taśmy. W przypadku niektórych jednostek nie wolno kręcić zdjęć w trybie niwelującym migotanie przy prędkości innej niż 24 kl/s (odpowiednia do synchronicznego rejestrowania obrazu i dźwięku). Jeśli używa się lamp wyładowczych i filmuje się przy wysokiej czułości taśmy oraz w trybie niwelowania migotania, lampy te mogą wytwarzać pewien hałas. Jeśli stateczniki można usunąć poza plan albo film realizuje się bez dźwięku, nie stanowi to oczywiście problemu.

Innym atutem tego sprzętu jest znacząca redukcja rozmiarów stateczników spowodowana przejściem od technologii magnetycznej do elektronicznej. To ogromna ulga dla elektryków, którzy musieli przenosić stateczniki w rozmiarze niewielkiej lodówki.

Kable oprawowe to przewody łączące stateczniki z samą oprawą. Większość dużych lamp wyładowczych posiada dwa takie kable.

2.4
*Lampa wyładowcza 6K
ze statecznikiem*

## Lampy 6K i 8K

Wyładowcze lampy typu 6K (i nowsze 8K) to prawdziwe „konie pociągowe" w dziedzinie oświetlenia. Jeśli budżet filmu nie pozwala użyć lamp 12K, te doskonale sprawdzają się w ich roli. Choć zwykle mają mniejsze soczewki, dają ostry, czysty promień światła o dużej rozpiętości. Przy większości zastosowań funkcjonują jako światło główne, służąc za światło zza okna albo też jako balans przy świetle słonecznym.

Niektóre jednostki 6k mają napięcie 110V, a inne 220V w zależności od producenta danej lampy czy firmy wynajmującej sprzęt. Mogą one wymagać rozdzielni, wtyków z zaciskiem obrotowym (twist lock), albo też zestawu złącz podwójnych (zwanych wtykami eberle). Jeśli zamawiamy lampę 6K, należy koniecznie zapytać o to firmę wynajmującą sprzęt i upewnić się, że zapewni nam ona wszystkie niezbędne elementy. Produkty niektórych marek HMI (np. Arriflex) umożliwiają też równoważenie oprawy lampy. W tym celu trzeba przesunąć uchwyt podtrzymujący do przodu lub do tyłu oprawy. Może się to okazać bardzo przydatne, jeśli odchylamy lub zamykamy skrzydła reflektora albo gdy radykalnie zmieniamy balans światła.

## Lampy 4K i 2.5K

Mniejsze lampy wyładowcze – 4K i 2.5K – to światła uniwersalne, z powodzeniem zastępujące żarowe piątki i dziesiątki. Nie tak duże jak standardowe HMI, są łatwe w montażu i świetnie sprawdzają się w niewielkich pomieszczeniach.

## Mniejsze jednostki wyładowcze (HMI)

Najmniejsze jednostki – 1,2K, 800W, 575W, 400W i 200W HMI – to także lampy do uniwersalnych celów. Ich uniwersalność zwiększa jeszcze fakt, że można je podłączać nawet do zwykłych ściennych gniazd. Lekkie i kompaktowe, mogą być stosowane w wielu sytuacjach. Elektroniczne stateczniki odpowiednie do tych jednostek są na tyle nieduże, że można je ukryć na planie bądź podwiesić na ruszcie oświetleniowym. Pracując z mniejszymi HMI trzeba jednak uważać na kilka rzeczy:

- Dłuższe działanie pod napięciem większym niż znamionowe może spowodować przedwczesne zniszczenie.
- Kable o znacznej długości mogą zredukować napięcie do poziomu, w którym lampa nie będzie chciała działać.
- Nadmierne chłodzenie czy też bezpośrednie skierowanie strumienia powietrza na lampę może ją schłodzić poniżej temperatury pracy. Efektem może być światło o wysokiej temperaturze barwowej i gorszy intermidiet.
- Wszystkie żarówki mają określoną wartość znamionową dla określonych poziomów świecenia. Waha się ona między +/- 15° do +/- 45°. Ogólnie rzecz biorąc, żarówki 4K i mocniejsze mają tolerancję do 15° podczas gdy mniejsze mają większy zakres.

## Gdy HMI nie chcą działać

Podczas pracy zawsze zdarzy się przynajmniej jedna lampa HMI, która nie chce właściwie funkcjonować. Niektóre wypożyczalnie zapewniają w takiej sytuacji zapasową lampę, stecznik, albo oba elementy. Warto się upewnić, że w rezerwie ma się jeszcze kilka dodatkowych kabli oprawowych, bo to one bywają często powodem złego działania sprzętu. Najczęściej jednak winą trzeba obarczyć wyłącznik bezpieczeństwa przy soczewce.

- Warto sprawdzić, czy wyłączniki są włączone. Większość lamp wyładowczych ma więcej niż jeden.
- Po odcięciu zasilania należy otworzyć soczewkę i sprawdzić mikro-włącznik, który łączy się z obudową soczewki. Trzeba upewnić się, że działa poprawnie i łączy. Należy poruszać nim, ale delikatnie, nie gwałtownie – bez tego elementu światła nie będą funkcjonować.
- Jeśli to nie działa, czas użyć innego kabla. Jeśli do lampy przyłączany jest więcej niż jeden, należy odłączyć wszystkie i próbować po jednym, po kolei. Trzeba również sprawdzić, czy w gnieździe wtykowym nie ma żadnych śmieci.
- Należy sprawdzić zasilanie. Lampa nie włączy się, jeśli napięcie jest zbyt małe. Aby ją uruchomić potrzeba zwykle co najmniej 108V. Niektóre jednostki mają przełączniki informujące o wysokości niezbędnego napięcia (110, 120, 220); należy upewnić się, że ich ustawienie jest właściwe.
- Można spróbować przyłączyć do lampy inny stecznik albo inną lampę do stecznika.
- Trzeba pozwolić lampie się schłodzić. Wiele świateł nie uruchomi się ponownie przy włączonym zasilaniu, ale niektóre mają taką funkcję (hot restrike), dzięki której do lampy dociera zwiększone napięcie startowe.

## Ochrona i zasilanie lamp wyładowczych

- Zawsze należy uziemiać lampę i statecznik odpowiednim sprzętem.

- Trzeba zmierzyć woltomierzem podstawę lampy i statecznik w celu sprawdzenia, czy nie ma upływności. Należy w tym celu zmierzyć napięcie między obudową jednostki a uziemieniem. Kilka woltów to rzecz normalna, ale jeśli napięcie to wynosi ponad 10 czy 15V, mogą wystąpić problemy.

- Należy pamiętać, że statecznik zawsze musi być suchy. Jeśli grunt jest mokry, trzeba ustawić go na podeście lub gumowej macie.

- Ważne, by starać się nie zostawiać na lampie brudnych śladów czy odcisków palców. Tłuszcz ze skóry może stanowić zagrożenie dla szkła. Do większości lamp dołączona jest specjalna ściereczka czyszcząca.

- Należy upewnić się, że między podstawą lampy a stojakiem/uchwytem jest dobry kontakt. Wszelkie zanieczyszczenia mogą zwiększyć opór i uniemożliwić odpowiednie chłodzenie.

# LAMPY KSENONOWE

Światła te, blisko spokrewnione z lampami HMI (to lampy o łukach gazowych wyposażone w statecznik) mają polerowane paraboliczne reflektory, które pozwalają im emitować zadziwiająco silny promień, bliski skolimowanej wiązce laserowej. Mają niezwykłą wydajność – wśród wszystkich lamp to one charakteryzują się najwyższym współczynnikiem lumen/wat (co po części wynika z wąskiego strumienia światła). Dziś lampy te występują w czterech rozmiarach: 1K, 2K, 4K i 7K. Można się też spotkać z 75W reflektorem typu sungun. Jednostki 1K i 2K to modele 110V i 220V, niektóre z nich można nawet przyłączyć do gniazd ściennych. Zaleta jest oczywista – mamy wybór między mocnym i wydajnym światłem, które możemy podłączyć albo do domowego gniazdka, a lampami zasilanymi przez mały generator. Lampy ksenonowe typu 4K i 7K to bardzo silne źródła oświetlenia i trzeba się z nimi obchodzić ostrożnie. Świecąc mocnym, skupionym promieniem światła te mogą nawet rozbić szybę. Jeden przykład ich siły: lampa 4K, przy czułości ASA 320 i pełnej mocy światła, promień w odległości 12 metrów od źródła ma wartość f/64!

Ponieważ żarówki lamp ksenonowych zasilane są prądem stałym, nie ma tu problemu migotania. Można je więc wykorzystywać przy taśmach wysokoczułych do 10.000 kl/s. Światła te mają jednak pewne wady. Po pierwsze wszystkie ksenony są bardzo kosztowne, a po drugie mają wentylator, który przy nagrywaniu dźwięku może sprawiać wiele problemów. Ponadto ze względu na umieszczenie żarówki i konstrukcję reflektora pośrodku okrągłego pola światła zawsze widać ciemniejsze miejsce. Można ten efekt zminimalizować, ale nigdy całkowicie wyeliminować.

Paraboliczne reflektory utrudniają też wysłanianie miejsc znajdujących się blisko lampy. Murzyny rzucają w takiej sytuacji dziwne symetryczne cienie. Poza tym bardzo mocny i skoncentrowany strumień światła szybko przepala folie filtrujące. Niektórzy próbują ominąć ten problem umieszczając filtry dalej od reflektora. To błąd. Najbezpieczniej umocować je tuż przed światłem, tam właśnie jest najchłodniej.

Ksenonowe lampy 75W typu sungun doskonale sprawdzają się, jeśli chcemy uzyskać efekt lampy błyskowej. To mała przenośna jednostka, zaprojektowana początkowo dla marynarki wojennej, która może być zasilana zarówno prądem przemiennym (110V), jak i stałym. Nowsze modele umożliwiają regulowanie szerokości snopu światła podczas kręcenia zdjęć. Promień takiego światła jest wąski, choć odległość projekcyjna bardzo daleka. W jego centrum widoczna jest jednak dziura bądź blik. Żarówki ksenonowe nie zmieniają temperatury w miarę starzenia albo przy zmianie napięcia.

# LAMPY ŁUKOWE TYPU BRUTUS

Wraz z pojawieniem się lamp wyładowczych zasilane prądem stałym lampy łukowe z soczewką Fresnela wyszły praktycznie z użycia. Przez wiele lat Brutus był największym i najsilniejszym graczem wśród sprzętu oświetleniowego. Kilkakrotnie wydajniejszy od 10K, stanowił standardowe urządzenie do zbalansowania światła słonecznego, świetnie sprawdzał się w nocnych zdjęciach plenerowych i był stosowany przy tworzeniu efektu światła dziennego wpadającego przez okno.

Skonstruowana przez sir Humphreya Davy'ego w 1801, lampa ta była pierwszym elektrycznym światłem o takiej intensywności. Wykorzystywano ją w teatrach, a później w filmie, jako jedyne źródło wystarczająco jasne, by zrealizować przy nim film na ówczesnych niskoczułych emulsjach. Była to w tamtych czasach jedyna alternatywa dla przeszklonych dachów i światła słonecznego.

Lampa łukowa wytwarza światło dzięki rzeczywistemu łukowi pomiędzy dwiema węglowymi elektrodami. Kiedy świeci, negatywne i pozytywne elektrody spalają się i muszą być stale dosuwane, by pozostawały w odpowiedniej pozycji. We współczesnych łukach pracę tę wykonują mechanizmy posuwu napędzane elektrycznie. Niegdyś mechanizmy podtrzymujące elektrody musiały być obsługiwane ręcznie. To z kolei wymagało doświad-

2.5
Zestawienie
lampy łukowej
typu Brutus
(po prawej)
i wyładowczej
lampy 12K
HMI PAR.
Obie zam
ontowane są
na statywach
Mole Litewate

czenia od techników, a tytuł „operator lampy" przysługiwał tylko najzdolniejszym elektrykom. Nawet dziś nazwa ta jest niekiedy używana w odniesieniu do elektryków planu.

Innym powodem wyparcia lamp łukowych przez HMI było gigantyczne zużycie energii przez te pierwsze (225A dla standardowych Brutusów, na co potrzeba kabla o przekroju 40 mm2 na każdą lampę) i fakt, że muszą być one zasilane przez prąd stały, co wymaga albo studia z takim zasilaniem albo osobnego dużego generatora. Ostateczny wniosek jest więc taki, że mimo, iż wypożyczenie tych lamp jest stosunkowo tanie, lampy łukowe są kosztowniejsze w eksploatacji niż HMI. Światła łukowe stanowiły o tyle przydatne źródło oświetlenia, że były zbalansowane zarówno do światła sztucznego, jak i naturalnego, bez konieczności użycia filtrów. Żadne inne światło nie miało takiego balansu, aż do momentu pojawienia się fluorescencyjnych jednostek z wymiennymi żarówkami. Balans osiągano zwykle przez zastosowanie albo elektrod o białym świetle do wyrównania światła dziennego, albo elektrod o świetle żółtym do wyrównania oświetlenia sztucznego.

Przy zastosowaniu do balansu światła dziennego, elektrody o białym świetle emitują dużo promieni ultrafioletowych; w takich sytuacjach efekt UV neutralizowany jest przez filtr Y-1. Filtr MT-2 konwertuje elektrody o białym świetle, by wyrównały światło sztuczne. Wszystkie łuki mają dodatkowe wyposażenie w postaci „piecyka" lub statecznika. „Piecyk" służy do dwóch celów. Po pierwsze, funkcjonuje jako ogromny opornik ograniczający przepływ prądu przez łuk, a po drugie redukuje napięcie do optymalnej wysokości 75V nie obniżając przy tym natężenia. (Więcej informacji o użyciu łuków w załączniku).

## ŚWIATŁA OTWARTE

Lampy z soczewkami Fresnela są z pewnością bardziej wyrafinowane i dają możliwość większej kontroli - są sterowniejsze, delikatniejsze i oferujące czystsze cienie. Światła otwarte nie mają tego rodzaju soczewek i trudniej się nimi manipuluje, ale za to są dużo wydajniejsze: lampa tego typu będzie znacznie mocniejsza niż światło fresnelowe w podobnym rozmiarze. Ogólnie rzecz biorąc, lampy te są przydatniejsze, jeśli potrzebujemy surowej mocy – jak w przypadku oświetlenia rozproszonego.

### Skypan (reflektor żarowy 5K zwany „patelnią")

Skypan jest prosty w konstrukcji. Składa się z odbijającej białej „patelni" i wytrzymałej oprawy, która utrzymuje żarówkę w centrum reflektora. Większość ma włącznik z tyłu.

a

b

2.6
*Lampy typu MolePAR (firestarter)*
*(a) z nakrapianą żarówką (wąski snop);*
*(b) z czystą żarówką (bardzo wąski snop).*

Lampy tej używa się zwykle wtedy, gdy trzeba oświetlić surowym światłem większą przestrzeń (np. tło planu, rozległą dekorację). Jest tylko jeden typ skypan, ale można do niego użyć zarówno żarówki 5K (DPY), jaki 2K (CYX). Zamawiając tego rodzaju sprzęt, trzeba określić ten rozmiar i pamiętać, że każda z żarówek wymaga dopasowanych kabli i odpowiedniego napięcia. Jeśli chodzi o podstawowe akcesoria do tego typu lampy, dostępne są jedynie: osłona ograniczająca strumień światła (która też dobrze chroni żarówkę) i ramka na filtry. Zamawiając sprzęt trzeba zaznaczyć, że do zestawu mają być dołączone również i te elementy.

### Otwarte lampy 2K

Wersja tej lampy firmy Mole to Mighty-Mole, Ianiro wyprodukowało lampę Blondie, na rynku znajdziemy również model Arriflex, znany pod potoczną nazwą Jumbo. Otwarta konstrukcja tej lampy zapewnia dużo większą wydajność energetyczną niż 2K z soczewką

Fresnela, dzięki czemu sprzęt ten doskonale nadaje się do rozproszonego światła. Jeśli promień ulega dyfuzji, może pełnić też funkcję światła bezpośredniego. Mighty może być więc wykorzystywany, jeśli potrzebny jest nam efekt oświetlenia z lampki stołowej, ogrodowej, podświetlenia zasłon okiennych, itd. Większość modeli ma specjalny kołnierz, który przypina się z przodu lampy i który podtrzymuje motylki reflektora, filtry foliowe czy też siatki metalowe.

## 1000-/600-/650-watowe lampy otwarte

Lampy typu Mickey-Moles (firmy Mole-Richardson), Redhead (Ianiro) oraz 1K Arrilite (Arriflex) to młodsze rodzeństwo otwartych lamp 2K – różnią się od nich jedynie rozmiarem i żarówkami (1K). Doskonale pełnią funkcję niewielkiego światła rozpraszającego (takiego jak światło odbijane przez parasol przy zdjęciach portretowych) czy też rozjaśniającego przedmioty umiejscowione w tle. Nieduży rozmiar (szczególnie w wypadku

*a*

*b*

2.7
(*a*) Lampy typu PARcan, skierowane w dół, dają mocne, rysujące światło (scena pochodzi z filmu X-Men). Jednostki Kino Flo to potężne źródło miękkiego światła oświetlającego ring. Kiedy kamera spogląda do góry, mogą pojawiają się w kadrze: to zaleta świateł, które niekoniecznie muszą wyglądać jak oświetlenie czysto filmowe. (Fotografię udostępnił Tony „Nako" Nakonechnyj).
(*b*) Lampy typu Skypan na planie. W tym przypadku zawieszone nad jedwabnymi ekranami, co daje ogólne, miękkie światło (Dzięki uprzejmości Mole-Richardson Co.)

wyjątkowo kompaktowej lampy Redhead), ułatwia ich ukrycie w zakamarkach planu. „Młodsze siostrzyczki" tych lamp – 650W i 600W (zwane też mandarynkami) – są jeszcze mniejsze i znajdują zastosowanie przy relacjach i zdjęciach reporterskich oraz przy małych produkcjach wideo. Często mocuje się je u szczytu kamery wideo jako ruchome światło wypełniające.

Podobne światło daje też przenośna lampa DP Lite firmy Lowell. Jak wszystkie produkty tej firmy, wyposażona jest ona w szereg różnorodnych, pomysłowych i dobrze zaprojektowanych akcesoriów: tuby zwężające promień, skrzydełka, kompendia, filtry dichroiczne, itd. Lampa typu Omni Light Lowella to mniejsza wersja DP, posiadająca podobny zestaw elementów dodatkowych. To jednostka stosunkowo tania, oferująca podstawowe, otwarte światło. Może też być stosowana jako samowystarczalne źródło odbitego światła blendowego.

## PAR 64

PAR (skrót od Parabolic Aluminized Reflector – lampa paraboliczna z metalizowanym odbłyśnikiem) to lampy emitujące surowe oświetlenie w jego najbardziej podstawowej formie. Podobne do reflektorów samochodowych typu „sealed beam" (połączone w jedną całość żarówka, reflektor i soczewka), dostępne są w wielu rozmiarach i różnych parametrach szerokości świecenia. Jednym z najpopularniejszych modeli jest PAR 64 o mocy 1000W. Ich oprawy mają 8 cali średnicy (numer wskazuje na wielkość w ósmych częściach cala: 8 x 8 = 64), wyposażone są w wysoce wydajny paraboliczny reflektor, który może emitować promień o bardzo niewielkiej szerokości.

PARy z całkowicie przejrzystymi soczewkami zwane są VNSP (very narrow spot), a pokryte lekką fakturą to NSP (narrow spot). Dzięki temu ich promień może mocno oświetlać oddalone obiekty, do których nie sięgnie światło innych lamp. Soczewki nakrapiane dają efekt MFL (medium flood), emitując tę samą ilość światła w szerszym promieniu. Jeszcze mocniej fakturowane soczewki oferują jeszcze szerszy strumień (WFL – wideflood). Ponieważ włókno żarowe znajdujące się wewnątrz reflektora jest długie i cienkie, strumień światła jest raczej owalny, a nie okrągły. Cecha ta może się okazać przydatna, ponieważ snop ten można „dopasować" do oświetlanego obiektu.

PARy to sprzęt odznaczający się wysoką wydajnością. Wąskie światło jedynki PAR, mierzony w samym centrum promienia, ma moc porównywalną do mocy światła 10K, mierzonego w podobny sposób. Sekret oczywiście polega na tym, że pokrywa ono tylko niewielką przestrzeń. Może być jednak przydatne do wielu celów, np. gdy rzucimy snop światła przez mocny filtr rozpraszający.

Są dwa główne rodzaje PAR. Pierwszy z nich, przystosowany do realizacji filmowej, to jednostka o solidnym, obrotowym korpusie, taka jak MolePar, wyposażona w motylki przy reflektorze i uchwyty na siatki metalowe. Nieco słabsza wersja, zwana Par Can, to bardzo popularny sprzęt przy oświetleniu koncertów rockowych. Większość modeli posiada obrotową żarówkę, dzięki czemu można ustawić owalny strumień światła pod pożądanym kątem. Wielu operatorów nazywa te lampy „firestarterami".

## GRUPY LAMP TYPU PAR

PARy również dzielą się na grupy. Do jednej z nich należą lampy MaxiBrute, potężne źródła z niezwykle mocnym uderzeniem i wyrazistym snopem światła. Wykorzystywane są w dużych plenerach, a także w przestrzennych pomieszczeniach (hangarach lotniczych, arenach, halach). Żarówki umieszczone są w blokach, którymi można manipulować, kierując każdy z nich indywidualnie na dany obiekt. Osobno włącza się także poszczególne żarówki, dzięki czemu oświetlenie to można w pełni kontrolować. Wszystkie grupy lamp PAR pozwalają na otrzymanie wąskiego, średniego i szerokiego strumienia światła, które można zmieniać w zależności od potrzeby.

### Dino, Moleeno i Wendy

Dino jest największym dostępnym źródłem światła sztucznego. Składa się z 24 lub 36 żarówek typu PAR 64 na jednej ramie. Lampa tego typu produkowana przez firmę Mole-Richardson nazywana jest Moleeno. Z kolei Wendy, choć podobna, zamiast żarówek typu PAR 64 używa PAR 36.

### MaxiBrute

Lampa ta składa się z dziewięciu 1000W żarówek typu PAR64 umieszczonych na trzech szynach. Każdą z nich można obracać w prawo i w lewo, całą jednostkę można też przechylać w górę i w dół. Swoją ogromną moc to światło zawdzięcza wydajności żarówek, zwłaszcza jeśli stosuje się wąskie punktowe. Jeśli budżet produkcji jest ograniczony, a na planie potrzebne jest czyste, mocne światło, to oświetlenie będzie dobrym wyborem. Można również spotkać się z wersją na 12 świateł, produkowaną przez Mole. Te jednostki szczególnie dobrze sprawdzają się w nocnych plenerach. Każda z żarówek włączana jest oddzielnie, dzięki czemu kontrola intensywności światła jest łatwiejsza.

## Światła typu FAY

Mniejszymi kuzynami lamp MaxiBrute są jednostki FAY, zwane też 5-lite, 9-lite i 12-lite, zależnie od tego, w ile żarówek (typu PAR36, 650 W) są wyposażone. Żarówki te (za sprawą filtru dichroicznego) dają światło dzienne. Zanim na rynku pojawiły się lampy wyładowcze, były one szeroko stosowane – w połączeniu z lampami łukowymi o białym płomieniu albo zamiast nich – jako światło dzienne wypełniające. Tego rodzaju żarówki mogą też świecić w temperaturze światła sztucznego. Można je więc stosować zarówno przy konieczności balansu światła naturalnego, jak i sztucznego.

Zwykle wszelkie dichroiczne żarówki nazywa się FAY, ale w rzeczywistości jest kilka różnych modeli. FAY to kod w standardzie ANSI dla 650-watowych dichroicznych żarówek PAR36 ze stykami płaskimi. Jeśli żarówka ma zaciski śrubowe, wówczas mamy do czynienia z typem FBE/FGK. Tak jak w przypadku MaxiBrute, lampy te również złożone są z trzech szyn, a każda z nich zwykle posiada skrzydełka. Światło emitowane przez FAY ma balans jedynie zbliżony do temperatury światła dziennego (nie wynosi on dokładnie 5600K). Żarówki te w miarę upływu czasu zmieniają kolor.

Lampy 12-lites, 9-lites i 5-lites są znacznie bardziej elastyczne niż się z pozoru wydaje. Po nałożeniu na oprawę filtrów zmiękczających mogą być potężnym źródłem miękkiego światła. Niczym nieosłonięte, stanowią wygodne, dające się łatwo dostosować i kontrolować źródło światła rozproszonego. Przy nocnych zdjęciach ich moc pozwala oświetlić cały budynek, na który są skierowane.

## Ruby 7

Ruby 7, produkt firmy Luminaria, to unowocześniona lampa PAR. Jej wyjątkową cechą jest możliwość ogniskowania światła. Dzięki umocowaniu siedmiu żarówek PAR 65 na jednej ramie o skoncentrowanym układzie, jednostka ta oferuje różnorodną intensywność i szerokość pola promienia.

2.8
(**a**) MaxiBrute
(duża jednostka)
(**b**) 9-Lite FAY, widok
z przodu i z tyłu

# WYŁADOWCZE LAMPY PAR (HMI PAR)

Najnowszą pozycją w grupie lamp PAR jest wyładowcza lampa HMI PAR, dostępna w modelach o mocy 12K, 6K, 4K, 2,5K, 1,2K oraz 575W. Są ogromnie popularne jako źródła światła rozproszonego, mocnych snopów światła, a także światła potężnego i surowego.

Lampy wyładowcze PAR różnią się od jednostek żarowych z wymiennymi soczewkami. Podstawową jednostką tego typu jest VNSP (wąski strumień). Dodatkowe soczewki mogą albo jeszcze mocniej zawężać promień, albo go rozszerzać. Tak jak w wypadku żarowych PARów, promień ten jest owalny, a lampa ruchoma, dzięki czemu można kierować jej światło na wybrany obiekt.

Lampa 1,2K HMI PAR jest jedną z najbardziej przydatnych jednostek, jakie można znaleźć na rynku. Będąc lampą wyładowczą, ma ogromną wydajność, będąc zaś światłem typu PAR, posiada wyjątkową moc jak na swój rozmiar. Szczególną zaletą jest to, że jest na tyle niewielka (1200W), że można ją podłączyć do gniazda ściennego. Jako że jej temperatura barwowa wynosi tyle, ile światła dziennego (5500K), nie wymaga potężnego niebieskiego filtra korygującego kolor. Dlatego też jest idealnym oświetleniem w pomieszczeniach z oknami (przez które wpada sporo światła dziennego). Jest też doskonałym źródłem wypełniającego światła rozproszonego lub odbitego, dlatego sprawdza się w sytuacjach, kiedy głównym oświetleniem jest światło naturalne.

Wyładowcze lampy typu PAR dostępne są w różnych rozmiarach - aż do 12K. Ta o największym rozmiarze to niezmiernie silne źródło, na tyle mocne, że trzeba uważać, na co kieruje się emitowany przez nie strumień – może on na przykład w bardzo krótkim czasie rozbić szyby znajdujące się w jego polu.

## MIĘKKIE ŚWIATŁA

2.9
*Moleeno – wersja lampy DinoLight
wyprodukowana przez Mole-Richardson*

Miękkie światła zwykle składają się z półokrągłej obudowy („patelni") z umocowanymi do niej niewielkimi (zwykle 1000W) żarówkami, które emitują miękkie światło odbijające się od muszli. Stopień „miękkości" tego światła określany jest przez rozmiar reflektora. Większe jednostki zwykle wyposażone są w co najmniej dwie żarówki o mocy

1000W. Lampy te występują w szerokiej gamie modeli – od atelierowej lampy 1K do potężnej 8K, która posiada osiem osobno włączanych żarówek.

Wszystkie miękkie światła z muszlową obudową sprawiają jednak kilka problemów:

- Mają stosunkowo niewielką moc światła.
- Są raczej nieporęczne i trudne w transporcie.
- Jak wszystkie miękkie światła, są niezbyt sterowne.
- Chociaż spore reflektory zmiękczają światło, pozostaje ono dość surowe.

Z powodu tej surowości niektórzy, pracując przy zbliżeniach, zakładają na lampy filtr rozpraszający. Przepuszczenie wielkich miękkich świateł atelierowych przez spory filtr,

to prawdopodobnie najprostszy i najszybszy sposób na rozległe, miękkie oświetlenie w studiu. Głównym elementem wyposażenia wszystkich lamp tego rodzaju jest kratka minimalizująca „wyciek" światła ze strumienia. Dzięki takiej kracie promień ten łatwiej poddaje się kontroli.

## Miękkie światła atelierowe (studio Soft)

Lampy tego typu składają się z jednej lub z kilku żarówek FCM 1000W skierowanych na muszlowy, pomalowany na biało reflektor, który odbijając światło, rozprasza je.

Niektóre kompaktowe wersje tych atelierowych lamp nazywane są lampami zipowymi, szczególnie 1K i 2K. Mają one tę samą szerokość, co zwykłe światła miękkie, ale połowę ich wysokości.

2.10
**(a)** Lampy zipowe o mocy 2K wyposażone w kratę.
**(b)** 12K HMI PAR – jedna z najmocniejszych i najintensywniejszych dostępnych lamp. W tym wypadku światło przez nią emitowane puszczone jest przez filtr L' CTO (filtr pomarańczowy, zmieniający światło dzienne na sztuczne)

## Lampy światła rozproszonego

Odmianą świateł miękkich są lampa światła rozproszonego. Różnią się od tych pierwszych tym, że ich reflektor jest stożkowaty, a używane żarówki są trzonkowe, a nie liniowe (jak w przypadku żarówek

FCM). Ponieważ odbity promień jest bardziej skolimowany, światło tego typu jest znacznie czystsze i gładsze niż klasyczne atelierowe miękkie. Opatrzone blendowymi kołnierzami do redukcji światła i gęstymi filtrami rozpraszającymi, lampy te stanowią bardzo atrakcyjne źródła

2.11
(**a**) Jednostki Ruby 7 oraz lampy 12K HMI PAR stosowane w plenerze.
(**b**) Ruby 7 –jednostka multi-PAR umożliwiająca skupianie światła (Dzięki uprzejmości Luminaria, Inc.)

w branży reklamowej i kosmetycznej. Mniejsze zaś często służą do miękkiego oświetlania obiektów z tyłu. Na lampach tego rodzaju znajduje się mała siatka, która niweluje ostre bezpośrednie światło i podwójne cienie, charakterystyczne dla jednostek otwartych. Jeśli mocny promień przepuszczony jest przez filtr, siatkę tę można zdjąć.

2.12
(**a**) Światło z Ruby 7 przepuszczone przez filtr rozpraszający (o wielkości 4'x 4') i muślinową siatkę podczas kręcenia klipu wideo.
(**b**) Lampa typu DeSisti 1,2K HMI PAR

## Lampy przestrzenne

Lampy tego typu niemal zawsze zawieszane są ponad głowami. Składają się z 6 lub 12 małych świateł o wąskim strumieniu, wyposażonych w jedwabną osłonę, a czasami w jedwabny panel znajdujący się u podstawy. Jednostka ta przypomina ogromny chiński lampion: oferuje bowiem miękką łunę o szerokim zakresie. Często używana jest wtedy, gdy chcemy oświetlić duży plan ogólnym, wypełniającym światłem.

# SPRZĘT FLUORESCENCYJNY

Lampy fluorescencyjne mogą być wykorzystywane wraz z żarówkami korygującymi kolor (z balansem światła dziennego lub sztucznego) albo jako światło dodatkowe przy zdjęciach pomieszczeń oświetlanych świetlówkami (np. w biurze lub fabryce). Znacznie ułatwia to pracę, jako że temperatura barwna tych lamp odpowiada oświetleniu zastanemu, które zwykle jest dość ogólne i miękkie. W takich wypadkach wystarczy tylko dodać małe światło dopełniające (by oświetlić oczy), założyć filtr fluorescencyjny i skonfrontować wszystko z szarą tablicą. Dalsza obróbka należy już do laboratorium – tam z filmu zdjęty zostanie nadmiar zieleni. Jeśli filmujemy kamerą wideo, należy po prostu ustawić odpowiedni balans bieli.

## Świetlówki korygujące kolor

Wiodącym producentem lamp fluorescencyjnych dla filmu i wideo jest Kino Flo, będący też wynalazcą tego rodzaju oświetlenia. Można też kupić produkty innych firm – Mole-Richardson (The Biax), Flolight czy Lowel. Światło typu Pampa to z kolei świetlówka korygująca kolor, której oprawa stanowi też rodzaj kufra, w którym można ją przewozić. Dlatego też jednostka ta jest praktyczna, zwłaszcza wtedy, gdy zdjęcia wymagają ciągłego przemieszczania się.

Wszystkie rodzaje tego typu korygujące kolor świetlówki mają albo temperaturę barwową światła dziennego, albo sztucznego. Proste świetlówki w kształcie rurki można dostać w kolorze zielonym, czerwonym i w innych potrzebnych do kluczowania kolorem (tzw. chromakey). Stateczik pracuje wtedy na wysokich częstotliwościach, co zapobiega efektowi migotania (efekt ten może pojawić się przy zwykłych lampach fluorescencyjnych, które w USA działają na poziomie 60Hz, a innych krajach 50Hz).

Jeśli częstotliwość napięcia zasilającego jest niekompatybilna z szybkością kamery, wówczas na taśmie filmowej będzie można zauważyć pulsowanie światła (nie dotyczy to lamp Kino Flo, Mole Biax, i Pampa, które działają na wyższych częstotliwościach). Ważnym czyn-

2.13
Rząd dużych jednostek Kino Flo oświetlających ogromny ekran do kluczowania kolorem w kaskaderskiej scenie z filmu Mission Impossible. (b) Różne typy jednostek Kino Flo (Dzięki uprzejmości Kino Flo, Inc.)

nikiem są tu także parametry ustawienia przesłony (w przypadku kamery filmowej). Oto najlepsze zestawienia częstotliwości, szybkości przesuwu klatek i kąta otwarcia migawki:

- 50Hz – 25 kl/s przy jakimkolwiek otwarciu migawki
- 50Hz – 24 kl/s przy otwarciu migawki 170-175°
- 60Hz – 24 kl/s przy otwarciu przesłony 144 lub 180°.

Przyspieszenie szybkości przesuwu taśmy w celu uzyskania zdjęć zwolnionych z pewnością zwiększa możliwość efektu migotania.

Można się spotkać z wieloma różnymi modelami jednostek produkcji Kino Flo. Z jednej strony mamy ogromne lampy oświetlające większe przestrzenie, a z drugiej miniaturowe lampki (operujące w standardzie prądu stałego lub przemiennego), które podczepia się w niewielkich pomieszczeniach, np. we wnętrzu samochodu. Jako że nie nagrzewają się one zbyt mocno, doskonale nadają się do oświetlania aktorów (właśnie w samochodzie) – ryzyko, zniszczenia samochodu pod wpływem gorąca, czy poparzenia aktora jest tu bardzo niewielkie.

## Światła korygujące kolor

Zwykłe lampy fluorescencyjne nie posiadają widma ciągłego, mają natomiast mocne zielonkawe zabarwienie. Wszystkie świetlówki wykorzystywane w filmie lub wideo korygują barwy, co oznacza, że ich widmo jest pełne i że zielone zabarwienie znika. Jest jednak inny problem: Współczynnik CRI (oddawania barw) musi wynosić co najmniej 90 (podczas gdy najwyższą wartością skali jest 100). W innym wypadku kolory nie będą oddane właściwie. Współczynnik ten wskazuje, z jaką dokładnością dane źródło oddaje rzeczywistą barwę obiektu. Jego niska wartość sprawia, że barwy mogą być przekłamane – zjawisko to nazywamy metameryzmem.

Niektóre lampy mogą być zbalansowane do światła dziennego, ale ich współczynnik CRI zwykle jest nie do zaakceptowania. Inaczej jest w przypadku świetlówek Optima 32 i Optima 50 korygujących kolor. Jednostki firmy Kino Flo można wyjąć z oprawy i zamontować w miejsce zwykłych lamp fluorescencyjnych. Dzięki temu zdjęcia np. w biurze czy klasie szkolnej można mogą się obejść bez dodatkowego oświetlenia. W takiej sytuacji nie mamy co prawda ochrony przed efektem migotania, ale przy przesuwie 24 klatek na sekundę nie powinno to stanowić problemu.

# LAMPY DO OŚWIETLANIA SZTUCZNEGO HORYZONTU I LAMPY PODŚWIETLAJĄCE (CYCS, STRIPS, NOOKS, BROADS)

Lampy podświetlające (broad) są źródłem prostego, użytkowego światła bez zbędnych dodatków. To po prostu pudełko z żarówką w środku. Choć bardzo zwyczajne, światło to zajmuje ważne miejsce w historii kina. W klasycznym Hollywood to właśnie ono, wyposażone w rozpraszacz, pełniło funkcję oświetlenia wypełniającego przestrzeń przed kamerą. Jego szczególną cechą jest prostokątny promień, który dużo łatwiej zblendować na płaskiej ścianie lub sztucznym horyzoncie. Wyobraźcie sobie, ile trudności w tej sytuacji przysporzyłby punktowy promień Mighty albo soczewka Fresnela.

Najmniejszą wersją lamp podświetlających jest lampa typu nook, zaprojektowana tak, by można ją było ustawiać we wszelkich zakamarkach planu. To mała, kompaktowa jednostka dająca surowe światło zwykle wyposażona jest w 1000W żarówkę typu FCM lub FHM. Cała lampka to jedynie oprawka żarówki z reflektorem. Choć można dostać też skrzydełka na reflektor, zwykle nie przydają się na planie. Światła te nie są stworzone do wyrafinowanych celów, stanowią jednak wydajne i uniwersalne źródło dla światła ogólnego, dużych podwieszanych siatek jedwabnych i w sytuacjach, kiedy scena wymaga mocnego światła rozproszonego przez filtr.

2.14
Światła Pampa z balansem światła dziennego użyte przy zdjęciach plenerowych. Składająca się z czterech rzędów żarówek lampa daje światło kluczowe, natomiast jednostka z dwoma rzędami delikatnie je wypełnia. (Dzięki uprzejmości Owena Stephensa, Pampa Lights).

Kilka lamp zaprojektowanych jest dokładnie po to, by oświetlały sztuczny horyzont i tło. Zwykle są to jednostki otwarte 1K i 1,5K. Ich promień jest asymetryczny, intensywniejszy na górze lub u dołu, zależnie od ustawienia sprzętu. Dzieje się tak dlatego, że lampa może być umiejscowiona na górze lub na dole tła, światło powinno być równomiernie rozłożone.

Lampy typu strip to zespół jednostek PAR lub broad, pierwotnie wykorzystywane jako światła rampy lub światła horyzontowe w teatrze. Często łączone są po trzy, z których

a

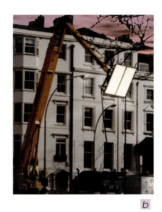

b

c

d

2.15
(**a**) Lampa typu Source Four leko produkcji ITD.
(**b**) Lampa Super Wendy podczas zdjęć plenerowych. (Dzięki uprzejmości Musco.)
(**c**) Lampa Musco podczas zdjęć plenerowych. (Dzięki uprzejmości Musco.)
(**d**) Balon z lampą HMI podczas zdjęć do filmu „Niebezpieczny umysł " (reż. G. Clooney, 2002). Wiatr zawsze stanowi problem przy wykorzystaniu tego rodzaju oświetlenia. (Fotografię udostępnił Tony „Nako" Nakonechnyj)

każda opatrzona jest filtrem innego koloru i wyposażona w ściemniacz. Dzięki temu osiągnąć można ciekawe mieszanki barw. Lampa ta umożliwia szybkie zmiany koloru tła i intensywności światła.

Jednostka Lowell Tota Lite zasługuje na szczególną uwagę. Ten niewielki, tani, bardzo praktyczny reflektor ma 750W lub 1000W żarówkę o podwójnym zakończeniu. Tota, lampka niemalże kieszonkowa, zastąpić może blendę parasolową, da się ją ukryć w zakamarkach planu albo połączyć z innymi lampami, by służyła jako dolny reflektor bądź jako oświetlenie tła. Dwie Toty złączyć można przez wetknięcie w podstawę jednostki. Dodanie kolejnej może już jednak stanowić problem – będą zbyt blisko siebie i skrzydła nie będą mogły otwierać się na pełną szerokość. Do połączenia trzech lub więcej potrzebny będzie specjalny adapter.

# INNE RODZAJE OŚWIETLENIA

## Chińskie lampiony

Chińskie lampiony to zwykłe papierowe lampy w kształcie kuli, które można kupić w wielu sklepach. Wewnątrz znajduje się oprawa z żarówką zwykłą albo 1K lub 2K. Można w nich zamontować właściwie każdy rodzaj światła, jeśli tylko kula jest na tyle duża, by papier pozostawał w bezpiecznej odległości od rozgrzanej żarówki. Światło emitowane

2.16
Bardzo duży
softbox na lampie
18K wypełniający
bezcieniowo
plan zdjęć
reklamowych.

przez tego rodzaju lampę kontroluje się, malując papierową kulę bądź zaklejając ją folią czy też materiałem rozpraszającym. Jednak najłatwiejszym sposobem manipulowania intensywnością jasności jest ściemniacz. To obowiązkowe narzędzie w pracy ze wszelkimi jednostkami, przy których nie można stosować siatek i akcesoriów zawężających i rozszerzających snop światła.

## Światła montowane na wysięgniku

Jednym z bardzo popularnych świateł o szerokim promieniu jest Musco (produkt firmy Musco). Składa się on z lamp HMI o mocy 6K na stałe zamontowanych na dźwigu lub wózku. Można też spotkać się z podobnymi jednostkami złożonymi z lamp BeeBee i NightSun. Oferują one bardzo użyteczne mocne światło, które oświetla przestrzeń nawet do 400 m. Dlatego też bywają wykorzystywane da efektu światła księżycowego i do rozjaśniania dużych obszarów. Zaopatrzone są też we własny generator 1000A podłączany albo przez kabel albo bezpośrednio do lampy.

Pojedyncze światła 6K są zdalnie sterowane (każda z osobna) nawet z odległości nawet 300 m. Wysięgniki zaś umożliwiają zawieszenie lamp na wysokości 30 m.

## Lampy typu Source Fours

Eliptyczny reflektor profilowy, zwany leko (od nazwy Lekolite) to światło stosowane w teatrze, ale czasami wykorzystywane też w filmie przy drobnych efektach świetlnych, ze względu na precyzyjną kontrolę promienia. Znacznie popularniejszym modelem jest jednak Source Four. Ponieważ przesłona i gobo (płytka ze wzorem formującym kształt cienia) ulokowane są w skupiającym promień punkcie soczewki (focal point), ostrość strumienia można tu ustawić szybko i dokładnie. Dzięki gobo o różnych wzorach można zaś uzyskać wyraziste, specyficzne efekty cienia. Na rynku dostępnych jest wiele różnych wzorów dających np. efekt żaluzji, drzew, budynków, itd.

Nie wszystkie lampy typu leko mają uchwyty na gobo, więc przy zamawianiu trzeba zaznaczyć, jaki model jest wam potrzebny. Ponadto niektóre jednostki posiadają mechaniczną przesłonę irysową, która potrafi zredukować promień do bardzo maleńkiego snopu – o to też powinno się zapytać, zamawiając sprzęt. Warto zaznaczyć, że wykorzystuje się go do pracy przy filmie – zwykle lampy te wyposażone są w uchwyt fajkowy, potrzebny więc będzie adapter, który utrzyma światło na zwykłym stojaku. Firma Matthews produkuje bardzo sprawne pod tym względem adaptery TVMP.

Lampy leko są dostępne w rozmiarach określanych przez rozmiar soczewki i odległość ogniskowej. Im większa ta odległość, tym dłuższy, a więc i węższy snop światła.

2.17
(**a**) Pełen zestaw Jokera zawierający statecznik
i inne akcesoria.
(**b**) Chiński lampion zamontowany na statywie
oświetleniowym.

## Reflektory zasilane akumulatorowo (sungun)

Sungun to ogólna nazwa dla wszystkich ręcznych reflektorów zasilanych akumulatorowo. Dostępne są też zarówno wersje żarowe jak i wyładowcze wersje tych świateł. Można je nawet skonstruować samodzielnie z lamp12W, ale te fabryczne, zaopatrzone przeważnie w akumulator o napięciu 30V, są trwalsze. Akumulatory żarowych sungunów zwykle szybko się wyczerpują, wersje HMI działają dłużej. Reflektory te zwykle wykorzystywane są jako światła wypełniające w ujęciach dynamicznego ruchu.

## Softbox

Rozpraszanie światła przez większy filtr nie jest trudną sprawą; jednakże często wymaga wysłonięcia po obu stronach i być może też z góry i na dole. Softboksy takich producentów jak Chimera i Photoflex mogą to zrobić samodzielnie. Z zasłonami już za-

2.18
(**a**) Lampa przestrzenna z dolnym panelem.
(**b**) Lampa typu „cicken coop".
(**c**) Ręczny panel LED wykorzystany zarówno jako źródło światła na planie, jak i rekwizyt w scenie filmy detekty-wistycznego.

montowanymi, mogą zmieniać każdy typ światła w światło miękkie. Wiele z modeli ma także dwa panele filtrujące: jeden na wprost, a drugi wbudowany w środku – w niektórych przypadkach można je zmieniać na mocniejsze lub słabsze. Warto też pamiętać, by stosując te jednostki zawsze otwierać panele wentylacyjne, szczególnie te, które znajdują się u góry i u dołu. Trzeba być ostrożnym używając do gorących świateł (żarowych lub HMI) – niektóre z softboksów przeznaczone są tylko do lamp błyskowych i nie wytrzymują takiego ciepła.

## Lampy typu Joker

Jokery to linia bardzo wydajnych niewielkich lamp HMI o parametrach 200W, 400W i 800W. Mniejsze jednostki, przenośne i bardzo poręczne, mogą być zasilane przez akumulatory 30V lub 14,4V, a także przez prąd zmienny. Mogą być stosowane jako źródło wyrazistego, skierowanego promienia dającego się skupiać, a także jako goła żarówka do użycia przy softboksach.

## Panele diod świecących LED

Nowością w arsenale sprzętu oświetleniowego jest lampa typu LED. Wyjątkowo kompaktowa (prawie płaska), wydajna i nie nagrzewająca się, stanowi popularne narzędzie przy oświetlaniu niewielkich przestrzeni czy wnętrz samochodów, a także wtedy, gdy jednostkę taką trzeba ukryć na planie – można je ustawić tam, gdzie nie zmieszczą się zwykłe światła. Zdjęcie nr 2.18 przedstawia ręczną lampę na baterię, w tym wypadku zarówno rekwizyt, jak i źródło oświetlenia sceny.

## Światła typu Dedo

Lampy te to bardzo małe jednostki wyposażone w dwie soczewki płaskowypukłe, a nie w jedną soczewkę Fresnela. Mają szczególnie precyzyjną sterowność, zwykle kojarzoną z leko. Dają bardzo czyste i równe światło i – tak jak leko – mogą rzucać wzorzyste cienie. Dostępne są w różnych parametrach – od 24V i 12V przy prądzie stałym i od 100 do 255 V przy prądzie przemiennym. Jednostki o niskim napięciu, działające przy prądzie stałym, mogą być zasilane przez akumulator czy baterię (np. samochodu). Aby uruchomić je przy prądzie przemiennym, konieczne jest zasilanie z sieci elektrycznej. Ich ściemnianie nie powoduje zmiany temperatury barwowej.

2.19
(**a** i **b**) Barger Baglight – tutaj bez softboxu, z którym zwykle jej się używa. (Dzięki uprzejmości Eda Bargera.)
(**c** i **d**) Barger Baglight na planie spotu reklamowego z operatorem Tomem Denove. Na pierwszym zdjęciu w głębi widoczna jest skomputeryzowana konsoleta ściemniaczy. (Dzięki uprzejmości Toma Denove).

## Balony oświetleniowe

Duże światła umieszczone w latających balonach stają się coraz popularniejsze przy nocnych zdjęciach plenerowych. Dzięki temu, że nie wymagają wysięgników czy rusztowań (które są nieporęczne i często trudno je ukryć), są uniwersalne. Najczęściej montuje się w nich jednostki HMI, choć niektórzy używają światła żarowego. Zdjęcie 2.20 a ukazuje oświetlenie balonowe typu Fisher Light Leelium wykorzystane w nocnych zdjęciach w plenerze. Fotografia 2.20 b przedstawia je w studio. Jedyną ich wadą jest to, że nie można ich stosować przy wietrznej pogodzie.

*a*

*b*

2.20
(**a**) Balony oświetleniowe firmy Airstar na planie sceny z basenem. (Dzięki uprzejmości Airstar).
(**b**) Balony oświetleniowe firmy Fisher Light w studiu. (Dzięki uprzejmości Fisher Light).

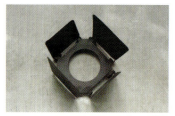

*2.21*
(**a**) *Typowe skrzydełka.*
(**b**) *Zestaw siatek metalowych „Hollywood"
i pokrowiec na nie. Zestaw taki to dwie podwójne
siatki, pojedyncza i dwie połówkowe.*

*a*

*b*

## Lampy typu Barger Baglight

Kompaktowa lampa Barger Baglight 6-lite jest prosta w konstrukcji i niezwykle wydajna w praktyce. Składa się z 6 osobno uruchamianych żarówek GE FCM-HIR o mocy 650W, z których każda daje światło żarówki 1000-watowej. Dostępne są także modele łączące żarówki 750W, 500W i 300W zapewniające różne poziomy modyfikacji promienia. Jej wyjątkowość polega też na tym, że wypełnia światłem cały swój przedni panel (albo też duży softbox) i że posiada wbudowany pierścień do chimery. Świetnie zaprojektowany mechanizm blokujący przechylanie eliminuje wszelkie wahania w pionie, nawet kiedy zamontowana jest na lampie duża Chimera. Dostępna jest także wersja 3-lite.

## Siatki metalowe (scrims) i skrzydełka

Wszystkie lampy z soczewką Fresnela i większość jednostek otwartych posiada kilka identycznych akcesoriów pozwalających na modyfikację światła. Jednym z nich są skrzydełka nakładane na lampę. Mogą być dwu albo czterolistne i zwykle pasują do uchwytów umiejscowionych z przodu oprawy.

Stosowanie metalowych siatek to kolejna forma sterowania światłem. Redukują one ilość światła nie zmieniając jego własności. Wiele osób uważa, że siatki te rozpraszają światło. Tak jednak nie jest, choć czasami można dojrzeć w rzucanym świetle widoczny wzór metalowej kratki. Siatki oznaczone są kolorami: czerwona barwa dla podwójnej (redukuje ilość światła do połowy, czyli o jedną przysłonę) i zielona dla pojedynczej (redukuje światło o pół przysłony). Standardowy zestaw tych siatek składa się z podwójnej, pojedynczej a także dwóch tylko w połowie pokrytych metalową kratką – pół-podwójnej i pół-pojedynczej. W zestawie hollywoodzkim znajdują się dwie siatki podwójne.

Siatki, gdy nie są używane, powinny być przechowywane w specjalnej torbie lub pudełku; NIE POWINNO się ich kłaść na podłodze ani zostawiać w przypadkowych miejscach. Siatki i skrzydełka powinny zawsze towarzyszyć nam na planie. Jeśli pojawicie się na zdjęciach z lampą, ale bez zestawu siatek i skrzydełek, możecie równie dobrze paradować w koszulce z napisem „Jestem amatorem".

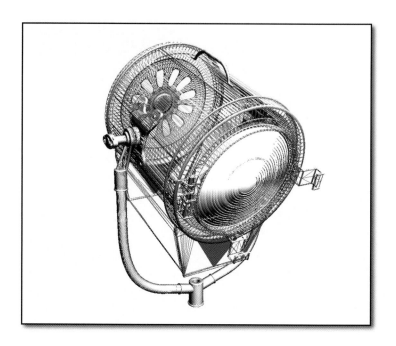

# PODSTAWY OŚWIETLENIA

Z pewnością słyszeliście to wiele razy: Jeśli odpowiednio to oświetlisz... albo Przy dobrym świetle scena ta będzie...

Co to znaczy? Czym jest „odpowiednie" światło? Oświetlać można na wiele bardzo różnych sposobów. Nie ma żadnej gotowej recepty, nie da się więc stworzyć listy technik, które wskażą, jakie oświetlenie stosować, a jakiego nie.

Możemy jednak określić, czego od światła oczekujemy. Co ma nam dać i jak może nam pomóc. W ten sposób łatwiej nam ocenić, czy oświetlenie działa na naszą korzyść, czy może nam przeszkadza. Oczywiście nie da się uniknąć generalizacji; zawsze istnieją wyjątki od reguły, znaleźć je można w każdej dziedzinie pracy nad filmem – przy inscenizacji, wyborze soczewek, ekspozycji, montażu, itd.

# JAKICH EFEKTÓW OCZEKUJEMY OD OŚWIETLENIA?

Jak więc chcemy wykorzystać oświetlenie? Światło może nam pomóc na wielu polach; przede wszystkim dzięki niemu możemy wykreować obraz, który będzie miał:

- Specyficzny nastrój i ton: zawartość emocjonalną
- Szeroką gamę tonów: gradacja tonów
- Kontrolę kolorów i balans barw
- Głębię i wielowymiarowość: plan pierwszy, drugi i tło
- Wyrazistość i pełnię w kształtach poszczególnych obiektów (światło wydobędzie ich trójwymiarowość)
- Wyodrębnienie kształtów: obiekty będą odcinały się od tła
- Fakturę
- Właściwą ekspozycję

Przyjrzyjmy się wszystkim tym aspektom nieco bliżej.

## Nastrój i ton

Zastanówmy się, co znaczy określenie „filmowy". Często używa się go, by opisać coś, co „ma filmowy charakter". Ktoś może na przykład powiedzieć, że jakaś powieść jest filmowa, bo obfituje w opisy, jej akcja jest szybka, a ekspozycja bardzo skrótowa. Tutaj będziemy jednak używać tego pojęcia w innym znaczeniu. W zarysowanym kontekście termin ten odnosić się ma raczej do narzędzi, technik i metod, dzięki którym zawartość filmu nabiera znaczenia, emocji, ma swój ton i nastrój.

Przez „zawartość" rozumiemy jedynie to, co widzimy przed obiektywem. Wszyscy dobrzy operatorzy i oświetlacze wiedzą, że każdą scenę można sfilmować tak, że będzie albo straszna, albo piękna – w zależności

3.1
*Kolor odgrywa istotną rolę w kreowaniu obrazu.*

**3.2**
*Unikajcie płaskiego światła.*
*(a) Płaskie frontalne światło*
*sprawia, że obraz pozbawiony*
*jest kształtów i życia.*
*(b) Światło rzucane z boku*
*nadaje obiektom kształt*
*i dodaje głębi.*

od wymagań scenariusza. W przypadku opowiadania filmowego sprawa jest oczywista. W sytuacji, gdy kręcimy wideo dla jakiejś korporacji czy do celów przemysłowych, musimy pamiętać o tym, by szef firmy wyglądał w naszym filmie na człowieka kompetentnego, inteligentnego i przystojnego.

W reklamie mniej istotny jest aktor, trudniejsze jest sfilmowanie produktu. Celem filmowca jest wówczas pokazanie pudełka płatków śniadaniowych czy karmy dla psa w taki sposób, by wydawał się najwspanialszą, najbardziej olśniewającą, ekscytującą i godną pożądania rzeczą na świecie.

Ważne są tutaj obiektywy, scenografia, rekwizyty, itd., ale najistotniejsze znaczenie ma oświetlenie. Oczywiście dziedziną, w której światło pełni kluczową rolę jest moda i przemysł kosmetyczny. Tu nie wystarcza, by modelka lub strój (bądź też jakikolwiek inny produkt) wyglądały wspaniale; konieczne jest odpowiednie podejście oświetlacza - musi znaleźć właściwy nastrój, ton, subtelny cień, które będą pasować do koncepcji całości.

## Gama tonów

W większości wypadków chcemy, by fotografowany obraz odznaczał się całą gamą tonów, od czerni do bieli (gama tonalna zawsze odnosi się do skali szarości, barwy nie mają tu znaczenia). Są rzecz jasna wyjątki, ale ogólnie rzecz biorąc obraz charakteryzujący się szerokim wachlarzem tonów, subtelnym stopniowaniem odcieni, będzie przyjemniejszy dla oka, bardziej realistyczny, będzie też silniej oddziaływał na widza.

## Kontrola koloru i balans barw

Kontrola koloru i balans barw to niezwykle istotne aspekty oświetlenia. Po pierwsze, samo oświetlenie musi być zbalansowane pod względem barwy (chyba że pożądany jest jakiś inny efekt). Dwa standardy to balans światła dziennego (5500K) i sztucznego (3200K), choć możliwe są także inne. Do balansowania światła służy test odcieni szarości, czyli szara tablica. Balansowanie bieli przy pomocy tego testu może okazać się zbawienne w sytuacji, kiedy nie jesteśmy w stanie kontrolować oświetlenia, np. kręcimy w biurze i do dyspozycji mamy jedynie światło fluorescencyjne, którego nie możemy zmienić.

**3.3**
*Nadawanie kształtu, głębi i wielowymiarowości scenie. (**a**) Ten obraz pozbawiony jest głębi; jest płaski i nudny. (**b**) Eksperyment z głębią i światłem. Softbox Chimera 2K stanowi tu światło kluczowe, natomiast dwurzędowa lampa Kino Flo pełni funkcję wypełnienia. Lampy Tweenie z nakładką o wzorze żaluzji wykorzystane są jako światło kontrowe rzucane przez okna i z tyłu planu. Połączone razem, światła te wyraźnie wyznaczają kolejne plany, a także odcinają obiekt go od tła. (**c**) Oświetlenie może nadać obrazowi wielowymiarowość i głębię. Trzeba wielu zabiegów, by odgraniczyć pierwszy plan, drugi i tło. Ważnym czynnikiem jest tu oddzielenie, dzięki któremu obiekt zostaje wyodrębniony.*

Aż do lat 80. dosłownie wszystkie źródła światła balansowano z bardzo niewielkim marginesem tolerancji. Dzisiaj, gdy mamy do dyspozycji unowocześniony sprzęt wideo, taśmy i kamery filmowe, a ponadto (a raczej przede wszystkim) zmienił się gust wizualny odbiorców, oświetlanie jednej sceny różnymi lampami nie jest niczym niezwykłym.

# NADAWANIE SCENIE KSZTAŁTU, GŁĘBI I WIELOWYMIAROWOŚCI

## Kształt

Płaskie światło frontalne nie odsłania w pełni kształtu obiektu; zwykle wszystko spłaszcza, sprawia, że przedmioty wyglądają, jakby były dwuwymiarowe, wycięte z kartonu. Natomiast oświetlenie z boku albo z tyłu odkrywa kształty rzeczy, ich strukturę zewnętrzną i geometryczną formę.

Takie światło pełni ważną rolę w kreacji głębi ujęcia. Co więcej, może ono ujawnić charakter postaci, emocje i inne wartości, które mają znaczenie dla sensu opowiadanej historii. Naturalnie oświetlenie tego rodzaju czyni obraz bardziej realnym, namacalnym, rozpoznawalnym. Określając głębię, kształt i odległość ludzki wzrok polega na pewnych wskazówkach: rozkład świateł i cieni na danym przedmiocie jest jedną z nich.

## Wyodrębnienie

Przez wyodrębnienie rozumiemy odcięcie głównego obiektu od tła. Często stosowaną metodą będzie w tym wypadku podświetlanie od tyłu. Taki efekt osiągniemy również, jeśli przestrzeń za głównym obiektem będzie ciemniejsza lub jaśniejsza niż ten obiekt. Starając się nadać naszemu przedmiotowi trójwymiarowość, zwykle dzielimy filmowany w ujęciu obszar na plan pierwszy, drugi (środkowy) i trzeci (tło). Wyodrębnienie stanowi tu istotną wartość.

## Głębia

Czym są formaty obrazu właściwe filmowi, wideo i HD? To po prostu prostokąty – płaskie prostokąty. Każdy z nich jest medium dwuwymiarowym. Zadaniem oświetleniowców, operatorów i reżyserów jest nadanie tej płaskiej formie jak największej trójwymiarowości – obdarzenie jej głębią, kształtem i perspektywą. Tchnięcie w nią życia, upodobnienie jej do realnego świata. Światło spełnia tu znaczącą rolę. Inne metody – wybór obiektywów, ustawianie scen i ujęć, operowanie ruchem kamery, kreowanie scenografii, ustalanie koloru - również mają znaczenie, ale oświetlenie to w tych zabiegach gracz kluczowy.

W dużej mierze właśnie dlatego płaskie oświetlenie jest często naszym wrogiem. Otrzymujemy je wtedy, gdy lampa umieszczona jest bardzo blisko kamery, jak lampa błyskowa zamontowana na aparacie fotograficznym – znajduje się wówczas na osi obiektywu. W rezultacie światło takie rozjaśnia cały przedmiot w równym stopniu zacierając tym samym naturalny, trójwymiarowy obraz obiektu.

3.4
*Światło to podstawowe narzędzie w kreowaniu nastroju i tonacji sceny, nadające treści sceny kolejne znaczenia. Efekt tu widoczny osiągnięty został w bardzo prosty sposób: światło z otwartej lampy 2000W zostało odbite od podłogi.*

## Faktura

Tak jak w przypadku kształtu, światło będące na osi obiektywu (płaskie i frontalne) zwykle zamazuje fakturę przedmiotu. Powód jest jasny: rozpoznajemy fakturę dzięki cieniom, a oświetlenie z punktu tak bliskiego kamerze ich nie rzuca. Im więcej światła pada z boku, tym więcej tworzy się cieni ujawniających fakturę obiektu.

## Ekspozycja

Światło może nam pomóc w wielu sytuacjach, ale na nic to się nie zda, jeśli nie ustawimy odpowiednio ekspozycji – ustawiona błędnie może zniszczyć całą naszą pracę.

Zapewnienie wystarczającej ilości światła, by naświetlić taśmę, nie jest niczym trudnym. Chodzi jednak o to, by ekspozycja była prawidłowa. To oczywiście kwestia oświetlenia (a także przysłony, klatkażu, wywoływania taśmy w przypadku filmu, wzmocnienia sygnału w przypadku wideo, regulacji migawki), które w tej sytuacji funkcjonuje też jako narzędzie tworzenia obrazu i narracji filmowej. Przeważnie chcemy, by pomiar stopnia jasności sceny odpowiadał zakresowi ekspozycji i współczynnikowi kontrastu danej taśmy światłoczułej, by był zgodny z wartościami podanymi przez czujnik kamery.

W tym kontekście pamiętać jednak trzeba, że ekspozycja to coś więcej niż „zbyt jasno" lub „zbyt ciemno". Oczywiste jest, że reguluje ona nastrój i ton sceny, ale wpływa też na inne aspekty obrazu. Właściwie wyznaczona, wraz z ustawieniami kamery decyduje o nasyceniu kolorów i uzyskaniu pełnej skali szarości.

*3.5*
*Efekt prześwietlenia*
*i niedoświetlenia.*
*(a) Mocno prześwietlony*
*obraz. Ekspozycja zawsze*
*jest istotna, ale w pracy w HD*
*czy SD wideo pełni kluczową*
*rolę. Odpowiednia kalibracja*
*monitora/wizjera to rzecz ab-*
*solutnie konieczna.*
*(b) Na tym zdjęciu zobaczyć*
*można, że prześwietlenia*
*nie da się zadowalająco*
*poprawić.*
*(c) Bardzo niedoświetlony*
*obraz.*
*(d) Niedoświetlenie może być*
*skorygowane, ale obrazowi*
*brak będzie szerszej skali*
*tonów. Widoczne też będzie*
*silne ziarno.*

## Kierowanie wzrokiem widza

Zwykle myślimy o kompozycji w kategoriach kadrowania, doboru soczewek, inscenizacji i rekwizytów. I słusznie. Jeśli jednak zapomnimy o oświetleniu, pominiemy jedno z najważniejszych i najbardziej wartościowych narzędzi komponowania obrazu.

Co nam daje kompozycja? Jaki jest jej cel? Jedną z kluczowych jej funkcji jest sterowanie wzrokiem widza tak, by dostrzegł w kadrze to, co istotne. Jak zapewne wiecie, oko w połączeniu z pracą mózgu nie obejmuje całości obrazu w jednym momencie. Stwierdzenie to tym bardziej się sprawdza, im większy obraz: postrzegamy niewielki monitor czy fotografię w inny sposób niż duży płaski ekran. We wszystkich przypadkach nasze oko skanuje obraz. Im lepiej zorganizowana kompozycja, tym łatwiej artyście czy operatorowi przychodzi kontrolowanie tego, jak widz odbiera to, na co patrzy.

Można rozumieć kompozycję na dwa sposoby: jako organizację elementów w kadrze oraz kierowanie wzrokiem widza tak, by widział przede wszystkim te szczególnie ważne elementy. Najczęściej będzie to aktor dominujący w danej scenie.

## PROCES OŚWIETLANIA

Kiedy oświetlamy scenę, ważne jest nie tylko to, by wszystko wyglądało fantastycznie.

3.6
*Oświetlenie może zarówno odkrywać fakturę obiektu, jak i nadawać mu własną, tak jak tutaj, przy zastosowaniu wzoru żaluzji.*

Przede wszystkim istotne jest to, czy pracujemy szybko. Czas spędzony na planie kosztuje, nawet przy niskobudżetowej, niewielkiej produkcji. To, jak szybcy jesteśmy, może decydować o naszym zatrudnieniu. Ponadto musimy nieustannie pilnować, by oświetlenie przez was wybrane zgadzało się z koncepcją reżysera i by wasza praca nakładała się na ciągłość montażową.

## Proces

Wszystko będzie łatwiejsze, jeśli ustalimy sobie pewien proces myślowy ustawiający naszą pracę ze światłem. Każdy operator ma własną metodę pracy, wy także, w miarę zdobywania doświadczenia, wypracujecie swoją.

Pomyślcie o następujących sprawach:

1.    Czego się od was wymaga?
2.    Jakie macie narzędzia?
3.    Jaki jest harmonogram pracy?
4.    Jakie macie możliwości?

## Czego się od was wymaga?

Może się to wydawać zbyt oczywiste, by się nad tym zastanawiać. A jednak w trakcie pracy zwykle się o tym zapomina, koncentrujemy się na tym, by dany obiekt wyglądał pięknie albo by w pełni wyzyskać nowo poznaną technikę i nie pamiętamy już, że mieliśmy po prostu oświetlić scenę tak, by obraz opowiadał historię.

Oto kilka pytań, na które warto sobie odpowiedzieć:

1.   Jaki ma być styl wizualny całego filmu, ustalony przez reżysera i przez was?
2.   Jaka jest dramaturgiczna intencja danej sceny: czy ma szokować, rozśmieszać, przerażać?
3.   Jak ta konkretna scena wpisuje się w wizualny charakter całego projektu?
4.   Jak ta konkretna scena wpisuje się w harmonogram dnia?

Później warto się zastanowić nad tego rodzaju kwestiami:

1.   Czy to ma być wnętrze czy plener? Czy może kombinacja obu?
     Czy mamy
     do dyspozycji duże okna bądź inne źródła światła, na które nie mamy wpływu?
2.   O jakiej porze dnia rozgrywa się scena?
3.   Gdzie rozgrywa się akcja tej sceny?
4.   Ile osób bierze udział w tej scenie? Czy poruszają się po całym planie?
5.   Czy widzimy w kadrze sufit? Czy widzimy podłogę?
6.   Czy mamy w tej scenie jakieś efekty, np. czy ktoś nagle zapala światło?
7.   Czy musimy tu zbalansować jakieś światło, którego nie możemy zmienić (blask telewizora lub monitora, neony)?
8.   Czy musimy tu zadbać o ciągłość światła, dla kolejnych scen czy ujęć?
9.   Jaka jest wartość ASA kamery filmowej, wideo lub też HD?
10.  Jaki jest najciemniejszy obiektyw (zwykle ze zmienną ogniskową) do twojej dyspozycji?
11.  Czy będą w tej scenie zdjęcia makro albo wymagające wysokoczułej taśmy?

## Jakie narzędzia macie do dyspozycji?

To, co chcecie osiągnąć na planie określone jest przez to, jakimi narzędziami dysponujecie. Inaczej będziecie pracować z 10-tonowym sprzętem oświetleniowym, a inaczej z niewielkim zestawem lamp. Nie znaczy to wcale, że kilka małych świateł jest gorszych od szerokiej gamy różnych jednostek. Oznacza to tylko tyle, że musicie inaczej planować pracę.

Nie chodzi tu tylko o światła. Jakiego rodzaju filtry i dyfuzory macie do dyspozycji? Czy jakieś żarówki mają spełniać także rolę rekwizytów? Ile sprzętu (uchwytów, statywów, itd.) posiadasz? Z ilu osób składa się ekipa? Jakie mają doświadczenie? Jak bardzo napięty jest harmonogram? Ograniczać was może także zasób dostępnej energii elektrycznej – chyba że możecie korzystać z własnego agregatora. Jeśli go nie macie, często jesteście skazani na sprzęt, który możecie podłączyć jedynie do gniazda ściennego. W wielu przypadkach wszystkie możliwości sprowadzają się do 16 amperów, jakie oferuje nam klasyczny obwód w każdym domu. Zaś każdy już podłączony do niego większy sprzęt (np. lodówka), stanowi kolejne ograniczenie.

Jeśli jednak dysponujecie generatorem, możecie cieszyć się stosunkową swobodą. Generatory są jednak drogie – im większy sprzęt, tym więcej kosztują. Jeśli budżet produkcji jest skromny, może się okazać, że wszystko co macie, to jedynie 100 lub 300A (albo też 4K). Wszystko to zdecyduje, jakiego rodzaju sprzęt możecie zastosować w danej sytuacji i jak rozplanować oświetlenie w poszczególnych scenach. O wszystkich tych sprawach musicie pomyśleć, zanim opracujecie strategię swojej pracy na planie.

## Jaki jest harmonogram pracy?

Ile macie czasu – oto kwestia kluczowa. Określa to harmonogram opracowany przez asystenta reżysera. Dobry asystent zapyta operatora, ile czasu potrzebuje, ale nawet przy największej produkcji czas ten jest ograniczony. Pozostają też okoliczności, nad którymi nikt z ekipy nie ma kontroli – sytuacja w plenerze, moment zmierzchu, pozwolenia na filmowanie, itd.

Ostatecznie zawsze będziecie mieli ograniczony czas na wykonanie swojej pracy. Ponadto asystent operatora będzie was ciągle pytał: Ile zajmie ustawianie świateł? Określenie tego czasu to jedno z waszych najważniejszych zadań podczas zdjęć. Nie jest to pytanie przypadkowe i bezsensowne. Wiele rzeczy od tego zależy – nie tylko rozpisanie grafika kolejnych scen, ale też decyzje, kiedy wysłać aktora do charakteryzacji, kiedy zrobić przerwę na lunch, itd. Umiejętność właściwego oszacowania tego czasu wpłynie także na waszą wiarygodność jako fachowców. To wymaga jednak praktyki.

Kiedy naprawdę się spieszycie, warto mieć opracowany plan B i C. Wówczas nawet wtedy, gdy czasu będzie bardzo mało, wy macie w zanadrzu coś, co z pewnością (choć w ostateczności) zadziała. Są oczywiście rzeczy, których przewidzieć nie można: zmiana pogody, wściekły sąsiad, płaczące dziecko...

Przejdźmy jednak do technicznego aspektu oświetlania sceny. Sposobów na to są dziesiątki; trzeba wiedzieć gdzie zacząć.

## Jakie są możliwości?

Prawie zawsze pierwszym pytaniem, jakie sobie zadacie, będzie: Jakie są możliwości? Co może nas zainspirować w plenerze, w scenografii, w sytuacji rozgrywanej w danej scenie? Może to będzie okno, może lampka na biurku, może nawet wielka palma, za którą możecie ukryć jakieś światło? Może to będzie istniejąca już latarnia uliczna, którą możecie imitować podwieszając lampę do słupa.

Może znajdziecie architektoniczny szczegół wart podkreślenia albo biały kawałek materiału, który odbije światło i w ładny sposób oświetli od dołu postać. Szereg różnych możliwości objawi wam się, kiedy wraz z reżyserem i mistrzem oświetlenia udacie się w plener na rekonesans. W przypadku gotowego planu pomóc wam może rozmowa ze scenografem albo wgląd w storyboard.

Tworzycie więc podstawową strategię. Przemyślana jest już kwestia możliwości sprzętu, ekipy, ustalony czas – zasadniczy plan jest gotowy. Ale uwaga, w tym miejscu może pojawić się kilka pułapek.

Pierwszą z nich jest „oświetlanie powietrza". Tak się dzieje, kiedy nie macie okazji przyjrzenia się właściwej próbie i nie macie dublerów do dyspozycji. Czasami, przy mniejszych projektach, reżyser po prostu opisuje scenę i znika, chcąc dopilnować innych spraw. Wtedy wy przygotowujecie wszystko, plan wygląda świetnie, ale nie macie żadnej pewności, że oświetlenie będzie właściwe dla aktorów w akcji.

Dlatego trzeba nalegać, by reżyser pozwolił wam asystować przy próbie. Wszyscy powinni pamiętać, że próba NIE JEST tylko dla aktorów, jest dla wszystkich. Dla asystenta operatora, by mógł oznaczyć scenę, dla operatora, by ocenił oświetlenie, dla elektryków i wózkarzy, którzy muszą ustawić sprzęt, itd.

Aktorzy nie muszą przy tym przechodzić przez scenę z pełną intensywnością gry. Dla ostrzyciela, dla mistrza oświetlenia, ekipy technicznej, dźwiękowca i mikrofoniarza wystarczy, by zobaczyć, gdzie będą aktorzy, czy będą stać, czy siedzieć, czy też się poruszać. Ważne jest też, by znać rozplanowanie czasowe wydarzeń (np. w którym momencie jeden z bohaterów włączy telewizję).

Innym błędem niedoświadczonych reżyserów jest zrobienie z tego rodzaju próby pełnego i głębokiego przeglądu wartości gry aktorskiej. Ta próba jest tylko po to, by ustalić szczegóły techniczne – oznaczyć miejsca, ustawić sytuację w scenie. Próby pogłębione przychodzą później – przed kamerami.

Kiedy już wzięliście udział w takiej podstawowej próbie technicznej i widzieliście aktorów na żywo, plan należy do was. Asystent reżysera często mawia – operator i ekipa mają plan. To prawda, jest wasz i musicie naciskać, by był wasz w całości. Dlatego też tak często pada pytanie: jak długo to zajmie?

# JAK DZIAŁAĆ SZYBKO?

Sztuczek jest mnóstwo, nie da się ich zmieścić w jednej książce. Większości z nich uczymy się wraz z doświadczeniem. Warto jednak pamiętać o kilku, które mogą pomóc w codziennej pracy.

1.  Zaplanujcie kilka ruchów naprzód. Nie koncentrujcie się tylko na głównym oświetleniu; przygotujcie parę świateł, których możecie potrzebować. Wielu operatorów wymaga, by odpowiednia lampa wraz z ręcznym regulatorem stała w gotowości tuż za kamerą, na wypadek, gdyby w ostatniej chwili potrzebne było światło pod oczy.

2.  Bieganie po drabinę, by zamocować coś na wysokiej ramie pożera czas. Wszystko, co ma być zamontowane, powinno być podłączone i w gotowości, nawet jeśli okaże się, że nie będziecie tego potrzebować.

3.  Miejcie pod ręką kilka gotowych do użycia lamp, by uratować sytuację, gdy w ostatniej chwili trzeba zmienić oświetlenie. Powinny być włączone, wszelkie siatki powinny być zamocowane do statywów, pod ręką warto mieć nawet filtry i dyfuzory.

Co jest jednak prawdziwym sekretem profesjonalistów? Doskonały mistrz oświetlenia i świetna ekipa.

# PODSTAWY OŚWIETLENIA

Światło jest naszym narzędziem. Wiedzę na temat jakości światła, przy jego nieskończonej różnorodności, zdobywać można całe życie. Aby jednak wykorzystać tę wiedzę w praktyce, trzeba zrozumieć kilka fundamentalnych zastosowań światła. Przyjrzyjmy się więc głównym typom oświetlenia, podstawowym funkcjom, które pomagają nam ukształtować daną scenę.

## Podstawowe funkcje

### Światło kluczowe (rysujące)

Światło kluczowe to główne czy też dominujące oświetlenie danego obiektu. Niekoniecznie najjaśniejsze (oświetlenie tła zwykle jest intensywniejsze), nadaje przedmiotom kształt, formę i określa ich charakter. Jeśli postać oświetlamy jednym tylko światłem, z definicji będzie to światło kluczowe. Choć zwykle kojarzy się, że świeci się nim od frontu, możliwości jest więcej: może być boczne, tylnoboczne, poprzeczne, itd.

3.7
*Podstawowe oświetlenie postaci,*
*zwane oświetleniem trzypunktowym.*
*(**a**) Wyłącznie kluczowe.*
*(**b**) Kluczowe połączone*
*z podświetleniem tła.*
*(**c**) Dodane światło kontrowe.*
*(**d**) Dodane światło boczne.*
*(**e**) Połączone światła: kluczowe,*
*tylne, kontrowe, boczne i wypełniające.*

Podstawową funkcją tego oświetlenia jest rysowanie cienia na obiekcie. Światło to może być ustawione dla całej sceny albo dla poszczególnych przedmiotów z osobna. Podczas dynamicznej sceny aktor może być oświetlany przez kilka świateł kluczowych, które zmieniają się w miarę jego ruchu.

## Światło wypełniające

Światło kluczowe, jako pojedyncze źródło określające charakter sceny, może być jedynym oświetleniem na planie. Jednak w większości przypadków kontrast pomiędzy oświetlonymi a zacienionymi obszarami jest zbyt duży albo też taki typ światła nieodpowiedni będzie dla konkretnego ujęcia. Wszystkie typy oświetlenia, które równoważą światło kluczowe, określane są jako wypełniające. Jego odmian jest bardzo wiele. Większość słowników i podręczników powie wam, że światło wypełniające to oświetlenie miękkie i zwykle ustawione blisko kamery, po przeciwnej stronie niż źródło kluczowe. Choć sprawdza się to w przypadku oświetlania najprostszego typu, nie wyczerpuje wszystkich możliwości. Źródła światła wypełniającego mogą być bardzo różne – od reflektora typu Inkie z tubą aż do lampy z dużą jedwabną siatką. Kąt ustawienia jest tu jak najbardziej dowolny.

## Światło kontrowe

Światło kontrowe to takie, które świeci zza obiektu czy postaci. Kiedy umiejscowione jest niemalże bezpośrednio nad postacią i oświetla głowę, twarz oraz nos,

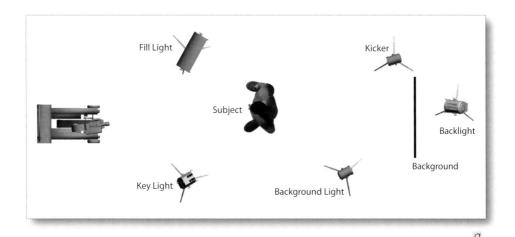

Fill Light

Kicker

Subject

Backlight

Background

Key Light

Background Light

a

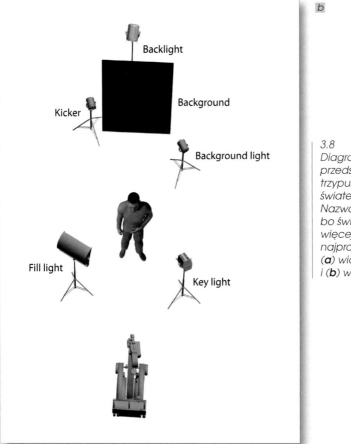

b

Backlight

Background

Kicker

Background light

Fill light

Key light

3.8
Diagram
przedstawiający typowe
trzypunktowe ustawienie
świateł na planie.
Nazwa ta jest myląca,
bo świateł zawsze jest
więcej niż trzy, nawet przy
najprostszym ustawieniu.
(**a**) widok z góry
i (**b**) widok zza kamery.

3.9
(a) Scena ta, oświetlona naświetlaczem zza okna, łączy dwa typy miękkiego światła: odbite i rozproszone. (b) Światło z dwóch jednostek 5K z soczewkami Fresnela przepuszczone przez warstwę gęstego filtra rozpraszającego, a następnie przez zasłonę muślinową. Światło z lampy 2K z soczewką Fresnela odbija się od umieszczonej nad oknem białej polistyrenowej tablicy imitującej światło z zachmurzonego nieba.

nazywane jest światłem górnym. W większości sytuacji unikać się jednak będzie kontry ustawionej zbyt wysoko.

Oświetlenie kontrowe to bardzo wyrazisty i określony chwyt stylistyczny. Ponieważ jego sztuczność mocno rzuca się w oczy, puryści oświetleniowi niechętnie go używają – chyba że źródło jest naturalne. Światło to zwane jest też światłem na włosy (hairlight).

## Światła „boczki i „przestrzały" (kicker i rim)

„Boczki" zwykle mylone są z kontrowymi. To światła świecące z tyłu, ale ustawione na tyle z boku, by ślizgać się po twarzy postaci. Nazywa się je czasem ¾ kontry. „Przestrzał" jest dość podobny, choć nie oświetla on twarzy tak mocno. Tworzy raczej jej zarys, określa kształt.

## Światło na oczy

Funkcja tego światła jest bardzo szczególna. Ponieważ oczy są nieco cofnięte w stosunku do reszty twarzy, nawet najlepsza kombinacja oświetlenia głównego i wypełniającego doskonale rozjaśniająca całą twarz, może nie sięgać wystarczająco głęboko, by oświetlić same oczy. Ponieważ bardzo rzadko zdarza się, by reżyser czy operator chciał pozostawić oczy w ciemności (niezależnie od tego, w jak niskim kluczu filmowana jest scena), zwykle konieczne jest odrębne oświetlenie skierowane właśnie na oczy.

Lampa typu Obie to mały reflektor montowany na kamerze tuż nad obiektywem. Jego nazwa pochodzi od nazwiska bardzo pięknej aktorki, Merle Oberon. Podczas zdjęć z jej udziałem odkryto, że właśnie ten typ oświetlenia najlepiej pasuje do struktury jej twarzy. Obie może stanowić źródło światła głównego lub wypełniającego albo też pełnić funkcję światła na oczy, w zależności od intensywności innych jednostek stosowanych w danej scenie.

## Oświetlenie ogólne (ambient)

Światło to wskazuje na atmosferę całej sceny. Zwykle stanowi bazę, na której budujemy resztę oświetlenia. Może też być ogólnym światłem wypełniającym. W ujęciach plenerowych zwykle jest nim światło dzienne odbijające się od nieba i otoczenia. Przy zdjęciach atelierowych oświetleniem tego rodzaju może być światło ogólne uzyskane dzięki odbiciu promienia od białego sufitu.

3.10
Studenci ustawiają piankowy panel odbijający dla lampy 2K Mighty Mole. Po prawej stronie na ścianie zobaczyć też można światło zipowe 2K.

3.11
(**a**) Twarde światło, takie jak w przypadku tego zdjęcia reklamowego, zwykle pochodzi
ze źródła ustawionego dokładnie po prawej stronie kadru.
(**b**) Stosując miękkie światło trzeba koniecznie pamiętać, że to rozmiar źródła w stosunku do obiektu decyduje o tym, jak miękkie jest dane światło.
(Dzięki uprzejmości Lite Panels, Inc.)

# RODZAJ ŚWIATŁA

Lista różnych rodzajów i tonów światła jest nieskończona. Pomyślcie iloma przymiotnikami można byłoby je określić:

- pośrednie/bezpośrednie
- ostre/miękkie
- skupione/rozproszone
- zwarte/spowijające
- rozbryzgane/uderzeniowe
- rysujące/frontalne
- płaskie/światłocieniowe

- mocne/delikatne
- cieniste/intensywne
- modulowane/płaskie
- ślizgające się/skierowane
- skupione/ogólne
- żywe/mętne

... i tak dalej. Nie wszystkie te określenia są precyzyjne, ale każde z nich oddaje nastrój, jakość i atmosferę.

Wszystko to prowadzi do wniosku, że opozycje twarde/miękkie, kluczowe/wypełniające nie wyczerpują różnorodności światła. Przeprowadźcie dla siebie pewien eksperyment: przez jeden dzień rozglądajcie się dokoła i starajcie się opisać jakość światła we wszystkich odwiedzanych miejscach. Spójrzcie jak oświetlenie określa przestrzeń, nadaje kształty obiektom, pada na twarze ludzi wokół.

Każdy z typów światła można potem odtworzyć na planie. Zapytajcie sami siebie, jak możecie oświetlić daną scenę, by osiągnąć taki właśnie efekt? Jakich lamp użyć? Jak rozplanować ich ustawienie? Jak modyfikować i formować światło, by osiągnąć cel? Przyjrzyjmy się kilku głównym zmiennym, o których tu mowa. Najpierw musimy uświadomić sobie, że przy tradycyjnej opozycji twarde/miękkie wchodzą w grę dwa czynniki.

## Twarde/miękkie

### Względne rozmiary źródeł światła

Najważniejszym czynnikiem względnej twardości/miękkości światła jest rozmiar źródła emitującego w stosunku do oświetlanego obiektu. Im większe jest źródło światła w stosunku do obiektu, tym bardziej światło spowija kontury tego obiektu. Tam gdzie twarde światło (niewielka lampa) tworzy cienie, miękkie je wypełnia. W przypadku twardego światła mamy do czynienia z sytuacją odwrotną: linia cienia jest relatywnie ostra i mocno zarysowana.

Oznacza to, że żadne światło nie jest z natury twarde lub miękkie. Nawet jednostka emitująca miękkie światło może w pewnych warunkach zmienić je na twarde i odwrotnie. Decydującymi czynnikami będą tutaj: rozmiar jednostki (na przykład rozmiar soczewki przy świetle z soczewką Fresnela), wielkość obiektu i odległość pomiędzy nimi. Przy świetle spowijającym przedmiot zasadniczą sprawą jest wielkość źródła w stosunku do obiektu. Jeśli bardzo duża jednostka oświetla mniejszy obiekt, światło będzie w stanie objąć wszystkie krzywizny i krawędzie. Takie światło zmniejszy ocienione obszary i wypełni własne cienie.

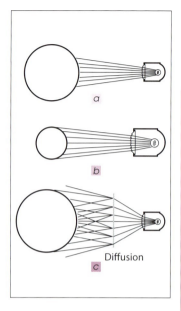

Diffusion

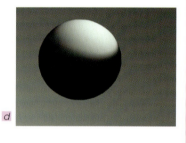

3.12
Co sprawia, że światło jest miękkie? Dzieje się tak wtedy, gdy może ono „spowijać" kontury obiektu. Wówczas cienie stają się niewyraźnie i stopniowo maleją. Względny rozmiar źródła, niezależnie od tego, czy mamy do czynienia ze światłem odbitym, czy też rozproszonym, decyduje, czy źródło to wydaje się większe lub mniejsze.
(**a**) Źródło, które jest niewielkie w stosunku do obiektu, nie jest w stanie objąć jego konturów.
(**b**) Większe źródło i/lub mniejszy obiekt – światło może objąć obiekt tworząc miękkie, delikatne cienie.
(**c**) Rozproszenie zmiękcza światło, sprawiając, że źródło wydaje się większe. Jak twarde i miękkie światło oświetla tę samą kulę. Miękkie światło spowija ją (**d**), dzięki czemu cienie są łagodniejsze i stopniowo maleją (**e**).

Dlaczego odległość? To prosta geometria. Atelierowy naświetlacz świeci miękkim światłem, bo źródło emitujące ma rozmiar wyjściowy. W przypadku miękkiej lampy atelierowej 4K produkcji Mole-Richardson powierzchnia emitująca jest wielkości 36" × 36". Jeśli obiekt ma 30 cm i znajduje się 60 cm od źródła światła, oczywiste jest, że źródło to jest ogromne w odniesieniu do filmowanego przedmiotu.

3.13
Twarde światło
w zestawieniu
z miękkim
światłem. Lampa
typu Source Four
leko wykorzystana
jest jako źródło
światła twardego.
Miękkie światło
daje softbox
Chimera z lampą
o mocy 2K.
Zasłona
muślinowa kreuje
światło
najbardziej
miękkie.

W sytuacji gdy mamy potężne źródło i niewielki obiekt mocno od niego oddalony, do obiektu dotrą tylko te promienie światła, które padają równolegle do siebie. Wszystkie te promienie, które mogłyby objąć czy otoczyć przedmiot, miną się z nim. W rezultacie światło, które dociera do celu relatywnie jest światłem twardym.

## Skupione/rozproszone

Innym aspektem światła określanego jako twarde lub miękkie jest stopień jego skupienia bądź rozproszenia. W wypadku światła skupionego promienie są wobec siebie względnie równoległe. Światło słoneczne, którego źródło oddalone jest o ok. 150 mln km, jest skupione. Zwykle tego rodzaju światło jest skierowane i skolimowane. W przypadku powierzchni odbijających, z odbiciem skupionym mamy do czynienia wtedy, gdy promień odbity podobny jest do promienia odbijanego – jak przy odbiciu lustrzanym. Kąt odbicia równa się kątowi padania. Natomiast gdy stosujemy reflektor rozpraszający, promień odbity nie przypomina światła odbijanego. Powierzchnia rozpraszająca rozbija promień na mniejsze, które biegną w różnych kierunkach, zaś kąty odbicia są mniej lub bardziej przypadkowe. Tak rzecz się ma z powierzchniami odbijającymi, a co ze światłem skierowanym, bezpośrednim? Rozproszenie to stan, w którym promienie światła biegną w nieuporządkowany sposób. Światło przebijające się przez białą powierzchnię jest rozproszone. Rozproszone jest też światło przechodzące przez gęsty, biały, półprzeźroczysty materiał.

## Materiały rozpraszające

Zwykle światło rozproszone traktuje się jak miękkie, a skupione jak twarde. Wiemy już, że nie zawsze się to sprawdza, ale ogólnie rzecz biorąc światło rozproszone będzie bardziej miękkie niż skupione. Materiałem rozpraszającym może być każda powierzchnia półprzeźroczysta: biały plastik, jedwab, nylon, muślin czy nawet zasłonka prysznicowa. Wszystkie służą podobnym celom.

1. Redukują skupienie światła. Względnie skupione (skolimowane) światło, które pada na powierzchnię rozpraszającą, przechodząc przez nią zamienia się w bardziej rozproszone; skala tej zmiany zależy od stopnia nieprzejrzystości i gęstości materiału.

2. Rozszerzają pole emisji światła, rozmiar emitującego źródła. Rozmiar światła z soczewką Fresnela równa się rozmiarowi soczewki. Jeśli 12-calowa lampa oświetla gęsty materiał rozpraszający o średnicy 24 cali, źródło emitujące promień zyskuje rozmiar 24 cali. Ponadto światło to staje się bardziej rozproszone i szerzej spowija obiekty. Jak już powiedzieliśmy, efekt ten zależy od gęstości materiału. Im grubszy i gęstszy, tym bardziej źródło staje się polem czystej emisji światła rozproszonego. Jeśli jest z kolei bardzo cienki i przejrzysty, pole emisji rozproszonego światła co prawda zwiększa się, ale część promieni skupionych wciąż przebija się przez materiał.

3.14
Światło twarde/światło miękkie.
(**a**) Światło twarde cechuje się ostro zarysowanymi, głębokimi cieniami.
(**b**) Bardzo miękkie światło nie rzuca mocnych cieni, ponieważ światło obejmuje kontury twarzy.
(**c**) Twarde światło padające na twarz zwróconą ku lampie i z wypełnionymi cieniami wydaje się niemalże światłem miękkim.
(**d**) Najbardziej miękkie światło z możliwych to często światło naturalne wpadające przez okno – w tym wypadku okno skierowane jest na północ.

3. Światło ze źródła emitującego jest wyraźnie skierowane (skupione). Co więcej, źródło to zwykle łączy dwa typy światła – bezpośrednio emitowane przez włókno żarowe czy łuk oraz światło odbite od reflektora. Soczewki Fresnela nie są w stanie sprawnie i płynnie połączyć tych dwóch typów, tak więc jeden z promieni zawsze będzie nieco surowy. Rozpraszacze natomiast ujednolicają światło. Zarówno bezpośredni, skupiony promień emitowany przez włókno żarowe, jak i pośrednie odbicie od reflektora połączone są i wygładzone przez rozproszenie.

Aż do lat 60. tradycyjnym hollywoodzkim oświetleniem było właściwie wyłącznie twarde światło, nieodbite i nie rozproszone przez żaden materiał umiejscowiony przed lampą. Jednym z powodów była niska czułość stosowanych wówczas taśm; aby ekspozycja była wystarczająca, trzeba było wyzyskać całą możliwą moc świateł. Dzisiaj, przy wysokoczułych filmach, kamerach wideo i znacznie wydajniejszych źródłach oświetlenia, możemy światło modyfikować, odbijać i rozpraszać ile tylko chcemy.

Pamiętać jednak trzeba, że przy rozpraszaniu światła traci się nieco ekspozycję – taką cenę płacimy za miękkie, piękne światło. Nie do końca jednak je tracimy i warto się zastanowić, co się z nim dzieje. Część marnuje się cofając się, czyli odbijając od tylnej strony materiału rozpraszającego, część wytraca się jako ciepło, a część zostaje zachowana pokrywając po prostu szerszy obszar planu.

Na przykład: jeśli zmierzy się intensywność światła w centrum snopu z nieosłoniętego źródła, okaże się, że ma ono 100 stopoświec. Jeśli zaś rozproszymy ten strumień, okaże się, że ma jedynie 50 stopoświec. Jednakże w tym wypadku oświetlona będzie większa przestrzeń.

## Rozproszenie naturalne

Otoczenie, w jakim kręcimy zdjęcia, także pełni ważną rolę. Dym lub mgła mogą rozpraszać światło, z jedną znaczącą różnicą: dym lub mgła znajdują się również po zacienionej stronie obiektu. Mogą więc służyć jako reflektor, odbijając niewielkie ilości światła i oświetlając w ten sposób filmowany przedmiot.

Najlepszym rozpraszaczem ze wszystkich możliwych jest oczywiście zachmurzone niebo. Lekkie zachmurzenie w zasadzie zmienia całe niebo w ogromne źródło emitujące maksymalnie miękkie światło. Nadal jednak pada z góry, tak więc w niektórych przypadkach warto zastosować też światło na oczy.

3.15
Ukierunkowanie światła:
(**a**) światło z tyłu,
(**b**) światło tylne w I',
(**c**) światło boczne,
(**d**) światło frontalne w I oraz
(**e**) światło frontalne.

## Inne właściwości światła

### Ukierunkowanie światła a obiekt

Dla jakości światła kluczową sprawą jest kierunek, z którego światło pada. Jest to być może najważniejszy czynnik decydujący o tym, jak światło współgra z kształtem i fakturą obiektu.

Płaskie światło frontalne będzie mniej kierunkowe, jako że z punktu widzenia soczewki pokrywa wszystkie przedmioty jednakowo. Boczne lub tylne światło zawsze postrzegane jest jako bardziej kierunkowe, ponieważ kreowane przez nie zacienione pola są bardziej wyraziste.

### Wysokość

Istotne jest również to, na jakiej wysokości względem obiektu umieszczona jest lampa – to inny aspekt ukierunkowania. Nieco upraszczając, światła umieszczone wyżej dają więcej cieni, a więc i mocniej rysują kształty.

Tak jak w przypadku kierunku padania promienia, im bardziej oddalone jest światło od osi soczewki, tym wyraźniej widoczne będą cienie, głębia i faktura. Oczywiście jak to bywa z generalizacjami, nie do końca jest to prawda; nie można kategorycznie stwierdzić, że lepsze jest światło ustawione wyżej lub niżej. Zwykle jednak tak to będzie wyglądało.

3.16
Wysokość
źródła światła:
(*a*) światło
umieszczone
na podłodze,
(*b*) bardzo nisko,
(*c*) boczne,
(*d*) boczne,
wysokie,
(*e*) wysokie,
(*f*) umieszczone
nad głową

## Wysoki klucz/niski klucz (współczynnik wypełnienia)

O scenach, których cała przestrzeń jasno oświetlona, mówi się, że nakręcone są w wysokim kluczu. Oznacza to tyle, że jest tu niewiele cieni, że są one wypełnione, że światło równomiernie spowija cały plan. Przeciwieństwem tej wysokiej tonacji jest klucz niski – scena jest wówczas ciemna, mocno ocieniona, bez lub z bardzo niewielkim wypełnieniem.

Historycznie rzecz biorąc komedie, filmy familijne, reklamy oświetlone są w wysokim kluczu. Natomiast obrazy z tajemnicą, romanse i ekskluzywne, wyrafinowane reklamy realizowane są w kluczu niskim.

## Skupione/ogólne

Światło skupione z natury jest światłem ukierunkowanym. Rzucane przez lampę podąża prostą, wyrazistą ścieżką. Kiedy jest umiejscowione w scenie w ten sposób, że widz wyraźnie widzi, skąd pochodzi, nazywamy je „źródłowym". Zależnie od tego, jaki kształt sceny chcemy osiągnąć, jest to efekt pożądany lub nie. Skupione, twarde światło ulokowane tuż za ramą kadru zwykle będzie źródłowe. Nie będzie nim raczej światło miękkie, czyli odbite albo mocno rozproszone. Oświetlenie rozproszone, pokrywające całą przestrzeń planu nazywa się światłem ogólnym. To światło niedookreślone, pozbawione wyznaczonego kierunku.

## Względny rozmiar źródła emitującego i soczewki

Mniej oczywistym i subtelniejszym czynnikiem, odnoszącym się ponadto tylko do lamp wyposażonych w soczewki, jest stosunek rozmiaru źródła emitującego światło i rozmiaru soczewki. Dotyczy to przede wszystkim dużych jednostek. Wielu oświetlaczy na przykład wciąż tęskni za unikalną jakością starych lamp łukowych, Brutusów, dziś już zupełnie nieużywanych. Łuk elektryczny wytwarzający światło to źródło bardzo niewielkie, prawie punktowe, pozbawione ponadto reflektora. Soczewka natomiast jest dość duża, co w efekcie daje mocne, spowijające światło. Otrzymujemy więc światło o cechach światła miękkiego, jednakże małe źródło światła sprawia, że promień jest czysty, ostry i bardzo intensywny.

Chociaż lampa HMI 12K posiada soczewkę prawie tak dużą, jak soczewka Brutusa, jej nieco większe źródło emitujące nie daje takiej siły uderzeniowej jak Brutus. Niektóre 12K wyposażone są w różne reflektory, dzięki którym strumień może być albo mały i ostry, albo nieco większy i rozproszony.

3.17
Twarde i miękkie światło w tej samej scenie z aktorką Alexandrą Fulton. **(a)** Światło twarde; w tym przypadku źródłem jest lampa 5K z soczewką Fresnela rzucająca światło przez żaluzje. **(b)** Bardzo miękkie światło, uzyskane dzięki odbiciu promienia z lampy 1K od piankowej blendy o wymiarach 1m x 1m.

## Modulacja/Faktura

Surowe światło padające z jakiegokolwiek źródła, twardego czy miękkiego, bezpośredniego czy odbitego, może być później modyfikowane dzięki modulacji. Subtelne gradacje światła, zwane też złamaniem, uzyskać można dzięki różnorodnym narzędziom: maskownicom, taśmom, koronkom, charlie bars, półprzeźroczystym zasłonom czy inne materiałom rozpraszającym.

a

b

3.18
Światło boczne, wysokie.
(**a**) Podstawowa zasada dotycząca ukierunkowania światła mówi, że zwykle lepiej jest oświetlić obiekt z boku i nieco z góry (po przeciwnej – względem kamery - stronie osi akcji). Od strony kamery tworzą się wówczas cienie i zarysowują kształty, a scena zyskuje głębię i wielowymiarowość.
(**b**) Ujęcie znad ramienia, oświetlone z boku i nieco z dołu nie daje tego samego poczucia głębi i wielowymiarowości, nie rysuje tak kształtów jak światło na poprzednim zdjęciu. Po prostu cienie nie znajdują się tam, gdzie chcielibyśmy je widzieć, nie pasują tak dobrze do rysów postaci. To oczywiście spore uproszczenie, znaleźć można wiele wyjątków od reguły, ale tego rodzaju ogólna zasada może wam się przydać.
(**c**) Oświetlenie z góry i z boku (po przeciwnej stronie względem kamery).
(**d**) Oświetlenie z dołu i z boku (po tej samej stronie co kamera).

c    d

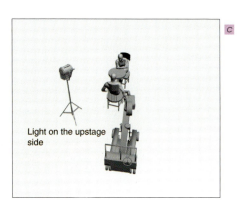

Light on the upstage side

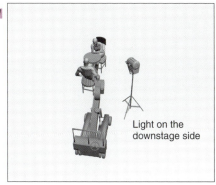

Light on the downstage side

## Ruch

Nie należy zapominać, że światło może się poruszać. Jest kilka dość oczywistych manewrów: efekt reflektorów samochodowych, wschodzącego słońca, itd. Jednakże subtelniejszy ruch światła może sprawić, że scena będzie bardziej realistyczna i ożywiona. Często stosowanym trikiem jest umieszczenie drzewka bądź innej rośliny przed światłem wpadającym przez okno. Mały wiatraczek pozwoli gałęziom kołysać się i otrzymamy efekt ruchomego światła. Nie wolno przesadzić z powiewem, by nie sprawiał wrażenia huraganu.

3.19

*„Podbijanie" lampy. To z jednej strony specyficzna technika, a z drugiej także ilustracja ogólnej zasady w oświetleniu. Nazywa się ona właśnie „podbijaniem" lampy. Czasami chcemy, by postać czy obiekt wyglądały tak, jakby oświetlane były przez konkretne źródło widoczne w kadrze – w tym wypadku jest to lampa-rekwizyt (czyli rzeczywiście włączona podczas zdjęć). Często taka grająca lampa – bądź też okno, neon albo jakiekolwiek inne źródło – nie może wystarczająco oświetlić obiektu. W tym wypadku „podbijamy" ją – oświetlamy ją tak, by wydawało się, że to ona sama świeci. W tym wypadku grająca lampa jest ściemniona, a za nią ustawiona jest fluorescencyjna jednostka Mole Biax. Świetlówka ta świeci pod takim kątem, że jej światło biegnie w tym samym kierunku, co światło lampy. Ponadto wysłonięta jest ciemnym materiałem, by światło nie „wylewało" się na ściany.*

3.20
Nadawanie światłu faktury.
Charlie bars (pionowe sztabki,
w tym wypadku wykonane
z taśmy na otwartej ramie)
w połączeniu z koronkami nadają
scenie fakturę. Kluczowe światło
zapewnia tu promień z lampy Mole;
miękkie światło lampy 4K puszczone
przez niebieski filtr (1/4 CTB czyli
Color Temperature Blue) imituje
światło dzienne, a jednostka
rzucająca mocny promień
odtwarzać ma snop światła
słonecznego.

## Obiekt/Faktura

Nie wolno nam rozpatrywać światła w oderwaniu od obiektu, który oświetla i od warunków, w jakich je stosujemy. Oświetlany przedmiot pełni równie istotną rolę co źródło emitujące światło. Czynników decydujących o tym, jak oświetlać obiekt jest bardzo wiele; kilka najważniejszych aspektów to:

1. Zdolność odbijania światła kontra chłonność. Wariantów jest mnóstwo, nawet jeśli rozpatrywać będziemy jedynie różne rodzaje ludzkiej skóry.

2. Faktura powierzchni: rozpraszająca czy też skupiająca światło?

3. Kształt. Czy obiekt jest kanciasty czy okrągły?

4. Przeźroczystość. Na przykład: duże bloki lodu nie tylko odbijają światło dzięki swojej mokrej powierzchni, ale też przepuszczają promienie przez siebie.

5. Kolor. Wpływa on nie tylko nasze wizualne postrzeganie koloru, ale też decyduje jaka barwa światła będzie odbijana, a jaka wchłaniana.

6. Kontrast. Jak ciemny lub jasny jest obiekt w odniesieniu do skali szarości? Ważny jest też kontrast pomiędzy obiektem a tłem czy też pomiędzy różnymi elementami obiektu.

3.21
Zmiękczanie światła.
Cztery podstawowe
metody zmiękczania
światła:
(**a**) Bardzo duże
źródło, takie jak
ogromna lampa
Fisher Light daje
miękkie światło,
niezbędne
np. przy oświetlaniu
samochodów.
(Dzięki uprzejmości
Fisher Light)
(**b**) Płachta Kino-Flo
Blanket-Lite zapewnia
miękkie, ogólne,
nastrojowe światło.
(Dzięki uprzejmości
Kino Flo, Inc.)
(**c**) Bardzo mobilny
zestaw: blenda
w rozmiarze 4′ × 4′
oraz Mighty Mole
zamontowane
na tym samym,
ruchomym stojaku
wyposażonym
w równoważące
ramię
(i umocowanym
na nim juniorem,
a także
ściemniaczem
2KVariac).
(**d**) Dwie ramy
z zasłoną muślinową
(bardzo mocny
materiał
rozpraszający)
w rozmiarach
12′ × 12′ i 8′ × 8′.

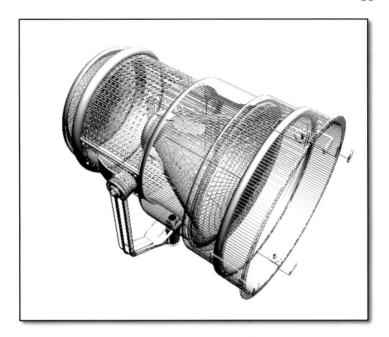

# PODSTAWOWE
# OŚWIETLENIE SCENY

W jednym momencie kręci się tylko jedną scenę filmu i tylko jedno ujęcie sceny. Ta zasada dotyczy również reklam, wideoklipów, a nawet filmów dokumentalnych. W tym rozdziale wybierzemy kilka scen z filmów fabularnych, ze spotów reklamowych i projektów szkolnych. Przeanalizujemy użyte w nich schematy oświetlenia i prześledzimy proces planowania oraz realizacji poszczególnych zadań.

Jeśli to tylko możliwe, schemat oświetlenia planuje się na długo przed realizacją. W niemalże wszystkich wypadkach odchodzi się jednak od ustalonego planu. Ogólna zasada jest taka, by na planie nie montowano kilku lamp jednocześnie. Zwykle przy większych scenach kolejność działań jest już wcześniej opracowana. Dzień przed zdjęciami ekipa techniczna rozkłada cały sprzęt i montuje większe światła, by były przygotowane na nadejście ekipy zdjęciowej.

a

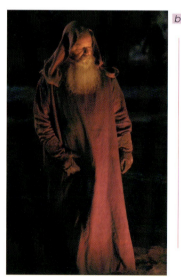

b

4.1
*Rycerze zbierają się wokół
ogniska – ognisko to składa
się z propanowych sztabek
i z drewna. Postacie
oświetlone są też tylnym
migoczącym światłem
i słabym światłem
kontrowym z lampy 9-lite
umieszczonej nad drzewami.
Inna jednostka 9-lite
i elektryczny lampion
widoczne są na wózku, w tle.
(b) Efekt blasku ogniska
oświetlającego z dołu
pomaga nadać scenie
mroczny, tajemniczy nastrój.*

Jednak nawet w takich wypadkach zawsze potrzeba poprawek i te również wykonuje się po kolei, nie wszystkie naraz. Przy mniejszych scenach (choć oczywiście każdy operator ma własny sposób pracy) oświetlenie budowane jest zwykle metodycznie i stopniowo. Rzecz po prostu w produktywności – sytuacja, w której elektrycy biegają po planie i podłączają lampy na chybił trafił rzadko bywa efektywna. Najczęściej więc najpierw ustawia się światło kluczowe, a potem montuje się kolejne jednostki i sprawdza, czy ich umiejscowienie zgadza się z planem.

Bardzo trudno jest przewidzieć, jak ostatecznie będzie wyglądało oświetlenie danej sceny. Można mieć ogólną koncepcję, ale kiedy już zobaczymy przygotowany plan, ze wszystkimi rekwizytami na miejscu, z aktorami próbującymi po raz ostatni, szczegóły z pewnością będą się zmieniać. W tym rozdziale spróbujemy omówić jak najwięcej możliwych sytuacji oświetleniowych. Materiały będą różne: od szkolnych eksperymentów filmowych, przez nisko i średniobudżetowe filmy niezależne, aż do produkcji wielkich wytwórni.

# ŚREDNIOWIECZNI RYCERZE WOKÓŁ OGNISKA

Scena ta rozgrywa się w nocy, w czasach wypraw krzyżowych, dlatego też jedynym oświetleniem mogą tu być ognisko, latarnie i pochodnie.

Pierwszym, oczywistym posunięciem będzie skąpanie sceny w księżycowym świetle. Po pierwsze to naturalne światło, po drugie, bez tego rodzaju ogólnego oświetlenia, cała przestrzeń wokół ogniska będzie całkowicie czarna. Lekko niebieskawy blask księżyca pomoże zarysować kontury drzew i krzewów, a także doda scenie nieco światła wypełniającego.

Błękitna poświata służyć może także jako kontrast dla ciepłego światła ogniska (płomień ma temperaturę barwową między 2000K a 2500K) – rzeczy poznajemy przez ich przeciwieństwa. Jeśli cała scena oświetlona będzie tylko przez płomienie, możemy mieć do czynienia z dwiema sytuacjami: po pierwsze, obróbka materiału w postprodukcji może zająć nadspodziewanie dużo czasu, po drugie, oczy widza po kilku minutach przyzwyczają się do blasku ogniska. Taka adaptacja wzroku może spowodować, że widz postrzegać będzie światło płomienia jako białe.

Rzucanie blasku księżyca na tak dużą powierzchnię zwykle wymaga sporego dźwigu albo przynajmniej kilkupoziomowych rusztowań. Każde z tych narzędzi może stanowić problem – w pewnym momencie mogą pojawić się w kadrze (drzewa w tym plenerze są bardzo niskie), może trzeba będzie przesunąć dźwig, co przy nierównym podłożu pochłonie z pewnością wiele czasu. Rusztowania sprawią jeszcze więcej kłopotów.

Na szczęście rozwiązanie przychodzi właśnie z ukształtowania terenu. Miejsce wybrane na ognisko znajduje się w wyschniętym korycie rzeki u podnóży stromego wzgórza o wysokości ok. 20 m. Na szczycie wzniesienia stoją zaparkowane samochody ekipy technicznej, to doskonały punkt ulokowania agregatora i reszty sprzętu.

## Plan

Jest kilka sposobów, by stworzyć efekt ognia, niektóre z nich wykorzystane zostały przy tej produkcji.

Po pierwsze na planie płonęło prawdziwe ognisko – istotne nie tylko jako źródło oświetlenia, ale też jako główny rekwizyt. Ponieważ i tak musi się ono znaleźć w kadrze, nie ma wyboru: nie istnieje żaden realistyczny substytut dla ognia. Efekt, jaki daje prawdziwe ognisko został jednak uzupełniony za pomocą pewnych technik i narzędzi. Najpierw zastosowano sztabki dające płomienie. Są to proste żelazne rurki z wywierconymi otworami. Dzięki nim z rurki wydobywa się doprowadzany do niej skompresowany propan (bardzo łatwopalny). Rurki te pokryte zostały klejem kauczukowym. Dzięki swojej łatwopalności klej ten pełni funkcję świetnego zapłonnika.

4.2
*Światło księżyca dominuje w scenie, podczas gdy blask ogniska zapewnia nieco kontrowego oświetlenia. Poświatę księżycową udało się uzyskać dzięki lampie Maxi Brute z filtrem ˝ CTB. Mniej więcej 100 m dalej promień światła z dwóch lamp Maxi ma wartość F/1,3 przy czułości ASA 500.*

Tego rodzaju narzędzia mają swoje zalety. Płomień jest mniej więcej stały, co dobrze wpływa na ciągłość zdjęć. Prawdziwe drwa wypalałyby się z ujęcia na ujęcie. Poza tym ogień taki można kontrolować; technik odpowiedzialny za płomienie może je po prostu zwiększać lub zmniejszać, regulując tym samym do pewnego stopnia ekspozycję i balans. Ekspozycję trzeba jednak często sprawdzać, jako że ciśnienie w zbiorniku propanu spada, a płomienie się zmniejszają.

4.3
Efekt blasku
ogniska
osiągnięto
za pomocą
trzech lamp.
Widzimy Mighty
Mole, mały
reflektor i Mickie
Mole na
potrójnym kablu.
Wszystkie światła
rzucone są przez
trójkanałowy
flickerbox.
Fotografia 4.4
ukazuje zbliżenie
tego zestawu.

## Efekt migotania

Osiągnięcie efektu migotania nie powinno być trudne, a jednak często realizuje się go niewłaściwie. Przede wszystkim nie można stosować tu tylko jednej lampy. Nie powinno się też używać pomarszczonej folii aluminiowej ani manipulować reflektorem. Rezultatem takich zabiegów będą przejaskrawione plamy światła bezładnie „biegające" na obrazie.

Spróbujcie kiedyś przyjrzeć się ogniowi. Zauważycie, że cienie i blaski rzucane na ścianę tańczą. Dzieje się tak dlatego, że poszczególne płomienie rosną i maleją, a samo źródło światła porusza się w górę, w dół i na boki. Efekt taki osiągnąć można tylko stosując co najmniej trzy migoczące nieregularnie światła.

Najlepszym sposobem będzie w tym wypadku urządzenie zwane flickerbox, choć i tu użyć trzeba osobnych ściemniaczy, regulowanych albo ręcznie albo za pomocą specjalnej konsolety. W wypadku wspomnianej produkcji użyto trzykanałowego agregatora. Dzięki niemu każde ze świateł może migotać w innym tempie i na różnych wysokościach. Różnica pomiędzy najwyższym a najniższym punktem migotania jest istotna ze względu na pomiar ekspozycji i wiarygodność całego efektu. Jeśli różnica jest zbyt duża, rezultat nie będzie dość realistyczny, jeśli zbyt mała – niezbyt widoczny.

Dlatego też ustawienia parametrów migotania powinny być dostosowane do sytuacji. Na przykład, gdy nie ma wiatru, płomyk świecy prawie w ogóle nie migocze. Ale żeby

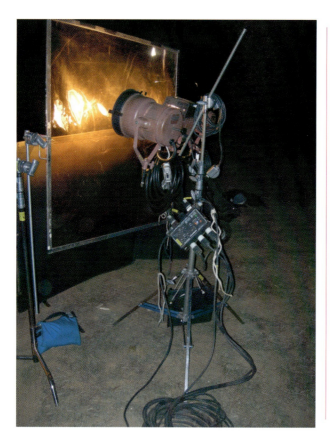

4.4
Tworzenie efektu migotania. Jeśli na planie mamy trzy promienie światła w różnych rozmiarach, możemy mieć pewność, że efekt będzie przekonujący. W tym wypadku zastosowano lampy 2K Mighty Mole, reflektor 1K oraz Mickie Mole 1K. Połówkowy filtr CTO na ramie 4′ × 4′ obniża temperaturę, imitując barwę płomienia. Warto zwrócić uwagę na ramię uchwytu podtrzymującego potrójne złącze – jest tak zamontowane, by można je było zniżyć aż do ziemi, co przy efekcie płomienia często się przydaje. Flickerbox ma trzy kanały, z których każdy osobno modyfikuje moc światła (aż do 2000W). Poszczególne kanały mają własne ustawienia regulujące wysokość i częstotliwość błysków.

obraz był atrakcyjny, warto dodać efekt migotania. Iluzję podtrzyma pełgający płomyk, poruszony lekkim podmuchem. Można też dostać specjalne świece, przeznaczone do zdjęć filmowych. Mają one trzy knoty i świecą znacznie jaśniej niż zwykłe.

## Scena grupowa przy ogniu

**Zdjęcie 4.5 a:** W tej scenie grupa rycerzy wsłuchuje się w słowa dowódcy. Wcześniej szerokie ujęcie ustanawiające ukazywało kilka ognisk otaczających wojowników. Wskazanie widzowi miejsc, w których znajdują się źródła światła pomaga uwiarygodnić efekt. Jeśli tego nie zrobimy, odbiorca może mieć wrażenie, że jakieś światła migoczą w nieuzasadniony sposób. W tej scenie nie ma oczywiście tego rodzaju niebezpieczeństwa.

**Zdjęcie 4.5b:** W tej scenie zostały użyte dwa zestawy lamp imitujących migotanie płomieni. Jeden umieszczony jest na ziemi, przed kamerą, po lewej stronie grupy. Światło z niego płynące symulować ma blask ogniska, które widzieliśmy w ujęciu ustanawiającym.

4.5
*Scena grupowa
przy ognisku.*
*(a) Sfilmowana scena.*
*(b) Kontrowy efekt blasku
z ogniska.*
*(c) Światło rzucone z dołu
(z lewej strony) daje efekt
ognia. Dwa reflektory w tle
imitować mają księżycową
poświatę.*

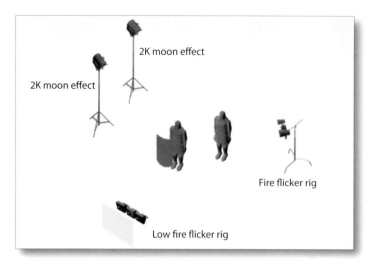

4.6
*Diagram ilustrujący schemat oświetlenia do sceny z rycerzami zebranymi wokół ogniska słuchającego swego dowódcy (zob. zdjęcie 4.5). Zestaw lamp dających efekt migotania umieszczony jest po prawej stronie kamery, za postaciami. Drugi zestaw (trzy zipowe lampy 1K), świecący łagodniejszym światłem, znajduje się na ziemi. Po lewej stronie, dalej od kamery, ustawione są dwie lampy 2K naśladują blask księżyca.*

Drugi zestaw ulokowano po prawej stronie, za postaciami, które oświetlać ma światłem bocznym bądź kontrowym.

**Zdjęcie 4.5c:** Lampy umiejscowione na ziemi muszą być tak kompaktowe, jak to tylko możliwe, by nie były widoczne w kadrze. Tu światło z małego reflektora zipowego odbito od kartonowej blendy. Maskują to tarcze rycerzy ustawione pod odpowiednim kątem.

Biała blenda jest tu konieczna, bo lampa ustawiona jest zbyt blisko obiektów i bezpośredni promień mógłby być za bardzo kierunkowy, nawet przy miękkim świetle. Na planie widzimy też dwie lampy 2K imitujące blask księżyca.

## SCENA Z FILMU SCIENCE FICTION

Oto opis pewnego eksperymentu oświetleniowego, którego celem było stworzenie atmosfery filmu sci-fi. Scena miała być oświetlona na niebiesko, aby nadać jej odpowiedni nastrój i aby ukryć fakt, że do dyspozycji mieliśmy tylko zwykły pokój. Zastosowaliśmy światła żarowe z soczewkami Fresnela: 5K i 2K świecić miały z góry planu, a całość dopełnić miała czterorzędowa lampa Kino Flo Diva umieszczona na podłodze. Do lamp żarowych dodano podwójny niebieski filtr (CTB), a żarówki w Kino Flo miały temperaturę barwową światła dziennego. Dodatkowo parametry kamery HD ustawione były na wartość +99 dla kanału niebieskiego dla wszystkich poziomów wideo. Zza okna przez żaluzje wpadało światło lampy 5K z podwójnym niebieskim filtrem.

4.7
*Scena science fiction.*
*(a) Scena oświetlona jednostką Kino umieszczoną na podłodze i lampą 5K ustawioną wyżej, po lewej stronie kamery.*
*(b) Zbliżenie.*
*(c) Ujęcie otwierające. Dym i łuna nadają scenie klimat i fakturę.*
*(d) Diagram sceny.*

a

b

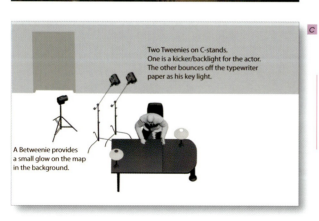

c

Two Tweenies on C-stands.
One is a kicker/backlight for the actor.
The other bounces off the typewriter
paper as his key light.

A Betweenie provides
a small glow on the map
in the background.

4.8
Scena filmu noir.
(**a**) Sfilmowana scena.
(**b**) Ustawienie planu.
(**c**) Diagram przedstawiający
ustawienie planu.

## SCENA Z FILMU NOIR

Celem tej sceny było odtworzenie stylu filmu noir (zob. zdjęcie 4.8).

Przede wszystkim w kadrze umieścić trzeba lampki stołowe, częsty rekwizyt w filmach noir. Choć same pełnią nieznaczną rolę w oświetleniu sceny, mogą jednak umotywować rozmieszczenie świateł (zob. zdjęcie 4.8a).

Głównymi jednostkami w omawianej scenie są dwie lampy Tweenie umieszczone na statywie (zob. zdjęcie 4.8b). Jedna z nich oświetla postać światłem tylnobocznym, druga zaś zapewnia scenie światło kluczowe: ma się odbijać od białej kartki trzymanej przez bohatera, a tym samym podświetlić jego twarz od dołu (zob. zdjęcie 4.8c).

Dodatkowa lampa Betweenie rozjaśnia delikatnie mapy i książki stojące na półce za postacią (zob. zdjęcie 4.8a).

## ŚMIERTELNA RĘKA

Opis ten dotyczy szkolnego projektu, podczas realizacji którego eksperymentowaliśmy z projektorem punktowym Mole-Richardson 2.5K HMI. W omawianej scenie mocny, ostry snop światła z projektora wpadał przez okno. Zamontowana w nim lampa HMI daje niebieskawe światło, ale mimo to dodaliśmy do niej filtr CTB. Kamera została ustawiona na balans światła sztucznego. Dzięki tym narzędziom scena zyskała wyrazisty nastrój (zob. zdjęcie 4.9).

Lampka biurkowa zapewniła odpowiedni kontrast barwny i rzuciła ostre światło na głowę postaci. Głowa aktora stała się tym samym centralnym punktem obrazu (zob. zdjęcie 4.9b).

Mały reflektor za biurkiem dodał nieco światła bocznego (zob. zdjęcie 4.9b), a 650 Tweenie rozjaśniła przestrzeń pod biurkiem, by wydobyć ją z całkowitej czerni. Ujęcie nie byłoby tak atrakcyjne, gdyby nie mgiełka, którą otrzymaliśmy dzięki maszynie do wytwarzania dymu.

## SCENA W FILMIE DETEKTYWISTYCZNYM

Scena ta (zob. zdjęcie 4.10a) musiała być filmowana w niskim kluczu, by uwydatnić światło z trzymanego w dłoni panelu LED.

Choć lampa ta nie świeci na tyle mocno, by oświetlić postacie w scenie, motywuje jednak rozjaśniające twarz aktora światło – w tym wypadku odbity od umieszczonej na podłodze

4.9
(**a**) Śmiertelna ręka.
(**b**) Światło z MoleBeam wpadające przez okno świeci swego rodzaju ostrym, kierunkowym światłem tu przybierającym formę zdecydowanych snopów światła. Szczeniak wypełnia te pola na stole, których nie obejmuje MoleBeam.
(**c**) Diagram przedstawiający ustawienie planu.

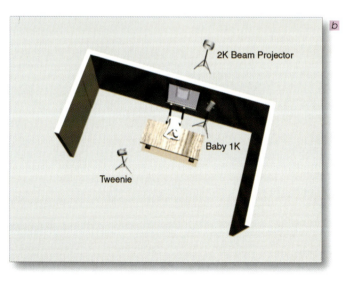

4.10
(**a**) *Scena z filmu detektywistycznego oświetlona przez gaffera i operatora Dawida Chunga. Trzymany w ręku panel diod LED służy z jednej strony jako rekwizyt, z drugiej jako źródło oświetlenia.*
(**b**) *Szerokie ujęcie ukazujące oświetlenie.*
(**c**) *Światło lampy 1K odbite od blendy piankowej w rozmiarze 4´x 4´ służy jako kluczowe oświetlenie stołu.*
(**d**) *Światło lampy 5K wpadające przez okno.*
(**e**) *Diagram sceny.*

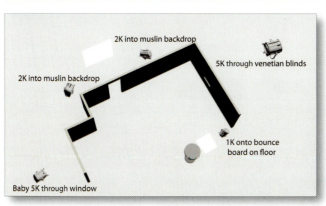

2K into muslin backdrop

5K through venetian blinds

2K into muslin backdrop

1K onto bounce board on floor

Baby 5K through window

 a
 b
 c

**4.11
Młody
wynalazca.**
(**a**) Jeśli
lampa-rekwizyt
jest także
źródłem światła,
centralna część
kadru jest
prześwietlona,
a reszta rozpływa
się w ciemności.
(**b**) Gdy lampa
ta jest
ściemniona,
aktor pozostaje
nieoświetlony.
(**c**) Światło
kluczowe
zastępuje
lampę-rekwizyt.
Postać wygląda
jakby była
oświetlona
lampą stojącą
na stole, która
w takiej sytuacji
może być
odpowiednio
ściemniona.
(**d**) Z lekkim
światłem
kontrowym
i delikatną
poświatą za
oknem scena
jest kompletna.
(**e**) Diagram
planu
oświetleniowego.

 d

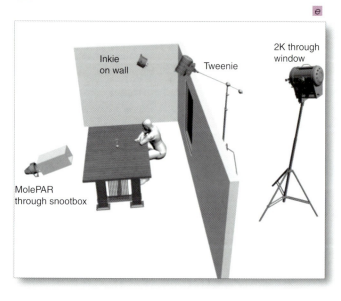 e

Inkie
on wall

Tweenie

2K through
window

MolePAR
through snootbox

blendy promień lampy 1K (zob. zdjęcie 10b i c). Całość oświetlenia dopełnia widoczne za drzwiami (zob. zdjęcie 4.10) światło 5K przepuszczone przez muślin o wymiarach 12' × 12'.

## MŁODY WYNALAZCA

Prawdziwym wyzwaniem w tej scenie jest żarówka. Jeśli będzie ona jedynym źródłem światła, zdjęcie będzie prześwietlone. Dlatego też żarówka jest przyciemniona, a jej światło „podbijane" przez MolePAR z tubą. Po dodaniu światła wpadającego przez okno z tyłu planu oraz światła kontrowego, scena jest kompletna.

**Zdjęcie 4.11a:** Jeśli świeci tylko żarówka-rekwizyt, centralna część obrazu jest prześwietlona, a reszta tonie w ciemności.

**Zdjęcie 4.11b**: Przy ściemnionej żarówce-rekwizycie scena wymyka się spod kontroli.

**Zdjęcie 4.11c**: Dodane jest kluczowe światło, które „podbija" światło lampy-rekwizytu. Wydaje się więc, że to żarówka oświetla twarz postaci, podczas gdy w rzeczywistości zostaje ściemniona do odpowiedniego poziomu.

**Zdjęcie 4.11d**: Z odrobiną światła kontrowego i akcentu świetlnego z okna, scena jest kompletna.

## INNE SCENY

### Garncarz

**Zdjęcie 4.12a**: Scena pochodzi ze spotu reklamowego, który miał mieć romantyczny, ale też „męski" charakter. Schemat oświetleniowy był niezwykle prosty. Naprzeciw aktora pracującego przy kole garncarskim znajduje się okno. Do lampy rzucającej światło przymocowany został mocny dyfuzor (w tym wypadku biały muślin).

Poza pomieszczeniem umiejscowione były dwa firestartery (1K MolePAR) z żarówkami o wąskim strumieniu światła (NSP) skierowanym na powierzchnię rozpraszającą. Lampa nad głową aktora połączona została ze ściemniaczem, więc mogła zrównoważyć światło zza okna. Była też na tyle blisko postaci, by rozjaśnić jego twarz bardzo miękkim światłem.

## Zdjęcie reklamy kosmetyków

**Zdjęcie 4.12b**: Przy zdjęciu tym użyto zwykłej blendy. Otwartą lampę Might Mole 2K skierowano na dużą muślinową płachtę umieszczoną na podłodze.

Stosując takie narzędzia uważaj, żeby snop był odpowiednio ograniczony skrzydełkami lub murzynem. Chodzi o to, by postać oświetlona była tylko światłem odbitym od białego muślinu.

## Sala bilardowa

**Zdjęcie 4.12c**: Bar w tej scenie miał wyglądać jak podejrzana speluna. Głównym oświetleniem była tu lampa Lightwave (z żarówkami 25 VNSP PAR) ustawiona za oknem. Światło nad stołem bilardowym uzyskano dzięki dwóm ukrytym żarówkom 100W. Za oknem drugiej sali umiejscowiono lampę 5K. Scenę kręcono za dnia i niewielka ilość światła dziennego wsączyła się do środka, nadając scenie chłodny, szorstki wygląd.

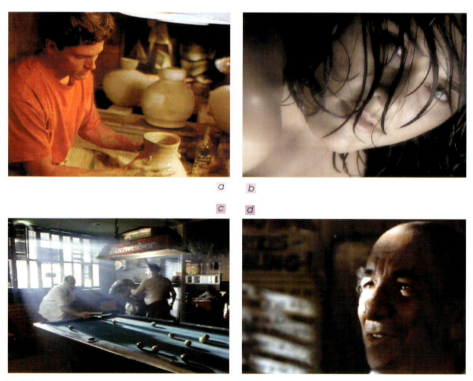

a    b

c    d

4.12
*Sceny przedstawiające różne modele oświetlenia.*

## Sala bilardowa - zbliżenie

**Zdjęcie 4.12d:** Zbliżenie pochodzące ze sceny omówionej powyżej. W punkcie kulminacyjnym sceny aktor podchodzi do okna. Widzimy teraz, jaki był prawdziwy cel światła zza żaluzji. To dobry przykład tego, jak końcowe, kluczowe dla sceny zbliżenie kształtuje w nas sposób myślenia o oświetleniu szerszego kadru. Choć przy zmianie kadru zawsze wprowadzane są jakieś poprawki w oświetleniu, trzeba zachować spójność światła w poszczególnych ujęciach. Łatwiej ją będzie utrzymać, jeśli zawczasu zaplanujemy kilka kolejnych kroków.

# INTYMNA SCENA WE WNĘTRZU

Choć na to nie wygląda, oświetlenie tej sceny wymagało kilku sztuczek. Filmowane wnętrze to zwykły pokój - sufit był więc na tyle niski, że nie dało się umieścić świateł u góry. Aktorzy mieli siedzieć przy oknie; za oknem był taras, ale przy jakimkolwiek sensownym usytuowaniu sprzętu, było go widać w kadrze.

Rozwiązaniem okazały się żaluzje – ustawione pod odpowiednim kątem, przepuszczały światło tak, by oświetlało aktorów, a przy tym nie widać było samych lamp (zob. zdjęcie 4.13a). Dzięki takiemu ustawieniu żaluzji postacie oświetlone były z góry rysując na ich twarzach ładne, głębokie cienie (zob. zdjęcie 4.13b i c) – doskonale współgrające z nastrojem sceny. Efekt mocnego światłocienia uzyskany w ten sposób był na tyle dobry, że nie zastosowano tu żadnego światła wypełniającego, jedynie światło ogólne, odbite od reszty pokoju. Za oknem zostały umieszczone po jednej lampie Junior Baby dla jednego aktora. Przy takim oświetleniu każdy ruch kamery wymagał sprawdzenia zarówno kąta

4.13
*Intymna scena we wnętrzu.*

nachylenia żaluzji, jak i samego światła. Dzięki takim drobnym korektom oświetlenie w kolejnych ujęciach wyglądał tak samo.

Mamy tu do czynienia z typowym problemem. Jak już wspomnieliśmy, interesujące oświetlenie bardzo często osiąga się dzięki światłu rzuconemu z tyłu, nieco z boku lub zza postaci. Bardzo często takie rozmieszczenie niesie zagrożenie, że lampy będą widoczne w kadrze. W wypadku omawianej sceny, widać je było za oknem również wtedy, gdy kamera zbliżała się do aktorów. Zasłonięcie ich żaluzjami pozwala nam na rozlokowanie lamp wedle naszego planu i jednoczesne ukrycie ich przed kamerą.

Umiejętność zamaskowania lamp w kadrze jest bardzo istotna. Nie jest niczym trudnym określić, skąd powinno padać światło, większej inwencji wymaga zaplanowanie jak je tam umieścić bez szkody dla kadru.

4.14
Scena
z sitcomu
– światło
tylno-poprzeczne.

# KLUCZOWE ŚWIATŁO BACK CROSS
## (tylno-poprzeczne) (Sitcom)

Widzimy tu przykład złego oświetlenia – albo raczej oświetlenia typowego dla sitcomu. Komedie sytuacyjne, kręcone zwykle przy trzech kamerach telewizyjnych, oświetlone są zwykle według tego samego schematu, zwanego back cross. Dwa kluczowe światła umieszczone są nad głowami, nieco z tyłu, a od frontu plan rozjaśnia miękkie wypełniające światło. Schemat ten nie jest zły sam w sobie, ale oświetlenie w ten sposób uzyskane pozbawione jest wyrazu, głównie za sprawą światła wypełniającego (dość charakterystycznego dla komedii w ogóle). Lampy ustawione z tyłu nadają obiektom subtelny kształt i kontur, a frontowe wypełnienie sprawia, że takie ustawienie świateł doskonale sprawdza się w telewizji.

## PLAN REALITY SHOW

Do krótkometrażowego filmu o futurystycznym reality show najbardziej pasowałaby jasna, telewizyjna estetyka. Ponieważ budżet był niewielki, nie można było wynająć lamp przestrzennych bądź innego typu górnego, miękkiego oświetlenia. Dlatego też ekipa skonstruowała duże softboksy składające się z lampy i paneli piankowych. Każda z uzyskanych w ten sposób jednostek wyposażona była w sześć żarówek 250W (ECA) (zob. zdjęcie 4.16a).

## IN OR OUT?

Ten szkolny projekt miał być zrealizowany w niskim kluczu, w nastrojowym stylu. Głównym punktem pracy było odbicie światła (z tzw. firestartera, czyli lampy 1K Mole-PAR) od blatu czarnego stołu. Aby wystarczająco oświetlić plan, potrzeba było tylko jednej

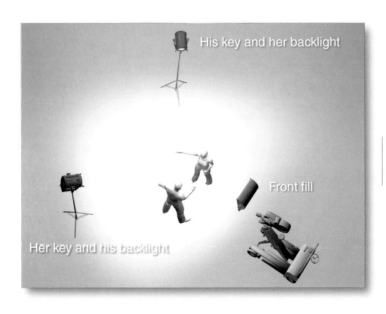

4.15
Ustawienie
światła tylko-
poprzecznego.

4.16
(**a**) Plan
reality show.
(**b**) Softboxy
skonstruowane
na planie oraz
(**c**) światło
zapewniające
równomierne
oświetlenie
planu.

kartki białego papieru na stole, jako powierzchni odbijającej. Do sceny dodaliśmy jedynie nieco błękitnej poświaty księżycowej i światła lampy, będącej jednocześnie rekwizytem.

Żarówka VNSP PAR 64 o mocy 1000W zawieszona została na drążku (najczęściej używa się drążka firmy SpeedRail) umocowanym na dwóch stojakach na kółkach za pomocą zacisków Cardellini.

4.17
Ćwiczenie filmowe „In or Out"?

## ZDJĘCIA PLENEROWE DZIENNE

Plener ten potrzebował sporej ilości światła wypełniającego, by uzyskać w miarę bezcieniowy obraz: wypełnienie miało z jednej strony neutralizować mocne południowe słońce, a z drugiej nadać scenie radosny, jasny wygląd. Na dwie jedwabne siatki 12' ×12' skierowane były dwie lampy 6K HMI PAR dające światło kluczowe, natomiast dwie 12K HMI z soczewką Fresnela zapewniły miękkie, boczne oświetlenie.

4.18
*Plener dzienny.*

Po drugiej stronie kadru ustawiono czarną płachtę (solid) stanowiącą wypełnienie negatywne. Dzięki niej obraz był bardziej kontrastowy i zyskał nieco charakteru; nie był tak płaski i nieciekawy.

# SPOD PODŁOGI

Bardzo duże scenografie z ograniczającymi je ścianami mogą stanowić problem na planie. Tutaj rozwiązaniem było podświetlenie podłogi składającej się z płyt pleksi. Głównym oświetleniem były więc dziesiątki wyjętych z oprawy świetlówek ułożonych pod podniesioną nawierzchnią.

4.19
*Światło spod podłogi.*
*(Dzięki uprzejmości Kino*
*Flo, Inc.)*

## ŚWIATŁO OGÓLNE Z GÓRY

Na załączonych zdjęciach widzimy przykład ogólnego światła. Czasami światło to stanowi po prostu bazę, na której nabudowuje się kolejne elementy oświetlenia. W tym wypadku sceno-grafia mająca odtwarzać arktyczną zimę wymagała równomiernego, ogólnego oświetlenia, które w tym przypadku miało być też oświetleniem głównym. Zastosowano tu kilka dużych siatek jed-wabnych podwieszonych na kratownicach, a nad nimi umieszczono większe jednostki Kino Flo.

4.20
Ogólne światło z góry.
(Dzięki uprzejmości Kino Flo, Inc.)

# *NIEBEZPIECZNY UMYSŁ*: SCENA TRENINGU.

Na fotografiach widzimy scenę z filmu Niebezpieczny umysł, za oświetlenie której od-powiadał Tony „Nako" Nakonechnyj. Z jednej strony planu ustawiono rząd podtrzymy-wanych na wysięgnikach lamp 18K HMI z soczewką Fresnela i z niebieskim filtrem (½ CTB). Ich światło miało wpadać przez okno (zob. zdjęcie 4.21a). Z drugiej strony odbite od blendy światło z 18K HMI pełniło funkcję wypełniacza (zob. zdjęcie 4.21b)

Zdjęcie 4.21 a: sfilmowana scena. Zwróćcie uwagę, że lampy z żarówkami BBA 250W, również odegrały swoją rolę, choć przede wszystkim jako elementy scenografii.

d

a

b

c

4.21
*Niebezpieczny umysł: scena treningu.*
*(Fotografię udostępnił Tony „Nako" Nakonechnyj).*
*(**a**) Lampy 18K HMI z soczewkami Fresnela na wysięgniku za oknem.*
*(**b**) Światło z lamp 18K z soczewką Fresnela rozproszone jest przez muślin, dzięki czemu zyskujemy światło wypełniające po przeciwnej stronie pomieszczenia .*
*(**c**) Sfilmowana scena.*
*(**d**) Ogniskowanie lamp 18K.*

## *NIEBEZPIECZNY UMYSŁ*: ALEJKA

To bardzo prosta, ale niezwykle graficzna i zapadająca w pamięć scena. Na pierwszy rzut oka można ocenić, że całe oświetlenie stanowiła tu jakaś duża lampa zawieszona na dźwigu na końcu alejki. W rzeczywistości jednak plan oświetleniowy jest tutaj bardziej skomplikowany i finezyjny. Główne światło stanowiła 12K HMI PAR; jej strumień jest

4.22
Plener
nocny – alejka
w filmie
Niebezpieczny
umysł.

bardzo mocny, ale na tyle wąski, że nie jest w stanie rozjaśnić ściany budynku wzdłuż całej uliczki. Tony Nako uzupełnił więc światło lampą 12K HMI, która ma szerszy snop.

Subtelności dodał tu inny pomysł Nako: w oprawie zwykłej żarówki umieścił lampę sodową, której łagodne, żółto-pomarańczowe światło miało imitować latarnię uliczną na końcu alejki.

To świetny przykład artystycznego wyrafinowania, starannego przemyślenia i planowania, które przekładają się na dobrze opracowany plan oświetleniowy, nawet w przypadku tych zdjęć, które wydają się najprostsze.

4.23
Plener
odtworzony
w studio.
(Fotografię
udostępnił Tony
„Nako"
Nakonechnyj)

## Tworzenie pleneru w studio

W tej nocnej scenie (zob. zdjęcie 4.26), pochodzącej z filmu Terry'ego Gilliama Nieustraszeni bracia Grimm (2005) wykorzystano kilka świateł „Storaro" (składających się z jednostek o wielu lampach PAR wykorzystujących światła lotnicze zamiast żarówek PAR 64). Dzięki nim uzyskano efekt mocnych snopów światła, równie istotnych dla nastroju sceny, jak dym spowijający plan.

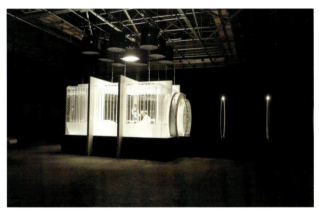

*4.24*
*Plan oświetlenia autorstwa Tony'ego Nako dla sceny z filmu X-Men 2. (Fotografię udostępnił Tony „Nako" Nakonechnyj).*

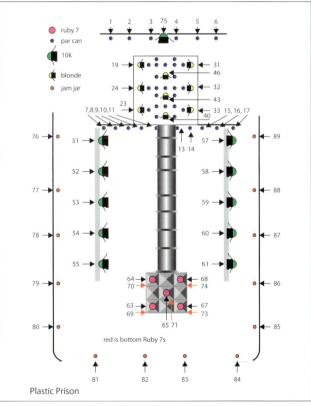

# PLASTIKOWE WIĘZIENIE Z FILMU *X-MEN*

Zdjęcie 4.24 ilustruje jak na stosunkowo niewielkim planie wykorzystać duże jednostki światła: jedenaście 10K, dziewięć Ruby7 i wiele lamp typu PAR Can (jednostka PAR o mocy 1K, używana często przy koncertach rockowych) oraz kilka świateł Blondie (otwarte lampy o mocy 2000W).

Diagram stworzony przez Tony'ego Nako (mistrza oświetlenia przy filmach X-Men oraz X-Men 2) przedstawia też numery poszczególnych kanałów systemu ściemniaczy, wykorzystywanych przez tego filmowca właściwie przy wszystkich produkcjach, nawet tych największych. Przy filmach wielkich wytwórni zdjęcia są tak kosztowne, że wszystko, co tylko może oszczędzić czas korygowania oświetlenia ostatecznie zawsze się opłaca.

Diagramy te są drukowane i laminowane, by operator konsolety ściemniaczy miał precyzyjne instrukcje. To bardzo ważne, jeśli na planie stoi 2000 osobno sterowanych lamp/kanałów.

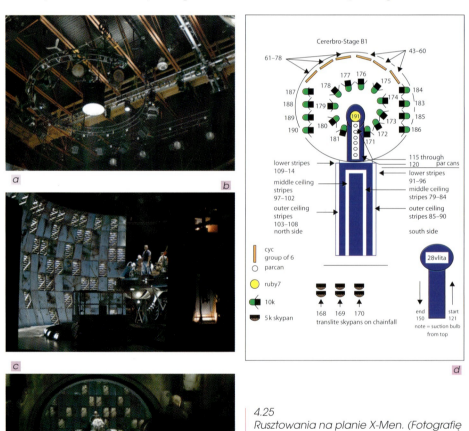

4.25
Rusztowania na planie X-Men. (Fotografię udostępnił Tony „Nako" Nakonechnyj)

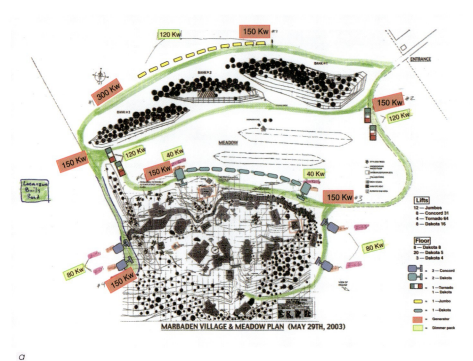

a

b

c

4.26
(a) Plan oświetleniowy autorstwa Tony'ego Nako dla nocnej sceny z filmu Nieustraszeni bracia Grimm. (b) i (c) Wybrane ujęcia sfilmowanej ceny. (Fotografię udostępnił Tony „Nako" Nakonechnyj).

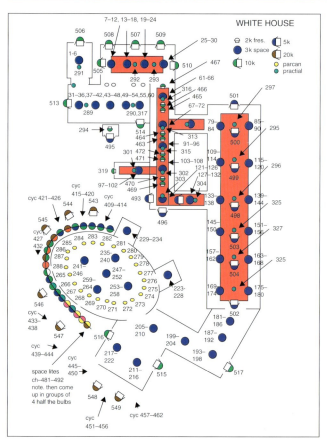

4.27
*Biały dom – na planie
filmu X-Men 2.
(Fotografię udostępnił
Tony „Nako"
Nakonechnyj).*

## Montaż planu

W omawianej scenie z X-Men (zdjęcie 4.25) lampy zamontowane są na kratownicy. Pierścień świateł 10K podwieszony został na kracie w kształcie kręgu. Ruby 7 z osłonką zawieszona jest bezpośrednio nad aktorami.

Montując poszczególne jednostki ekipa oświetlaczy radzi sobie z tego rodzaju konstrukcją przy pomocy elektryków. Elektrycy podłączają lampy (w tym wypadku do ściemniaczy) i ukierunkowują je.

Zdjęcie 4.27 a, b: sfilmowana scena.

# DUŻY PLENER NOCNY

Diagram planu oświetlenia dla nocnych zdjęć w wiosce w filmie Nieustraszeni bracia Grimm (zdjęcie 4.26) wykonany został przez Tony'ego Nako (Gilliam nazwał go wówczas swoim Chief Lighting Dude). Wykorzystane na planie duże jednostki to lampy zwane „Storaro" – większość z nich składa się z 28-woltowych lamp ACL, czyli mocnych świateł samolotowych stosowanych przy lądowaniu. Niektóre z nich były podwieszane, inne umiejscowione na ziemi. Jeśli mamy tak wiele jednostek rozlokowanych na tak dużej powierzchni, szczególnie istotne jest, by wszystkie mogły być regulowane ściemniaczami.

Lampy „Storaro" zostały stworzone przez operatora Vittorio Storaro. Są to:

Jumbo – 16-28V ze światłami ACL

Concorde – 31-28V ze światłami ACL

Tornado – 64-28V z żarówkami PAR36 1000W

Dakota – osiem świateł PAR 64

## Ustawienie złożonych układów oświetlenia

W sekwencji otwierającej X-Men 2, spora scenografia do Owalnego Biura i korytarzy Zachodniego Skrzydła wybudowana została w hali. Tego rodzaju duży plan wymaga złożonego układu oświetleniowego i skomplikowanego systemu regulacji świateł. Jeśli weźmiemy pod uwagę, że na planie mamy wielu aktorów i liczną ekipę techniczną i że plan ten jest zamkniętą całością, to zrozumiemy, że w żadnym wypadku nie możemy sobie pozwolić na bezładną bieganinę elektryków upuszczających jedne elementy i podwieszających inne. Jedynym realnym rozwiązaniem staje się podłączenie wszystkich świateł do ściemniaczy. Wymaga to oczywiście dodatkowej ilości kabli –

zamiast podłączyć lampy bezpośrednio do zasilania, musimy najpierw doprowadzić prąd najpierw do pulpitów ściemniaczy, a dopiero potem do lamp. Oznacza to również wyższe koszty, ale przy wielkich produkcjach oszczędność czasu wynagradza wszelkie wydatki i wysiłek.

W załączniku znajdziecie przykładowe spisy jednostek niezbędnych przy dużych produkcjach, w tym również ściemniaczy.

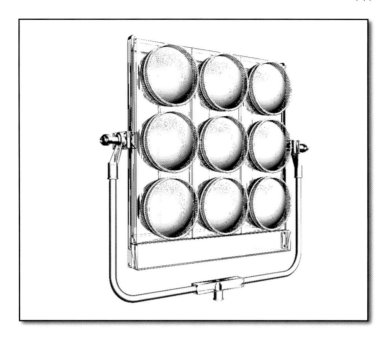

# OŚWIETLENIE HD, DV I SD VIDEO

Różnice pomiędzy oświetleniem dla filmu i wideo, czy będzie to HD (high definition), DV (digital video – cyfrowe wideo) czy SD (standard definition) nie są aż tak wielkie, jak się powszechnie uważa. Wszystko, co do tej pory powiedzieliśmy o podstawach oświetlenia stosuje się zarówno do filmu, jak i wszelkich form wideo.

Jest jednak kilka różnic dzielących medium obrazowania, jakim jest film, od wideo. Najbardziej podstawową jest zdolność uchwycenia kontrastu. Podczas, gdy film negatywowy może mieć 7- czy 8-tonową skalę kontrastu (128:1, 256:1) i większą, gros systemów wideo nie jest w stanie odtworzyć takiej skali.

Media te różnią się zdolnością rozdzielenia ciemnych i jasnych obszarów. Reakcja HD wideo na obszary zacienione jest niezwykle intensywna, jednakże wszystkie formy wideo mają spory kłopot z najjaśniejszymi elementami obrazu.

Jest jedna podstawowa zasada dotycząca pracy z HD i z wideo w ogóle: nie wolno prześwietlić obrazu! Wideo nie radzi sobie z nadekspozycją. Natomiast film, choć w sytuacji
prześwietlenia sprawdza się w miarę nieźle, ma podobny kłopot z niedoświetleniem.

Wielu operatorów lubi też w każdej scenie stosować punkty odniesienia czerni i bieli,
czyli odnaleźć taki fragment obrazu, który najbliższy będzie idealnej bieli i inny, bliski ideal-

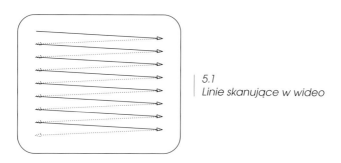

5.1
Linie skanujące w wideo

nej czerni. Dzięki takiemu rozwiązaniu, po pierwsze obraz nie pogorszy się w postprodukcji, a po drugie będzie miał całą gamę tonów, a więc będzie bogatszy i pełniejszy.

Jeśli zbierzemy razem powyższe rozważania, wyłoni nam się kilka podstawowych zasad
oświetlenia wideo:

- Nie wolno prześwietlić obrazu.
- Trzeba dostosować kontrast oświetlenia do możliwości wideo.
- Trzeba unikać obszarów skrajnej nadekspozycji.
- W każdej scenie stosować punkty odniesienia czerni i bieli.

# REALIZATOR OBRAZU I TECHNIK
# OBRAZU CYFROWEGO
# (DIT – DIGITAL IMAGING TECHNICIAN).

Pomiędzy kamerą wideo a magnetowidem znajduje się jedno, istotne ogniwo – realizator
obrazu. Odpowiada on przede wszystkim za to, by cały sprzęt był przygotowany i działał; kontroluje sygnał wideo i stale sprawdza jakość nagrania. Przy większych produkcjach zwykle ma
asystenta i operatora magnetowidu. Wśród narzędzi realizatora obrazu ważne miejsce zajmują
monitor oscyloskopu sygnałów wizyjnych (waveform monitor), wektoroskop i paintbox.

Przy zdjęciach kręconych w HD, funkcja ta przemieniła się w technika obrazu cyfrowego, który musi zadbać nie tylko o integralność sygnału wideo, ale też o jakość i wygląd samego obrazu. Operator opisuje mu, jak obraz ma wyglądać, a DIT dostosowuje wszystkie odpowiednie parametry. W większości przypadków może też zdalnie sterować ekspozycją i innymi elementami. Nie podejmuje jednak decyzji kreatywnych, pracuje po prostu nad spójnością obrazu. Przypomina to kręcenie zdjęć wideo w studiu – wiele funkcji kamery regulowanych jest ze stanowiska technika poziomów.

## OSCYLOSKOP KONTROLNY
## SYGNAŁÓW WIZYJNYCH (WAVEFORM MONITOR)

Podstawy oświetlania wideo są takie same, jak oświetlania filmu – w obu przypadkach trzeba się dostosować do ograniczeń medium. Kluczowym narzędziem będzie tu więc oscy-

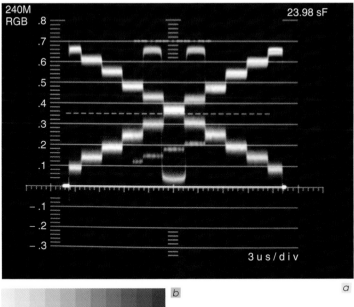

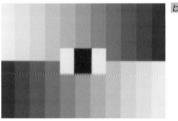

5.2
(a) Obraz jedenasto-stopniowej skali szarości na oscyloskopie. To tablica testowa Chroma du Monde z DSC Laboratories.
(b) Przedstawienie na oscyloskopie wartości jasności obrazu, bez informacji na temat koloru.

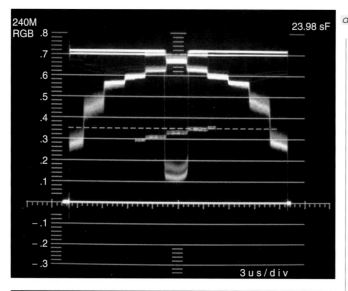

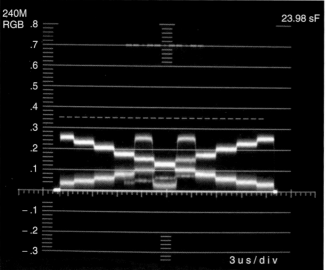

5.3

**(a)** Ta 11-stopniowa skala szarości przedstawia sytuację wyraźnego prześwietlenia. Wartości odpowiadające czerni nie widać tu wcale, natomiast wartości najjaśniejszych obszarów ścieśnione są u szczytu: oznacza to tyle, że na obrazie w jasnych polach niewidoczne będą wszelkie detale i kontury poszczególnych elementów.

**(b)** Ta 11-stopniowa skala szarości przedstawia sytuację znacznego niedoświetlenia: na oscyloskopie w ogóle nie widać wartości jasnych pól – nie widać żadnych wartości powyżej linii średniego odcienia szarości. Wartości odpowiadające ciemniejszym obszarom ścieśnione są u dołu. Na obrazie więc nie ciemne pola stanowić będą nierozróżnialną plamę.

loskop, czyli monitor przedstawiający sygnały wideo. Monitor ten pełni rolę światłomierza na potrzeby wideo. Umiejętność zastosowania oscyloskopu zależy właśnie od wiedzy na temat sygnału wideo.

Przyjrzyjmy się sprawom fundamentalnym. Obraz wideo tworzony jest przez skanujący promień elektronów. Przenosi on plamkę obrazu od lewej do prawej krawędzi, potem wygasa, by wrócić i zacząć drogę od nowa. W ten sposób skanuje 262 ½ linii w systemie NTSC lub 312 ½ linii w systemie PAL, po czym następuje przerwa, w czasie której promień

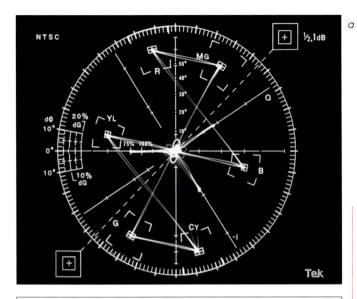

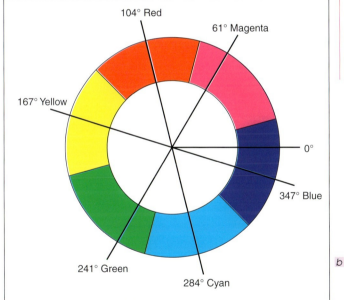

5.4
(a) Obraz
wektoroskopu.
(b) Koło barw.
Przy tego typu
reprezentacji koła
barw punkt 0ş
znajduje się
na godzinie 3.
Tego rodzaju
reprezentacja
funkcjonuje też
w matrycach menu
kamer HD.

biegnie do górnego lewego rogu i znów zaczyna skanowanie, tym razem pomiędzy zarysowanymi już liniami.

Ten drugi etap nie oznacza wcale, że przechodzimy do drugiej klatki. Pojedyncza klatka jest bowiem rysowana w dwóch etapach, przy czym każdy z tych etapów nazywany jest polem lub półobrazem. Technika taka (zwana też przeplotem) stosowana jest z następującego powodu: jeśli promień skanujący rysowałby klatkę 625 kolejnymi liniami od lewej do prawej, opóźnienie czasowe między początkiem i końcem jego drogi byłoby zbyt duże. W momencie rysowania linii w dolnym prawym rogu ekranu, górny lewy róg byłby już ciemny. To tak, jak gdyby pokazywać film z prędkością 12 klatek na sekundę – to zbyt wolne tempo, by możliwa była iluzja ciągłości obrazu. Każde z pól skanowane jest w 1/50 sekundy w systemie PAL lub 1/60 sekundy w systemie NTSC, tak więc rysowanie całej klatki trwa 1/25 lub 1/30 sekundy. Przy skanowaniu progresywnym każda z klatek rys owana jest od góry do dołu, bez przeplotu. Wideo z tego typu progresywnym skanowaniem 24 klatek na sekundę, stało się standardem przy kręceniu filmów wideo, jako że obraz w ten sposób uzyskiwany bliższy jest obrazowi filmowemu.

Skala wartości oscyloskopu sygnału podzielona jest na 140 jednostek IEEE (Institute of Electrical and Electronic Engineers), zwanych częściej jednostkami IRE (Institute of Radio Engineers). Wartości sygnału wideo określa się w skali od 0 do 100 jednostek IRE. Minimalny poziom, czyli poziom czerni, to 7,5 IRE, natomiast bieli odpowiada 100 IRE. Podczas gdy sygnał jest wygaszony (gdy strumień elektronów wraca do początku ekranu), sygnał spada do zera, dzięki czemu w trakcie tej drogi pozostaje niewidoczny.

Impuls synchronizacji, który przenosi wiązkę na początek kolejnej rysowanej linii ma wartość minusową, od 0 do -40 IRE. Do wygaszenia wiązki i do powstania impulsu dochodzi poza granicą ekranu, w tak zwanej przestrzeni overscan (niewidzialnej dla odbiorcy).

Monitor oscyloskopu śledzi drogę jednej linii skanowania obrazu (choć w rzeczywistości większość monitorów ukazywać może wszystkie 625 linii, dla jasności wywodu zajmiemy się pojedynczym przedstawieniem). Kiedy plamka obrazu przesuwa się przez ekran, rejestruje informacje o względnej jasności obrazu. To dokładnie tak, jakby mierzyć światło punktowe w każdym miejscu na planie. Całkowicie czarne obszary na monitorze będą miały wartość 7,5 jednostek, natomiast jasne wynosić będą 90 lub 100 jednostek. Tam, gdzie wartość ta będzie wyższa niż 100 IRE, sygnał wideo będzie przesterowany. Realizatorzy obrazu zawsze starają się utrzymywać sygnał poniżej 100 IRE. Choć czasem, gdy taki jest artystyczny zamysł, odstępują od tej zasady, rzadko kiedy przekraczają 108 IRE.

Oscyloskop sygnału jest przy oświetleniu sceny narzędziem nieocenionym. Może być wykorzystywany do ustawienia ogólnego poziomu jasności, współczynnika kontrastu, przysłony, a także w celu kontrolowania miejsc najjaśniejszych. Może też jednak stać się pułapką, jeśli się od niego uzależnimy. Ogólna zasada jest taka, że światło w danej scenie musi być dostosowane do parametrów wideo. Pamiętajmy jednak, że nasz instynkt twórczy czasami podpowie nam coś wbrew zasadom. W takim wypadku zaufajcie własnej intuicji i ocenie, a nie monitorowi. Nie zapominajcie, że nawet w pracy z wideo to, co widzicie w rzeczywistości nie zawsze jest tym, co zobaczycie na obrazie.

# WEKTOROSKOP

Oscyloskop niewiele nam mówi o kolorze i balansie obrazu sceny – do tego potrzebny nam jest wektoroskop. Sygnał koloru w wideo definiowany jest przez dwa podstawowe elementy – barwę i nasycenie – przedstawione na wektoroskopie w postaci wyświetlacza w kształcie koła. Barwa reprezentowana jest przez stopnie rotacji względem punktu odniesienia, natomiast nasycenie określa się przez odległość od centrum koła.

Dla większości wektoroskopów NTSC punkt 0° umiejscowiony jest na godzinie trzeciej. Sześć podstawowych kolorów pozycjonowanych jest w następującym porządku:

- Magenta, 61°
- Czerwony, 104°
- Żółty, 167°
- Zielony, 241°
- Cyjan, 284°
- Niebieski, 347°

Małe kwadratowe „celowniki" oznaczają pozycję poszczególnych czystych barw na tarczy wektoroskopu. Służą one jako pola odniesienia przy kalibrowaniu pasów testowych koloru.

# KONTROLA PRZYSŁONY

Kamery wideo różnią się pod względem czułości; typowe wartości wynoszą jednak ok. 100-320 ASA (to jednak jedynie ekwiwalent, jako że kamer wideo nie określa się w kategoriach ASA).

Tak jak i w przypadku filmu, czułość określa ekspozycję sceny. Ponieważ najjaśniejsze pola powodują znacznie więcej problemów niż ciemne, sprawdzona praktyka w pracy z wideo każe ustawić ekspozycję według najjaśniejszych obszarów, a tymi zacienionymi zająć się w nieco inny sposób.

Zasadniczo tonacja barwna twarzy białego człowieka wynosi ok. 70-80% w skali jasności – oczywiście zależnie od karnacji aktorów. Jeśli na planie jest jakiś biały obiekt (na przykład koszula), czyli na oscyloskopie wyświetlony zostanie jako 120%, realizator obrazu powinien przymknąć przysłonę, by barwa koszuli bliższa była 100%. To z kolei obniży poziom jasności twarzy o 20 jednostek, więc będzie się wydawała ciemniejsza niż w rzeczywistości. Ponieważ twarz jest ważniejsza od koszuli, taka sytuacja będzie nie do zaakceptowania. Z koszulą trzeba będzie sobie poradzić inaczej. Sztuczki z planu filmowego sprawdzają się też i w wideo. Możemy więc biały obiekt przesłonić ciemną siatką, zmienić koszulę na ciemniejszą, zamoczyć ją w herbacie, by zgasić jej biel. Można też dodać światło rozjaśniające twarz.

# ELEKTRONICZNE WZMOCNIENIE

Inny czynnik wpływający na ekspozycję sceny to elektroniczne wzmacnianie czułości. To elektroniczny odpowiednik przewołania taśmy filmowej. W ten sposób podnosi się czułość czujników wideo, dzięki czemu kamera może rejestrować obraz przy niższym poziomie ekspozycji. Wzmocnienie to określa się w decybelach (dB) i każde kolejne wzmocnienie o 6dB to ekwiwalent jednego poziomu. Tak jak w wypadku filmu, tu również trzeba płacić. W tym wypadku ceną jest wzmocniony elektroniczny szum w obrazie, dość podobny do ziarna na przewołanym filmie. Większość operatorów preferuje filmowanie na poziomie -3dB, jeśli tylko kamera to umożliwia. Dzięki temu szum zredukowany będzie do minimum.

# BALANS BIELI

Wideo, tak jak i film, musi być zbalansowane odpowiednio do ogólnej temperatury barwowej oświetlenia. Robi się to elektronicznie, za pomocą balansu bieli. To proces stosunkowo łatwy, który wykonuje się tylko na początku dnia albo wtedy, gdy w oświetleniu zajdzie jakaś poważniejsza zmiana (np. przy przejściu z zewnątrz do pomieszczenia czy przy założeniu nowego filtra na lampę). Może być również konieczny, gdy po przegrzaniu lub z innych powodów kamera odmawia posłuszeństwa.

Balans bieli ustawić można albo automatycznie (kamera sama go reguluje), albo ręcznie (robi to realizator obrazu). W każdym przypadku polega to na tym, by skierować obiektyw na biały lub neutralny, szary obszar obrazu, włączyć przycisk balansu bieli albo dostosować parametry ręcznie. Wiele nowocześniejszych kamer potrafi zapamiętać kilka różnych ustawień, z których potem można wybierać. Niektóre też mają fabrycznie zaprogramowane ustawienia (np. światło sztuczne i światło naturalne albo też światło o temperaturze 4300K, czyli światło fluorescencyjne), z których można korzystać, jeśli nie ma czasu na balans bieli.

Kiedy balansujemy biel, musimy wiedzieć, jaki jest nasz punkt odniesienia. Przyjrzyjmy się dwóm sytuacjom:

1.  Filmujecie w oddalonym plenerze i do dyspozycji macie niewielkie napięcie. Ponieważ zdarzają się spadki tego napięcia, sztuczne światło świeci na żółto, a wy chcecie być pewni, że uzyskacie czyste, dobre kolory.

2.  Oświetlacie scenę do zdjęć popołudniowych. Lampy opatrzone zostały filtrami ½ 85, a światło słoneczne wpadające przez okno pełnym filtrem 85 oraz filtrem No-Colour Straw, imitującym tzw. golden (albo magic) hour, czyli ostatnią godzinę przed zachodem słońca.

Wasze działania będą inne w każdej z tych sytuacji. W przypadku obniżonego napięcia będziecie chcieli pozbyć się żółtego światła. Jeśli ustawicie ekspozycję na biały karton – balans bieli powinien usunąć żółty odcień dokładnie w ten sposób, w jaki filtr zniweluje niechcianą barwę.

W drugim wypadku potrzebny wam jest konkretny efekt barwny. Jeśli przyjmiecie tę samą strategię, balans bieli usunie kolor i zniszczy efekt, który mieliście osiągnąć. Balans bieli powinien więc być ustawiony przy neutralnym świetle (bez filtrów, o temperaturze 3200K albo 5500K, zależnie od typu wykorzystywanego oświetlenia).

## TRANSFER FILMU NA WIDEO

Często słyszy się pytanie: „Skoro wszystko programy telewizyjne, reklamy i niemalże wszystkie filmy ostatecznie lądują na wideo, dlaczego po prostu nie zaakceptować ograniczeń tego medium i nie kręcić ich najpierw na wideo?" Odpowiedź jest taka: nawet jeśli finalny produkt jest taki sam, droga dojścia do niego jest bardzo ważna. Fotografia parku Yosemite autorstwa Ansela Adamsa zrobiona aparatem 8 x 10 będzie całkowicie inna niż zdjęcie tego samego obiektu wykonane przez turystę aparatem 35 mm z automatycznym ustawianiem ostrości. To, że obie pojawią się w formacie 8 x 10 nie neguje faktu, że kolejne etapy realizacji fotografii są kluczowe dla jej jakości.

Choć w przypadku transferu filmu telekino i rejestracja wideo ograniczone są tym samym współczynnikiem kontrastu (30:1), najistotniejszym czynnikiem jest jednak kompresja, która ma miejsce na końcowych odcinkach krzywej Hurtera-Driffielda (krzywej charakterystycznej filmu), kiedy filmujemy oryginalne ujęcie na taśmie negatywowej. Choć w rzeczywistości współczynnik kontrastu danej sceny może nawet przekraczać 128:1, najjaśniejsze pola nie będą przeniesione na taśmę w proporcji 1:1. Jeden ton będzie oddzielony od innego, wyższego, ale różnica między nimi nie będzie tak wyraźna, jak w rzeczywistości.

Niezależnie od tego, jak jasny jest dany obiekt, jego wartość ograniczona jest maksymalną rozdzielczością obrazu (D-max), maksymalną gęstością emulsji. Oznacza to tyle, że chociaż film ma większe możliwości niż wideo, jest mu znacznie bliższy niż rzeczywisty obraz. Ten pośredni etap to dla transferu wideo duża korzyść.

## OŚWIETLENIE PRZY PRACY
## Z WIELOMA KAMERAMI

Jakość obrazu wideo nie cieszy się tak dobrą reputacją jak jakość obrazu filmowego. Powodem jest po części wąska skala jaskrawości i rozdzielczości, a po części niezbyt pochlebna historia oświetlenia wideo. Ta sława opiera się na dwóch czynnikach:

5.5
Testowe pasy koloru NTSC 75%

1.  Wideo to często alternatywa niższych kosztów. Jeśli producent oszczędza, decy-
    dując się na wideo, można się spodziewać, że nie będzie wykładał pieniędzy na
    porządną ekipę oświetleniową czy sprzęt, nie będzie też płacił za dodatkowy czas.
2.  Produkcje wideo realizowane są często z kilku kamer jednocześnie.

Taki typ realizacji, czy to w przypadku wideo, czy filmu, prawie zawsze wymaga kom-
promisów. To, co wygląda świetnie z jednego punktu widzenia, z innego może wypaść ka-
tastrofalnie. Jednakże przy pewnych staraniach i umiejętnościach, można ominąć ten
problem. Oto dwie najczęstsze taktyki:

1.  Znalezienie takiego rozwiązania oświetleniowego, które sprawdzi się przy wszyst-
    kich punktach ustawienia kamery. Często oznacza to wykorzystanie bardziej ogól-
    nego światła i lamp o szerokim snopie.
2.  Regulowanie świateł za pomocą ściemniacza. Można w ten sposób zmieniać
    oświetlenie wraz ze zmianą punktu widzenia kamery. Praktyka mówi, że tego typu
    rozwiązanie stosowane jest najczęściej przy produkcjach telewizyjnych.

Często też wykorzystuje się ustawienie światła zakosami z czterech kierunków. Każda
kamera ma więc dwa frontowe boczne oświetlenia (z lewej i z prawej) i dwa tylne boczne

(podobnie). Oznacza to, że niezależnie od pozycji kamery i ruchu aktorów, zawsze mamy do dyspozycji światła, które mogą pełnić funkcję oświetlenia rysującego, wypełniającego, kontrowego i bocznego. Ściemniacz pomoże nam regulować poszczególne lampy. By poradzić sobie z takim ustawieniem sprzętu potrzeba jednak dobrej ekipy i gruntownych prób. Filmowanie z kilku kamer zdarza się co prawda w filmie, ale znacznie rzadziej niż w wideo.

## Ustawienie monitora

Jedną z najważniejszych umiejętności przy pracy z wideo jest odpowiednie ustawienie monitora wideo. Nawet jeśli dysponujemy oscyloskopem i wektoroskopem, monitor taki pozostaje niezbędnym elementem przy ocenie i realizacji obrazu. Jak zobaczymy w rozdziale 7 dotyczącym teorii koloru, nie ma żadnej dokładnej korelacji pomiędzy matematyczną reprezentacją barwy a jej recepcją przez ludzkie oko.

Testowe pasy koloru to sztuczny, umowny elektroniczny wzór stworzony jako generator sygnałów, umiejscowiony albo w kamerze wideo (w najnowocześniejszych modelach można ustawiać pasy koloru), albo stanowiący osobne urządzenie na planie lub standardowy

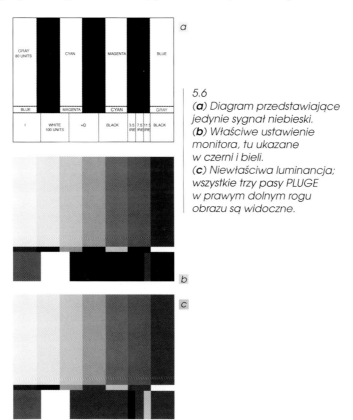

5.6
(**a**) Diagram przedstawiające jedynie sygnał niebieski.
(**b**) Właściwe ustawienie monitora, tu ukazane w czerni i bieli.
(**c**) Niewłaściwa luminancja; wszystkie trzy pasy PLUGE w prawym dolnym rogu obrazu są widoczne.

element wyposażenia przy postprodukcji wideo. Pasy koloru nagrywa się na początku każdej taśmy wideo, zapewniając w ten sposób punkt odniesienia dla postprodukcji. Pomaga też w skorelowaniu pracy dwóch (lub więcej) kamer i w ustawieniu monitora wideo. Na samym szczycie tabeli, po lewej stronie, znajduje się szary pas: wynosi on 80 IRE.

## PLUGE

Zwróćcie teraz uwagę na widoczne na rysunku 5.6a trzy paski oznaczone 3.5, 7.5 i 11.5. To paski PLUGE (Picture Lineup Generating Equipment), system opracowany w BBC. Z „centrum dowodzenia" stacji w jej londyńskiej siedzibie jest przesyłany przewodami do każdego ze studiów. W ten sposób wszystkie urządzenia mogły być kalibrowane w prosty i uniwersalny sposób. Pamiętajmy, że mowa tu o samym PLUGE i nie łączmy go z pasami koloru.

Środkowy czarny pasek ustawiony jest na czerń o parametrach 7.5 IRE (w nomenklaturze cyfrowej 16, 16, 16). Pierwszy z pasków, najintensywniej czarny, ma wartość o 3.5 IRE mniejszą niż środkowy. Analogicznie trzeci z nich, ciemnoszary, jest o 3.5 IRE jaśniejszy.

5.7
*Niebieskie pasy koloru – warto zwrócić uwagę, że poszczególne pasma mają taką samą intensywność, a w wyższej części obrazu większe i mniejsze pasy są w równym stopniu szare lub czarne.*

Ponieważ w praktyce żaden z nich nie pozwala na tyle dokładnie wyregulować monitora, by przedstawiał czerń o wartości 0 IRE, zwykle postępuje się według standardowej procedury:

- Spróbujcie dostroić jasność monitora tak, by środkowy pasek PLUGE (7.5 IRE) przestał być odróżnialny. Najjaśniejszy z pasków (11.5 IRE) powinien być ledwie widoczny. Jeśli jest zbyt ciemny, wyregulujcie jasność, aż uda się wam go zauważyć.
- Ponieważ 7.5 IRE określa najciemniejsze pole, jakie możliwe jest w analogowym wideo, nie powinniście dostrzec żadnej różnicy pomiędzy lewym i środkowym paskiem. Natomiast granica pomiędzy środkowym a prawym paskiem powinna już być widoczna. Podobną technikę stosuje się ustawiając parametry czarno-białego wizjera przy kamerze wideo.
- Następny krok to ustawienie kontrastu na odpowiednim poziomie bieli. W tym celu należy maksymalnie podnieść kontrast. Pasek bieli (100 IRE) zacznie mocno świecić. Teraz całkowicie obniżcie kontrast aż do poziomu, w którym biel jest ledwie widoczna. Obraz umieszczony poniżej wskazuje, jak powinny ustawione być parametry.

## Regulacja koloru

W pracy z profesjonalnymi monitorami NTSC kolor nazywa się „fazą". Przy włączonej jedynie fazie niebieskiej (a więc czarno-biały obraz), ustawcie fazy tak, by pasy były jednakowo czarne lub białe. Możliwe jest też ustawienie żółtego i magenty – to niezbyt profesjonalna metoda i powinno się ją stosować tylko wtedy, gdy inne zawiodą. Żółta barwa powinna być cytrynowo żółta, bez domieszki pomarańczowego lub zielonego. Magenta z kolei nie powinna mieć nic z czerwieni czy fioletu. Rozwiązanie takie możliwe jest tylko w monitorach SD NTSC, przy HD i PAL SD nie da się regulować fazy. Jeśli jednak zdarzy się, że konwertujecie obraz z kamery na monitor NTSC, regulacja taka będzie jednak potrzebna. Standardowa tablica testowa (Fot. 5.9) może wam w tym pomóc.

## Regulacja barwy niebieskiej

Większość profesjonalnych monitorów ma przełącznik do trybu operującego tylko niebieską barwą, bez czerwieni i zieleni (zob. rys. 5.7). Jeśli wasz monitor nie posiada takiej funkcji, możecie użyć niebieskiego filtra foliowego (CTB) albo modelu #47 Kodak Wratten – o najczystszym odcieniu błękitu w tej serii. Spójrzcie na monitor przez filtr. Jeśli widzicie jakikolwiek ślad czerwieni, zieleni bądź żółci, dodajcie drugi niebieski filtr.

5.8
*Typowe ustawienie dla tablicy testowej. W tym wypadku dwie lampy Tweenie ustawione pod kątem 45° stoją w takiej samej odległości i pod takim samym kątem wobec tablicy Chroma du Mondo, dzięki czemu otrzymujemy równomierne oświetlenie. Każda z lamp wyposażona jest w podwójną siatkę redukującą światło. Redukcja taka niezbędna jest przy ustawieniu odległości między tylną soczewką obiektywu a płaszczyzną odzworcowania, kiedy to obiektyw musi być całkowicie otwarty.*

Używając tej funkcji bądź odpowiedniego filtra usuńcie z obrazu zieleń i czerwień, pozostaje tylko niebieski. Jeśli barwa jest właściwa, powinniście zobaczyć naprzemienne pasy o takiej samej intensywności.

- Przy działaniu opisanego trybu (bądź przy użyciu filtra) regulujcie barwy aż szary pas po lewej stronie i niebieski pas po prawej mają ten sam poziom intensywności. Możecie je też porównać z paskami umieszczonymi pod nimi.

- Regulujcie barwę aż paski cyjanu i magenty również osiągnąć tę samą jaskrawość. W tym wypadku również możecie je porównać z dolnymi paskami. Teraz wszystkie cztery pasy – szary, niebieski, cyjan i magenta – powinny mieć taką samą intensywność. Żółty, zielony i czerwone (na rys. 5.6a są czarne), powinny być całkowicie czarne.

Kiedy już ustawiliście parametry barw na monitorze, zostawcie go aż do momentu, gdy zmienią się warunki widzenia - nie zwiększajcie jasności, by np. wyraźniej widzieć, czy obraz sceny jest ostry. Nie zapominajcie, że te same czynności powinniście wykonać przy wizjerze kamery. Większość profesjonalnych kamer wyposażona jest w biało-czarne wizjery, więc do was należało będzie jedynie ustawienie jasności i kontrastu.

5.9
*Tablica Chroma du Monde wykonana przez DSC Laboratories. Jej głownymi cechami są dwie jedenastostopniowe skale szarości krzyżujące się pośrodku, chipy referencji barw, a także tzw. Cavi Black – otwór, na dnie którego znajduje się kawałek czarnego aksamitu oddającego idealną czerń. Po obu stronach Cavi Black widoczne są dwie płaszczyzny bieli 100 IRE (Dzięki uprzejmości DSC Laboratories).*

## BALANS BIELI

Tak jak w pracy nad filmem używamy taśm o różnych parametrach balansu koloru i filtrów pomagających dostosować barwy do naszych potrzeb, w przypadku wideo wykorzystujemy funkcję balansu bieli, dzięki której wyrównane zostaną rozbieżności w skali barw danego światła. Balans bieli osiąga się kierując obiektyw kamery na powierzchnię czystej bieli (zwykle jest to biały karton lub styropian) i wybierając odpowiednią funkcję w menu kamery. Rzecz jasna konieczne jest, by światło padające na białą powierzchnię było tym samym światłem, które oświetlać będzie filmowaną scenę (podobnie jest w przypadku szarej tablicy).

Jeśli używacie w kamerze filtrów zmieniających barwy, musicie je usunąć przed ustawieniem balansu bieli; w przeciwnym wypadku efekt ich działania będzie przez ów balans zniwelowany. Dzięki tej funkcji można również „oszukać" kamerę. Jeśli chcecie na przykład, żeby ogólny balans barw był ciepły, ustawiając go nałóżcie na obiektyw ochładzający (niebieski) filtr. Jeśli zdejmiecie je przed filmowaniem, otrzymany obraz będzie miał ciepłe kolory. Odnosi się to do wszystkich barwnych tonów, jakimi nasycić chcielibyście obraz; wystarczy nałożyć filtr na lampę oświetlającą biały karton bądź na sam obiektyw kamery.

## USTAWIENIA PODSTAWOWE

Wideo, czy analogowe SD, DV czy HD, w ogromnym stopniu zależy od odpowiedniej kalibracji całego sprzętu. W przeciwieństwie kamery filmowej, która stanowi właściwie tylko urządzenie przenoszące obraz na błonę, czyli właściwe narzędzie tworzenia obrazu, kamera wideo sama jest narzędziem obrazotwórczym. Rejestruje obraz, po czym elektronicznie przetwarza sygnał na różne sposoby. W procesie tym wiele rzeczy może źle zadziałać. Odpowiednie ustawienia to rzecz kluczowa nie tylko dla samej kamery, ale i dla całego obrazu.

W przypadku filmu większość decyzji dotyczących obrazu podejmuje się za pomocą oka i światłomierza; w przypadku wideo do określenia ekspozycji i oświetlenia wykorzystuje się wizjer kamery, monitor, a także (jeśli to możliwe) oscyloskop i wektoroskop. Każde z tych urządzeń musi być właściwie skalibrowane, to jasne, ale ważne jest też, by ich działania były odpowiednio koordynowane. Do tego niezbędne są dwie rzeczy: prawidłowe ustawienie monitora według testowych pasów kolorów, a później kalibracja całego systemu za pomocą tablicy testowej. Dobra tablica testowa wyjawia nam bardzo wiele informacji dotyczących kamery, monitora, światła, ekspozycji, balansu kolorów, itd. Część z nich przydaje się przede wszystkim realizatorom obrazu, ale podstawowa wiedza na temat tych parametrów ma nieocenione znaczenie dla operatora, mistrza oświetlenia i operatora kamery. Tablica testowa to narzędzie absolutnie kluczowe przy zdjęciach HD czy SD.

## TABLICA TESTOWA

Dla naszych celów wykorzystamy tablicę Chroma du Monde, bardzo wysokiej klasy produkt firmy DCS Laboraties z Kanady. Tak jak w przypadku wszystkich tablic, musi być równo oświetlona, a wszelkie odblaski wyeliminowane (aby się ich pozbyć, można nieco przechylić tablicę). Choć Chroma du Monde zoptymalizowana jest do światła dziennego, w razie konieczności można też użyć światła sztucznego. Tablica ta przydatna jest przede wszystkim ze względu na tzw. „Cavi Black", czyli kwadratowy otwór znajdujący się pośrodku, za którym umieszczone jest „pudełko" z czarnym aksamitem. Dzięki temu otrzymujemy ciało doskonale czarne, najlepszy możliwy punkt odniesienia.

Korzystając z tablicy ustawcie optymalną ekspozycję. Dzięki polu Cavi Black oscyloskop może ustalić wartość idealnej czerni; wartość ta powinna wynosić 0 IRE (albo 0%). Przy 11-stopniowej skali szarości, możecie sprawdzić współczynnik gamma, a także określić obszar niedoświetlenia i prześwietlenia.

Kiedy już ustawiliście kamerę i monitor tak, by odpowiednio odwzorowywały obraz, w ten sam sposób możecie zmienić ustawienia, by osiągnąć taki obraz, na jakim wam zależy. Rozpiętość skali szarości, pole idealnej czerni i białe pola dadzą wam pełny ogląd sytuacji i pozwolą określić właściwe parametry. Plamy kolorów wtórnych pozwolą wam zobaczyć, jaki efekt daje wasza regulacja barw.

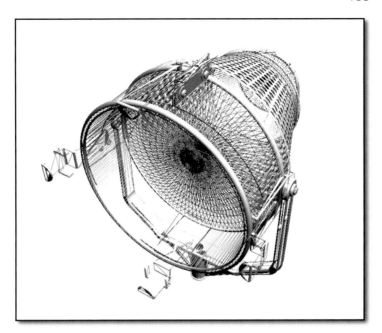

# TEORIA EKSPOZYCJI

Widmo promieniowania elektromagnetycznego podzielone jest na zakresy, niektóre z nich stanowią światło widzialne, a inne – niewidzialne. Ludzkie oko wrażliwe jest tylko na niewielką część tego spektrum, w której skład wchodzą kolory od czerwonego (najdłuższe widzialne długości fal) do niebieskiego (najkrótsze widzialne długości fal).

Intensywność światła mierzy się w stopoświecach albo w luksach (system metryczny). Stopoświeca (fc) równa się w przybliżeniu 10.08 luksom (Lx). Wartość ta odpowiada światłu typowej świecy (1 kandela) mierzonemu w odległości jednej stopy (ok. 30 cm). Jeden luks z kolei odpowiada światłu typowej świecy mierzonemu w odległości 1 metra. Jeśli film naświetlany jest przez 1 sekundę, a światło emituje typowa świeca oddalona od kamery o 1 metr, mamy ekspozycję o wartości 1 luksa na sekundę. Jak wygląda typowa świeca? Mniej więcej tak, jak typowy koń przy mierze koni mechanicznych. To po prostu standardowy punkt odniesienia.

# WIADERKO

Pomyślcie o ekspozycji jak o wiaderku. Czy mamy do czynienia z emulsją filmową, czy z receptorem CCD w kamerze wideo, narzędzie to przypominać może wiaderko. Chce być dokładnie napełnione – nie za mało, nie za bardzo – chce być wypełnione dokładnie po brzegi. Ta zasada obowiązuje zawsze i oznacza, że aby mieć właściwą ekspozycję, musimy wykreować odpowiednio dużo światła. (Możemy też zmienić rozmiar wiaderka, stosując czulszą lub mniej czułą taśmę albo, w przypadku wideo, wspomagając obraz elektronicznie).

Natężenie oświetlenia w poszczególnych scenach może się znacznie różnić: słabo oświetlone, ciemne wnętrze to coś całkowicie innego niż plener skąpany w słonecznym świetle. Oznacza to, że możemy kontrolować ilość światła, jakie wpada do obiektywu lub receptora CCD. To właśnie nazywa się ekspozycją. Przy jej ustawianiu istotnych jest kilka parametrów technicznych: stopień przysłony, otwarcie i kąt migawki, ustawienia szybkości przesuwu klatek i filtry o neutralnej gęstości.

# WARTOŚĆ PRZYSŁONY (F/STOP)

Większość obiektywów posiada urządzenie, za pomocą którego można kontrolować, ile światła dotrze do wnętrza kamery: jest to przysłona.

Wartość przysłony to jednostka pomiaru światła. Wzrost ilości światła o jedną wartość przysłony, np. od 1:4 do 1:2,8 oznacza, że światła jest dwa razy więcej. Analogicznie spadek tej ilości oznacza, że światła jest dwa razy mniej. Wartość przysłony to parametr będący stosunkiem długości ogniskowej obiektywu do średnicy apertury (rys. 6.1). Tak więc każda kolejna wartość przysłony to wartość niższa podniesiona do kwadratu.

Wartość ta wyprowadzona jest z prostego wzoru:

f/stop = długość ogniskowej/średnica otworu obiektywu
albo
f = F/D

Jeśli najjaśniejszy punkt na planie ma jasność 128 razy większą niż najciemniejszy punkt, mówimy, że wynosi siedem przysłon w skali jasności.

# EKSPOZYCJA, ISO I POWIĄZANIA OŚWIETLENIOWE

Jednostki, z którymi stykamy się przy okazji ekspozycji to:

- Wartość przysłony
- Czułość mierzona w ASA, ISO lub EI (wszystkie określenia dotyczą tego samego)
- Stopoświece lub luksy
- Moc źródła w stosunku o odległości
- Czas naświetlania (tempo przesuwu klatek i kąt migawki)

Wszystkie te jednostki opierają się na tym samym podstawowym matematycznym wzorze. Pamiętajmy, że numery oznaczające wartość przysłony to wielkości ułamkowe, stosunek średnicy przysłony do długości ogniskowej obiektywu. Na przykład 8 oznacza naprawdę 1/8; tak więc średnica to 1/8 długości ogniskowej. Natomiast przy 11 średnica ta to 1/11 ogniskowej, jest więc odpowiednio mniejszym ułamkiem niż 1/8. Za każdym razem, kiedy

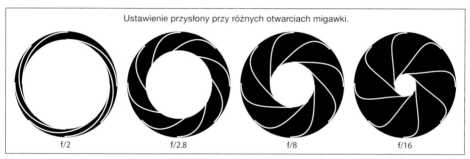

Ustawienie przysłony przy różnych otwarciach migawki.

f/2    f/2.8    f/8    f/16

6.1
*Apertura przy różnych wielkościach przysłony*

zwiększamy przysłonę o jeden stopień, podwajamy ilość światła jaka dociera do taśmy; kiedy zmniejszamy ją o jedną wartość, obniżamy tę ilość o połowę.

Skala wartości przysłony przedstawiana jest jako układ kolejnych wielkości, by pokazać, że stosunek ten pozostaje taki sam zarówno w przypadku wartości dotyczących liczb całkowitych (np. 8 czy 11), jak i przedziałów pomiędzy nimi. Tak więc różnica pomiędzy przysłoną 9 a 13 również wynosi jedną wartość przysłony. Dzisiejsze cyfrowe światłomierze potrafią zmierzyć nawet 1/10 przysłony. Może to być przydatne przy szczegółowych kalkulacjach i porównaniach, ale w większości praktycznych zastosowań taki stopień dokładności jest zbędny. Pomiar będzie wystarczająco precyzyjny jeśli zatrzymamy się na 1/3 przysłony. Nie znaczy to oczywiście, że dokładny pomiar ekspozycji jest nieistotny, ale raczej, że poziom precyzji w całym procesie ma swoje granice.

## Odległość źródła światła

Skala wartości odnosi się też do zmian natężenia jasności (tym razem wartości na skali są odwrotnie proporcjonalne do kwadratu tego natężenia), spowodowanych odległością

a    b

6.2
(a) Zamknięta przysłona obiektywu.    (b) Przysłona prawie całkiem otwarta.

źródła światła od obiektu (tabela 6.1). Jeśli na przykład lampa znajduje się 11 stóp (ok. 3,3 m) od oświetlanego obiektu, przesunięcie jej na odległość 8 stóp (ok. 2,5 m) podniesie jasność obiektu o jedną przysłonę, tak jak przejście od przysłony 11 do 8.

Tabela 6.1
ISO lub ASA – tabela ukazuje przyrosty o 1/3 wartości*

| 6 | | 12 | | 25 | | 50 | | 100 | | 200 | | 400 | | 800 | |
|---|---|---|---|---|---|---|---|---|---|---|---|---|---|---|---|
| | 8 | | 16 | | 32 | | 64 | | 125 | | 250 | | 500 | | 1000 |
| | | 10 | 20 | | 40 | | 80 | | 160 | | 320 | | 640 | | 1250 |

* Taką samą serię przyrostów odczytywać można jako procentową wartość zdolności odbicia światła lub jako szybkość migawki czy też ilość światła (w stopoświecach)

## Czułość ISO/ASA

Ponieważ 1/3 przysłony to minimalna wartość zauważalna przez nieuzbrojone oko (dla większości taśm negatywowych – odwrotka do diapozytywu/przezroczy wymaga większej precyzji), czułość filmu określana jest w przyrostach nie większych niż ten. Skala ta podzielona jest na kilka warstw, by łatwiej było zobaczyć zależności pomiędzy poszczególnymi przedziałami. Tak jak ISO 200 jest o przysłonę większa niż ISO 100, tak czułość ISO 320 jest o jedną przysłonę większa niż ISO 160.

Znajomość tej skali może ułatwić zapamiętanie różnic pomiędzy konkretnymi przedziałami z różnych warstw skali, np. ISO 80 wobec ISO 32 (1 1/3 wartości przysłony).
Skalę można rozszerzyć w obydwu kierunkach przez dodanie lub odjęcie liczb (przedziały
poniżej 6 to 5, 4, 3, 2.5, 2, 1.6, analogicznie do liczb poniżej 64 – 50, 40, 32, 25, 20 i 16.

**Stopoświece:** Skala ISO może też być stosowana do stopoświec. Ich podwojenie oznacza też podwojenie ekspozycji. Interwały wynoszące 1/3 przysłony przekładają się na podobne wartości stopoświec. Na przykład różnica pomiędzy 32 fc i 160 fc wynosi 2 1/3
przysłony.

**Współczynnik odbicia światła:** Skala ISO od 100 w dół odnosi się do procentowej
wartości odbicia. Na przykład ISO 100 reprezentuje 100%, czystą biel. Inne wartości, np.
64% czy 20% można określić jako, odpowiednio, o 2/3 i 2 1/3 wartości przysłony ciemniejsze od czystej bieli (tabela 6.2).

**Czas naświetlania:** Odnosząc się do skali ISO, można zauważyć, że np. 1/320 sekundy
jest o 1 2/3 wartości przysłony większa niż 1/100 sekundy. Może to być bardzo pomocne,
kiedy nietypowe kombinacje kątów migawki i klatkażu owocują różnym czasem naświetlania.

| Tabela 6.2

| Wartość przysłony | $-1/3$ | $-2/3$ | -1 | $-1^1/3$ | $-1^2/3$ | -2 | $-2^1/3$ | $-2^2/3$ | -3 | $-3^1/3$ | $-3^2/3$ | -4 | $-4^1/3$ |
|---|---|---|---|---|---|---|---|---|---|---|---|---|---|
| Zdolność odbicia światła | 100% | 80% / 64% | 50% | 40% / 32% | | 25% / 20% | | 16% | 12% / 10% | | 8% | 6% | |

# CHEMIA BŁONY FILMOWEJ

Energia zawarta w każdym fotonie światła powoduje chemiczną zmianę w cząstkach
emulsji pokrywającej taśmę filmową. Proces, w którym energia fal elektromagnetycznych
powoduje reakcje chemiczne nazywamy „fotochemią”.

Podłożem każdej błony filmowej jest przezroczysty plastikowy materiał (dawniej celu-
loid, dziś octan celulozy) o grubości 0,025 mm. Na tę bazę nałożona jest emulsja, w której
zachodzą procesy fotochemiczne. Na błonie może znajdować się 20 albo więcej oddzielnych warstw, z których każda ma mniej więcej 0,005 mm. Niektóre z nich nie tworzą obrazu, ale raczej filtrują światło albo regulują reakcje chemiczne podczas kolejnych etapów
procesu. Warstwy odpowiedzialne za kreację obrazu zawierają submikroskopowe ziarna
kryształków halogenku srebra, które pełnią funkcję detektorów fotonów.

Kryształki te to samo serce błony fotograficznej. To one, wystawione na różne formy promieniowania elektromagnetycznego (światło), przechodzą reakcję fotochemiczną. Ziarenka halogenków srebra są wrażliwe nie tylko na światło widzialne, ale też na promieniowanie podczerwone. Halogenek to chemiczny związek halogenu (któregokolwiek z grupy pięciu chemicznie ze sobą powiązanych niemetalicznych pierwiastków – należą do nich fluor, chlor, brom, jod i astat) z bardziej elektrododatnim pierwiastkiem lub grupą, w tym wypadku ze srebrem. Ziarna halogenków srebra wytwarza się łącząc azotan srebra z solami halogenkowymi (chlorkiem, bromkiem, jodkiem), czego owocem mogą być kryształki przeróżnych kształtów, rozmiarów i układów.

Niemodyfikowane ziarenka wrażliwe są tylko na niebieską część widma barw, nie mają więc większego znaczenia przy tworzeniu obrazu na taśmie filmowej. Do ziarenek tych dodane więc zostają czynniki uczulające, dzięki którym materiał staje się też wrażliwy na światło niebieskie, zielone i czerwone (pamiętajmy, że cały czas mowa jest o błonie czarno-białej). Molekuły te przyczepiają się do powierzchni ziarenek i przenoszą na kryształki halogenku srebra energię z czerwonych, zielonych lub niebieskich fotonów w postaci fotoelektronów. W trakcie procesu wzrostu ziarenek włącza się do nich (bądź nakłada na ich powierzchnię) inne związki chemiczne. Związki te wpływają na światłoczułość ziarenek.

Czułość emulsji określa się standardową miarą ISO (International Standard Organization) albo ASA (American Standard Association). ISO to oznaczenie właściwe technicznie, ale wiele osób nadal posługuje się określeniem ASA. Im większy współczynnik ASA, tym mniejszy poziom natężenia światła, na który zareagować może taśma. Dla kolorowych

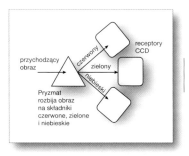

6.3
*Obraz uchwycony przez kamerę wideo 3-chip bądź HD*

filmów stosuje się miarę EI (Exposure Index). Wyższa czułość błony wiąże się ze zwiększeniem rozmiarów ziaren halogenku srebra. Ceną za czulszą taśmę jest więc ziarnisty obraz. Producenci błon fotograficznych wciąż starają się podnieść ich jakość, by przy wysokiej czułości zachować drobne ziarno. W latach 70. Kodak wprowadził większe unowocześnienie w postaci ziarenek „T". Dzięki temu, że ziarna te są płaskie i trójkątne, mogą być ściślej ułożone, przez co efekt ziarnistości obrazu jest mniejszy. Inną innowacją są taśmy z rodziny Vision (również Kodaka) oraz techniczne nowinki Fuji.

# REAKCJA BŁONY NA ŚWIATŁO

Oto dwa etapy tworzenia negatywu taśmy:

- Ekspozycja. Przydatną własnością halogenku srebra jest to, że wystawiony na działanie światła zmienia się w stopniu wprost proporcjonalnym do ilości absorbowanej energii światła. Zmiana ta nie jest widoczna przed obróbką materiału – powstaje tak zwany obraz utajony.
- Wywołanie. Kiedy zmienione przez kontakt ze światłem halogenki srebra zetkną się z chemicznymi czynnikami wywołującymi, mogą zostać zredukowane do czystego srebra. Siła działania tych czynników oraz czas wywoływania decydują, jaka ilość halogenków zostanie przekształcona.

## Obraz utajony

Kiedy migawka jest otwarta, światło działa na emulsję i uformowany zostaje obraz utajony. Kiedy foton światła absorbowany jest przez czynnik uczulający umiejscowiony na powierzchni ziarna halogenku srebra, elektrony zostają podniesione z pasma walencyjnego do pasma przewodnictwa. Tu z kolei mogą zostać przeniesione na pasmo przewodnictwa elektronowej struktury ziaren halogenku srebra. Atom srebra jest niestabilny. Jeśli jednak wystarczająco dużo fotoelektronów znajduje się w tym samym czasie w jednej sieci krystalicznej, mogą się łączyć z dodatnimi dziurami i tworzyć obszar stabilnego obrazu utajonego. Na obszarze obrazu utajonego jedno ziarno, aby pozostać stabilne, zawierać musi od 2 do 4 atomów srebra. Ziarna halogenku srebra zawierają miliardy molekuł tego związku, ale tylko 2 lub 4 atomy wyodrębnionego srebra wystarczą, by utworzył się obraz utajony. W przypadku filmu kolorowego proces ten następuje oddzielnie dla ekspozycji czerwonej, zielonej i niebieskiej warstwy emulsji. Ziarno nie jest bowiem czułe na kolor, może tylko być wrażliwe na konkretne pasmo spektrum barw. Powstały obraz nazwany jest „utajonym", ponieważ pozostaje niewidzialny aż do momentu chemicznego wywołania.

Każdy foton, który dociera do błony, ale nie tworzy obrazu utajonego to stracona informacja. Większość taśm barwnych wymaga od 20 do 60 fotonów na ziarno, by mógł powstać dający się wywołać obraz utajony. Poziom ten nazywa się „punktem inercji", poniżej którego nie może być zarejestrowany żaden obraz. Zasady te dotyczą również receptorów wideo, choć te oparte się na bazie krzemowej i działają w inny sposób.

## OBRÓBKA CHEMICZNA

Aby obraz utajony stał się widzialny, musi zostać wzmocniony i ustabilizowany. Dzięki temu otrzymamy negatyw albo pozytyw (zob. rysunek 6.4). Ponieważ w przypadku filmu biało-czarnego ziarna halogenku srebra trzeba uczulić na wszystkie długości fal światła widzialnego, ziarna te obecne są tylko w jednej lub dwóch warstwach. W rezultacie łatwiej zrozumieć proces wywoływania.

- Film umieszczony jest w chemicznej kąpieli wywołującej, która działa jak środek redukujący. Jeśli film pozostaje w kąpieli wystarczająco długo, czynnik ten przekształca jony srebra w metal. W efekcie otrzymujemy szarawą mgiełkę, z której nie da się wyodrębnić żadnego obrazu. Te ziarna, w których zapisane są informacje o ukrytym obrazie wywołane zostają szybciej. Jeśli czas kąpieli będzie właściwy w srebro zamienią się tylko te ziarna. Nienaświetlone ziarna pozostaną kryształkami halogenku srebra.

- Proces wywoływania trzeba zatrzymać w odpowiednim momencie, płucząc taśmę w wodzie.

- Po wywołaniu niektóre z przekształconych halogenków i wszystkie nieprzekształcone jony halogenku srebra nadal pozostają w emulsji. Jeśli ich nie usuniemy, negatyw ściemnieje i z czasem zacznie niszczeć. Te niewywołane elementy usuwa się za pomocą czynników utrwalających, którymi zwykle jest tiosiarczan sodowy albo tiosiarczan amoniakowy. Proces ten to utrwalanie. Trzeba jednak uważać, żeby nie przesadzić z utrwalaniem – zbyt długi kontakt z utrwalaczami może spowodować niszczenie właściwego materiału.

- Z filmu wypłukuje się wodą wszystkie pozostałości wykorzystywanych chemikaliów. Płukanie to musi być niezwykle dokładne. Następnie suszy się taśmę.

Kiedy wykonamy wszystkie te czynności, otrzymujemy negatywowy obraz nakręconej sceny. Oczywiście przy zastosowaniu innego rodzaju rozwiązań chemicznych uzyskamy

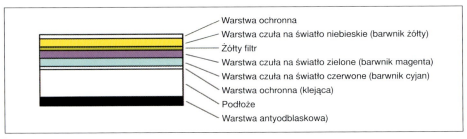

6.4
*Warstwy kolorowej taśmy negatywowej*

obraz pozytywowy, ale nie jest on zbyt powszechny w pracy nad filmem. Negatyw oznacza, że najciemniejsze miejsca taśmy to te najmocniej naświetlone. Pola, do których światło nie dotarło, pozostają jasne.

6.5
*Typowy negatyw barwny*

## Negatyw barwny

Negatyw barwny składa się z trzech warstw filmu czarno-białego ułożonych jedna na drugiej (zob. rysunek 6.5). Różnica polega na tym, że każda z nich reaguje na inny zakres barw. Ogólnie rzecz biorąc jest to czerwień, błękit i zieleń.

- Przy obróbce taśmy barwnej także wykorzystuje się redukujące środki chemiczne i tutaj również naświetlone ziarna halogenku srebra przechodzą w czyste srebro. W tym momencie do reakcji włączony zostaje wybielacz, który reaguje ze środkami barwiącymi na każdej z warstw kreującej obraz. Barwniki te tworzą poszczególne kolory, zależnie od tego, na jaki kolor uczulone są ziarna halogenku srebra. Przy warstwach czułych na czerwień, błękit i zieleń wykorzystywany jest inny barwnik. Przy wywoływaniu filmu obraz utajony na kolejnych warstwach wytwarza barwniki poszczególnych kolorów.
- Proces wywoływania przerywa się płukaniem filmu w wodzie.
- Nienaświetlone ziarenka halogenku srebra zostają usunięte podczas utrwalania.
- Srebro wywołane na pierwszym etapie zostaje usunięte przez wybielacz. (Uwaga: można ten etap opuścić albo skrócić tak, że niektóre drobinki srebra pozostaną na negatywie. Taka obróbka nazywa się „bleach bypass" – czyli pominięcie wybielania).
- Taśma negatywowa zostaje wypłukana, by usunąć z niej wszelkie możliwe odczynniki i produkty reakcji, a następnie wysuszona.

W przeciwieństwie do negatywu czarno-białego, negatyw barwny nie zawiera srebra z wyjątkiem tego, które pozostało na taśmie dzięki obróbce „bleach bypass".

Końcowy rezultat to negatyw barwny: im więcej naświetlonej czerwieni, tym więcej cyjanu na taśmie. Cyjan to mieszanina niebieskiego i zielonego (albo też biel po odjęciu czerwieni). Warstwy czułe na zieleń zawierają w barwniku magentę, a czułe na błękit barwnik żółty.

Zestaw kolorów wytworzonych na barwnej błonie negatywowej pochodzi z systemu syntezy subtraktywnej. W systemie tym jeden kolor (cyjan, magenta albo żółć) kontroluje każdy z podstawowych kolorów. Z kolei w wypadku systemu syntezy addytywnej kolor produkowany jest przez łączenie czerwieni, zieleni i błękitu (ten system stanowi bazę dla techniki wideo). Ogólne pomarańczowe zabarwienie taśmy jest skutkiem działania barwnika maskującego, który koryguje niedoskonałości podczas reprodukcji barw.

## Synteza addytywna kontra synteza subtraktywna

W fotografii barwy nakładają się na siebie warstwami, dlatego też system reprodukcji koloru opiera się tu na syntezie subtraktywnej (czyli odejmowaniu barw składowych ze światła białego). Każdy z podstawowych kolorów działa na kolor z przeciwległej strony koła barw.

- Warstwy uczulone na czerwień tworzą barwnik cyjanowy
- Warstwy uczulone na zieleń tworzą barwnik magenta
- Warstwy uczulone na błękit tworzą barwnik żółty

# KRZYWA H-D

Aby zrozumieć reakcje taśmy, musimy przyjrzeć się poniższej krzywej charakterystycznej. To klasyczny dla densytometrii model opracowany został przez Ferdinanda Hurtera i Vero Charlesa Driffielda w 1890 roku. Dlatego też krzywą tą nazywa się krzywą H&D. Na wykresie tym na oś pozioma wyznacza wielkość ekspozycji (E) w jednostkach logarytmicznych, natomiast oś pionowa stopień zmiany gęstości negatywu (rysunek 6.6).

Cóż takiego przedstawia owa krzywa? Chcielibyśmy, przynajmniej w teorii, aby gęstość taśmy (czyli czułość) zwiększała się wprost proporcjonalnie do zmian ilości światła odbijanego przez poszczególne obiekty przed kamerą. Każdy z nas oczekuje przecież, że obraz dokładnie odwzoruje rzeczywistość.

Spójrzmy na teoretyczny model liniowego filmu (rysunek 6.7). Przy każdym zwiększeniu się ekspozycji o jedną jednostkę, gęstość zmienia się dokładnie w takiej samej proporcji. Tak więc mamy do czynienia z pełną zgodnością pomiędzy ilością światła w danej scenie a zmianą w gęstości negatywu. Nachylenie linii odpowiadającej takiemu filmowi wynosi dokładnie 45°.

Nachylenie to jest miarą kontrastowości filmu. Jeśli duża zmiana w naświetleniu powoduje bardzo niewielką zmianę w gęstości negatywu (niska kontrastowość), kąt nachylenia jest niewielki. Jeśli taśma jest mocno kontrastowa, kąt nachylenia będzie wysoki. W tym wypadku niewielka zmiana w naświetleniu radykalnie zmieni gęstość negatywu. Ekstremalnym rozwiązaniem jest pod tym względem tzw. film „litho", wykorzystywany często w przemyśle drukarskim. Dla tego rodzaju taśmy wszystko jest albo czarne, albo białe, nie ma tu żadnych szarości. Jeśli natężenie wpadającego światła jest powyżej pewnego poziomu, obraz będzie całkowicie biały, jeśli poniżej – całkowicie czarny. To największa kontrastowość, jaką można uzyskać. Linia takiego filmu na omawianym wykresie będzie pionowa.

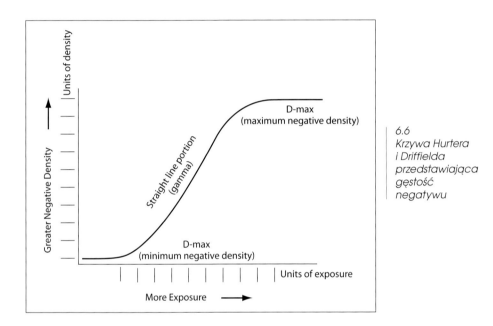

6.6
*Krzywa Hurtera
i Driffielda
przedstawiająca
gęstość
negatywu*

Żadna taśma jednak nie odpowiada ideałowi pierwszego z przytoczonych przykładów (w którym zmiany gęstości filmu dokładnie odpowiadają zmianom w ilości światła). Na kolejnym diagramie widzimy linię filmu, w przypadku którego wzrostowi natężenia światła o jedną jednostkę towarzyszy wzrost gęstości zaledwie o pół jednostki. Taki film ma niską kontrastowość.

Rysunek 6.8 ukazuje różnicę pomiędzy emulsją o wysokiej i niskiej kontrastowości. W pierwszym wypadku przy wzroście naświetlenia o jedną jednostkę, gęstość negatywu zwiększa się o dwie. Jeśli spojrzymy na stosunek jasności ekspozycji do gęstości negatywu, okaże się, że obraz negatywowy będzie bardziej kontrastowy niż rzeczywisty obraz sceny. Nachylenie tej linii określa się mianem współczynnikiem kontrastu „gamma".

Kontrast odnosi się do rozdzielności w filmie lub w fotografii obszarów jasnych i ciemnych (zwanych „tonami"). Jego wartość przedstawia się w postaci nachylenia krzywej cha-

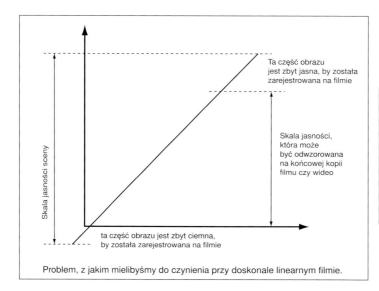

Ta część obrazu jest zbyt jasna, by została zarejestrowana na filmie

Skala jasności, która może być odwzorowana na końcowej kopii filmu czy wideo

Skala jasności sceny

ta część obrazu jest zbyt ciemna, by została zarejestrowana na filmie

Problem, z jakim mielibyśmy do czynienia przy doskonale linearnym filmie.

*6.7
Teoretycznie
idealny film,
czyli taki,
który
odwzorowuje
zmiany ekspozycji
obiektu wobec
gęstości
negatywu
w proporcji 1:1.*

rakterystycznej. Im bardziej nachylona jest krzywa, tym większy kontrast. Terminy takie jak „współczynnik gamma" czy „średni gradient" dotyczą numerycznych metod określania kontrastu w obrazie fotograficznym.

Współczynnik gamma mierzy się na kilka różnych sposobów zdefiniowanych zarówno przez organizacje naukowe, jak i producentów sprzętu. Ogólnie rzecz biorąc oblicza się nachylenie prostoliniowego odcinka krzywej, który jest stosunkowo prosty i znajduje się pomiędzy dolnym a górnym zagięciem (kolanem) krzywej. Gamma to właśnie owo nachylenie odcinka krzywej charakterystycznej albo też tangens kąta a utworzonego przez ten odcinek i linię horyzontalną. Tangens kąta a otrzymuje się dzieląc wartość wzrostu gęstości przez logarytm zmiany ekspozycji. Gamma nie opisuje kontrastowych cech dolnego i górnego zagięcia krzywej, a tylko prostego odcinka pomiędzy nimi.

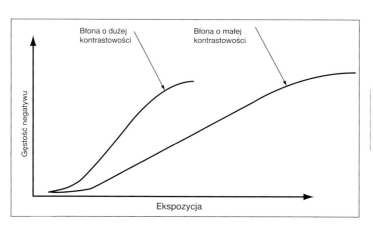

Błona o dużej kontrastowości

Błona o małej kontrastowości

Gęstość negatywu

Ekspozycja

*6.8
Różnice
pomiędzy błoną
o dużej i małej
kontrastowości.*

Jest jeszcze jeden problem wart uwagi. W najniższym przedziale ekspozycji, tak jak i w najwyższym, reakcja emulsji zmienia się, przyrost nie jest równomierny. W niskim przedziale błona w ogóle nie reaguje na jednostki światła. Nie zachodzi tu żadna zmiana fotochemiczna, aż do momentu przekroczenia punktu inercji. Wówczas pojawia się reakcja, ale z początku jeszcze spowolniona: z każdą kolejną jednostką światła gęstość filmu zmienia się nieznacznie. Ten obszar to na krzywej odcinek wklęsły (niedoświetleń). Tutaj zmiany

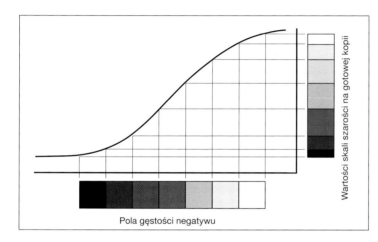

6.9
*Kompresja skali
szarości
na dolnym
i górnym odcinku
krzywej*

w wartości światła są skompresowane. W najwyższym przedziale ekspozycji znajduje się górny odcinek (prześwietleń). Emulsja jest przeciążona; jej reakcja na kolejne stopnie natężenia światła jest coraz mniejsza. W efekcie film nie rejestruje zmian w wartości światła w linearny i proporcjonalny sposób. Zarówno cienie, jak i jasne pola są niejako ściśnięte razem. To właśnie w dużej mierze dzięki temu film zyskuje swoją szczególną estetykę, której wideo wciąż jeszcze nie jest w stanie osiągnąć (technologia HD jest jej dużo bliższa, ale wciąż niezbyt dobrze radzi sobie z najjaśniejszymi punktami obrazu). W ten sposób kompresować można bardzo kontrastowe sceny, żeby zmieściły się w filmie.

## Oś Logarytmu E

Zatrzymajmy się na chwilę przy osi poziomej wykresu. Nie jest to jakaś abstrakcyjna skala wartości ekspozycji. Pamiętajmy, że reprezentuje ona różne stopnie rozpiętości luminancji w danej scenie. Każda scena jest inna, więc każda też charakteryzuje się innym współczynnikiem luminancji. Oś pozioma odpowiada więc skali jaskrawości światła sceny, od najciemniejszego punktu do najjaśniejszego.

W 1890 roku niemiecki psycholog E.H. Weber odkrył, że wszelkie zmiany w fizycznych doznaniach (dźwięk, jasność, ból, gorąco) stają się mniej odczuwalne wraz ze wzrostem impulsu. Zmiana poziomu impulsu, który jest w stanie wykreować dostrzegalną różnicę w doznaniu, proporcjonalna jest do ogólnego poziomu: jeśli jasność zwiększy się o trzy jednostki, to w zauważalny sposób będzie wyższa niż jasność zwiększona o dwie jednostki.

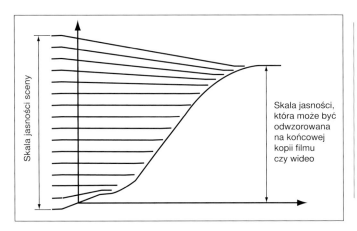

6.10
*Kompresja wartości jasności obrazu rzeczywistego, dzięki której może on zostać właściwie odwzorowany, nawet jeśli skala kontrastu jest bardzo duża. Ta sama zasada odnosi się do wideo, zarówno analogowego, jak i cyfrowego.*

Natomiast jeśli wykroczymy poza granicę 20 jednostek, kolejną wartością, którą będziemy w stanie zarejestrować, będzie 30 jednostek. Aby stworzyć skalę, której kolejne wartości rosnąć będą w równomiernym tempie, musimy je mnożyć o jakiś stały mnożnik. Percepcja jasności rośnie w stosunku logarytmicznym.

## Czym jest Logarytm?

Logarytm to prosty sposób wyrażania dużych zmian we wszelkich systemach liczbowych. Jeśli na przykład chcemy stworzyć wykres wartości, które są wielokrotnością 10 (1, 10, 100, 1000, 10 000, 100 000 szybko osiągniemy wielkość, której wyliczenie będzie bardzo niewygodne. Wyrysowanie grafu, który objąłby oba krańce takiej skali, byłoby niezwykle trudne.

W logarytmie o podstawie 10 (to najpopularniejszy system) logarytm danej liczby oznacza ile razy liczba 1 musi być pomnożona przez 10, aby otrzymać pożądaną liczbę. Aby otrzymać 10 musimy pomnożyć 1 przez 10. Tak więc logarytmem liczby 10 jest 1. Aby otrzymać 100, musimy mnożenie wykonać dwa razy, a więc logarytmem 100 jest 2. Logarytm danej liczby jest wykładnikiem potęgi 10. Na przykład $10^2 = 100$, więc logarytmem liczby 100 jest 2. Z kolei $10^3$ to 1000, a więc logarytm liczby 1000 to 3 (rysunek 6.3). Oznacza to, że możemy stworzyć rejestr bardzo dużych zmian wartości za pomocą stosunkowo niewielkiego zbioru liczb. Logarytmy stosowane są w pomiarze światła, w fotografii i w wideo.

*Tabela 6.3*
*Logarytmy i zdolność odbicia światła*
*przez powierzchnię*

| Numer | Logarytm |
|-------|----------|
| 1 | 0,0 |
| 2 | 0,3 |
| 4 | 0,6 |
| 8 | 0,9 |
| 10 | 1,0 |
| 16 | 1,2 |
| 32 | 1,5 |
| 64 | 1,8 |
| 100 | 2,0 |

| Percepcja | procentowa wartość odbicia światła |
|-----------|-----------------------------------|
| biały | 100% |
| | 70% |
| | 50% |
| | 35% |
| | 25% |
| szary | 17,5% |
| | 12,5% |
| | 9% |
| | 6% |
| | 4,5% |
| czarny | 3,5% |

# PERCEPCJA JASNOŚCI

Nasze postrzeganie jasności odbywa się w stosunku logarytmicznym i, jak się zaraz przekonamy, ma to daleko idące konsekwencje w każdej dziedzinie oświetlenia filmu i wideo. Jeśli chcielibyśmy przedstawić na wykresie rosnące wartości percepcji jasności przez człowieka, musielibyśmy być wierni jej logarytmicznej naturze. Każdy kolejny przedział na pozornie równomiernej skali tonów szarości jest – pod względem mierzalnej zdolności odbijania światła – umieszczony logarytmicznie. Jak zobaczymy później, taki wykres stanowi fundament procesu oświetlania i odtwarzania obrazu.

Pamiętajmy, że nie mówimy tu o sztywno określonych wartościach (najciemniejszy punkt na osi E to nie oznacza konkretnej liczby jednostek) – decydujemy się przecież na mniej lub bardziej czuły film, ustawiamy przysłonę, żeby móc kontrolować ilość światła, która dociera do błony. Tu liczy się stosunek pomiędzy najciemniejszym i najjaśniejszym polem obrazu, to tę wartość zaznaczamy na osi E. Nazywamy to skalą jasności filmu (czasem stosujemy też skrót BR). Każda kolejna jednostka na tej osi reprezentuje jedną wartość światła więcej.

## Kontrast

Słowo „kontrast" ma różne znaczenia. Możemy mówić o kontraście fotografowanego obiektu, albo o kontraście negatywu filmu. Ogólnie rzecz biorąc kontrast odnosi się do względnej różnicy pomiędzy jasnymi ciemnymi polami obiektu bądź negatywu. Kontrast obiektu dotyczy więc różnicy pomiędzy ilością światła odbijanego przez ciemne rejony filmowanej sceny a ilością światła odbijanego przez rejony jasne (np. ciemne drzwi i biała ściana). Kontrast oświetlenia to różnica natężenia światła padającego na oświetlone i zacienione części sceny. Ogólny kontrast sceny będzie zatem iloczynem kontrastu obiektu i kontrastu oświetlenia.

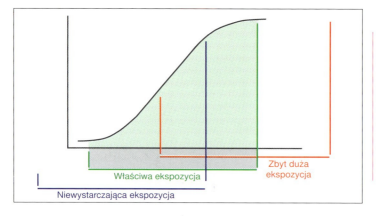

Właściwa ekspozycja

Zbyt duża ekspozycja

Niewystarczająca ekspozycja

6.11
Zmiana ekspozycji przesuwa obraz w dół i w górę krzywej; zbyt duża wartość ekspozycji spycha obraz poza górny odcinek krzywej, zbyt mała ściąga go do dolnego odcinka krzywej.

Kontrast negatywu odnosi się do względnej różnicy pomiędzy transparentnymi i nieprzezroczystymi polami negatywu. W tym wypadku mówimy o gęstości taśmy, którą to gęstość możemy mierzyć za pomocą densytometru, który określa jak wiele światła dotarło do negatywu. Kontrasty obiektów fotografowanych mogą być bardzo odmienne. W jasny, słoneczny dzień kontrast w plenerze jest bardzo wysoki, natomiast przy zachmurzonym niebie może być relatywnie niski. Kontrast danej sceny zależy od tego, jak jasne lub ciemne są filmowane przedmioty w stosunku do siebie i jak wiele światła na nie pada.

Powróćmy do naszej teoretycznie idealnej taśmy. Taśma taka zmieniałaby gęstość negatywu o dokładnie jedną jednostkę dla każdej kolejnej jednostki zmiany jasności obiektu.

Żadne istniejące medium reprodukcji obrazu nie jest w stanie w idealnym stopniu odtworzyć skali jasności rzeczywistego obrazu czy sceny. Właściwie wszystkie dostępne emulsje są nieliniowe. Liniowość zaś jest niemożliwa z dwóch powodów.

- Aby uaktywnić światłoczułe elementy emulsji, energia świetlna musi przekroczyć pewien poziom (punkt inercji). Tak więc w tym przedziale przedstawionej już krzywej gęstość rośnie powoli, ostatecznie przyspieszając. Przy przyspieszeniu odcinek wklęsły krzywej zamienia się w przedział zobrazowany odcinkiem prostoliniowym.

- Wraz z rosnącą ekspozycją zwiększa się ilość przekształconych ziarenek halogenku srebra aż do momentu, gdy zabraknie czułego materiału. W tym punkcie zwiększające się naświetlenie nie podnosi już gęstości wywołanego negatywu. Nasycenie znowu się spowalnia, co obrazuje odcinek górny krzywej.

Sytuacja przedstawiona na wykresie w postaci odcinka wklęsłego, spowodowana jest tym, że film reaguje wolniej na niewielkie ilości światła. Dopiero przy wyższych wartościach zmianę gęstości zobrazować można za pomocą odcinka prostoliniowego. Podłoże taśmy zawsze ma pewną gęstość, nawet jeśli słabą. Co więcej, za sprawą światła rozproszonego w kamerze, w obiektywie, na emulsji, a także dzięki chemicznej obróbce, zawsze mamy do czynienia z lekkim zadymieniem filmu. Efekt wszystkich tych czynników zwany jest zadymieniem podłoża ("base-plus-fog"). Miarę gęstości zwykle opisuje się jako wartość x ponad zadymienie podłoża.

Zachowanie taśmy zobrazowane u podstawy i u szczytu krzywej owocuje kompresją obrazu rzeczywistej sceny. Jeśli gradient kontrastu błony jest właściwy i jeśli ekspozycja jest odpowiednio ustawiona, kompresja ta pozwoli oddać w ostatecznej kopii właściwą skalę jasności danej sceny. Można więc powiedzieć, że to właśnie niemożność dokładnego odtworzenia rzeczywistości przez emulsję filmową i detektory wideo pozwala na tworzenie akceptowalnych zdjęć i wideo. Każda z emulsji reaguje na światło w sobie właściwy sposób. Niektóre reagują na słabsze światło szybciej niż inne, przez co początkowy wzrost gęstości jest raczej gwałtowny. Niektóre działają wolniej, przez co wzrost ten trwa nieco dłużej. Taśmy o podobnej czułości i skali mogą więc wymagać różnych ekspozycji i odmiennego traktowania przy wywoływaniu.

Innym ważnym czynnikiem jest też skala dającej się zarejestrować jaskrawości obiektu. W przypadku filmów o niskim kontraście wzrost gęstość względem skali jaskrawości będzie powolny. Natomiast przy błonach o wysokiej kontrastowości nasycenie trwać będzie dużo krócej. Przy kręceniu "Pożegnania z Afryką" operator David Watkin do filmowania scen o bardzo dużym kontraście spowodowanym ostrym afrykańskim słońcem użył taśm niskokontrastowych. Efekt był fantastyczny. Zarówno Fuji, jak i Kodak produkują błony o bardziej umiarkowanym kontraście niż większość taśm.

Precyzyjne określenie czułości filmu i dokładne ustawienie ekspozycji to działania konieczne, jeśli skala natężenia światła jest większa niż skala przypisana błonie. Na rysunku 6.11 trzy paski pod diagramem reprezentować mają trzy różne ekspozycje tej samej sceny. W sytuacji niedoświetlenia wiele informacji plasuje się poza odcinkiem wklęsłym. Analogicznie rzecz się ma w sytuacji prześwietlenia – tym razem informacje przesuwają się poza górny odcinek krzywej. W każdym jednak przypadku sytuacja oznacza to samo: wykroczenie poza zasięg krzywej powoduje, że negatyw nie reaguje już na dalsze zmiany ekspozycji, po prostu ich "nie widzi". Tak więc przy idealnej ekspozycji negatyw powinien reagować na wszystkie informacje dotyczące jasności obiektu.

Przy prześwietleniu taśmy mamy do czynienia z dwiema konsekwencjami. Po pierwsze, nawet najciemniejsze punkty obrazu plasują się w środkowym przedziale krzywej; to, co w rzeczywistości czarne, ukaże nam się jako zaledwie szare. Przy zapisie graficznym, nadekspozycja jawi się jako przesunięcie skali jasności obiektu (oś E) w prawo; zbyt wiele wartości obrazu umieszczonych jest na odcinku prześwietleń. Niektóre informacje umieszczone na płaskiej części tego przedziału zostają utracone. Dzieje się tak dlatego, że różnice w jasności sceny nie powodują już żadnych zmian w gęstości negatywu.

Co więcej, ponieważ wszystkie dane przesunięte są w prawo, żadna z nich nie plasuje się na odcinku wklęsłym. Oznacza to, że na końcowej kopii nie będzie widać ciemnych wartości obrazu, nawet jeśli widoczne były w rzeczywistej scenie.

Niedoświetlenie natomiast ukazane jest jako przesunięcie w lewo na osi poziomej. Tutaj z kolei wszelkie subtelności wysokich tonów jasności będą wyraźnie widoczne, bo lokują się w środkowym, prostoliniowym przedziale krzywej. Problem stanowić będą raczej ciemne tony, ścieśnione w początkowym jej przedziale. Różnice między wartościami szarości, ciemnej szarości i czerni będą niewielkie i na gotowej kopii ukażą się jako nierozróżnialna, czarna plama. Detale cienia będą niewidoczne.

## „Właściwa" ekspozycja

„Właściwa" ekspozycja będzie polegać na takim ustawieniu przysłony, które najlepiej dopasuje skalę jasności sceny do poziomej osi (log E) krzywej charakterystycznej medium tworzącego obraz. Trzeba po prostu wszystkie wartości tej skali zgrabnie „wsunąć" pomiędzy wklęsły dolny i wypukły górny odcinek krzywej. Typowa scena o siedmiostopniowej skali jasności doskonale wpisze się w krzywą, jeśli tylko ekspozycja ustawiona będzie na samym środku tej skali. Pamiętać jednak trzeba, że „właściwa" ekspozycja to pojęcie czysto techniczne. Zdarza się przecież, że chcemy – z artystycznych bądź praktycznych powodów – odejść od idealnego naświetlenia. Tolerancję taśmy pod tym względem określa stosunek gammy (czyli kąta nachylenia środkowego, linearnego przedziału) do dolnego i górnego zagięcia krzywej. Tolerancję tę można postrzegać albo jako właściwy emulsji margines błędu w ekspozycji, albo jako zdolność taśmy do zaakceptowania danej skali jasności.

## Skala jasności w scenie

Problem pogłębia się, jeśli filmowana scena ma więcej niż siedmiostopniową skalę jasności (siedem stopni to po prostu skala typowa, może się to jednak zmieniać w zależności od konkretnego typu błony). W takim wypadku niemożliwe jest ustawienie przysłony tak, by wszystkie wartości jasności mieściły się na długości krzywej. Jeśli ustawimy ekspozycję na cieniste pola (otwarta apertura), najlepiej odtworzone zostaną obszary ciemnoszare. Natomiast jasne wartości zupełnie wypadną poza skalę. Jeśli z kolei ekspozycję ustawimy na najjaśniejsze punkty (przez zmniejszenie wartości przysłony), zarejestrujemy wszystkie niuanse jasnych tonów, ale ciemniejsze wartości zupełnie zepchniemy poza dolną granicę skali.

Jak sobie poradzić w tego typu sytuacji? Choć istnieją bardziej skomplikowane metody (Varicon, Panaflasher), warto powiedzieć o najprostszym rozwiązaniu: zmie-

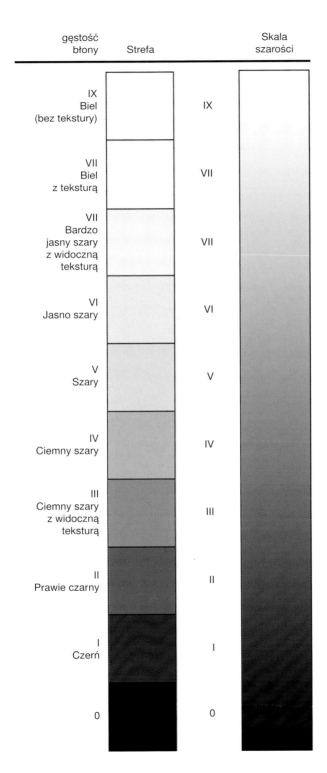

gęstość
błony    Strefa

Skala
szarości

IX
Biel
(bez tekstury)

IX

VII
Biel
z teksturą

VII

VII
Bardzo
jasny szary
z widoczną
teksturą

VII

VI
Jasno szary

VI

V
Szary

V

IV
Ciemny szary

IV

III
Ciemny szary
z widoczną
teksturą

III

II
Prawie czarny

II

I
Czerń

I

0

0

*6.12*
*Strefy 0-9,*
*stopniowana*
*i ciągła skala szarości*
*Standardowo Strefy*
*oznacza się cyframi*
*rzymskimi.*

niamy skalę jasności sceny, by pasowała do naszej krzywej. Innymi słowy – zmieniamy oświetlenie sceny. Na tym polega podstawowe, najważniejsze zadanie ekipy oświetleniowej: tak ustawić skalę jasności filmowanej sceny, by odpowiadała emulsji taśmy i optyce kamery filmowej albo elektronice i optyce wideo. Za to nam się płaci. To też najważniejsza sprawa przy doborze plenerów i scenografii, przy ustawianiu kamery, przy wyborze pory dnia do zdjęć.

Tolerancja nowoczesnych błon jest coraz większa, czemu nie przeszkadza równoczesny wzrost ich czułości i redukcja ziarna. Nowe wysokoczułe emulsje mają niezwykłą zdolność rejestrowania subtelnych różnic w jasności, nawet w przypadku przeeksponowanych jasnych plam i bardzo ciemnych cieni. Mimo wszelkich postępów na tym polu, współczynnik jasności to nadal jedna z tych kwestii, która tak bardzo różni film od wideo.

## OKREŚLANIE EKSPOZYCJI

Oto nasze dwa podstawowe zadania:
- Tak manipulować współczynnikiem jasności sceny, by obraz został właściwie odtworzony na filmie albo na wideo.
- Tak ustawić przysłonę, by wartości jasności sceny plasowały się w odpowiednich przedziałach krzywej.

W praktyce owe zadania często okazują się nierozerwalne. Pierwsze dotyczy przede wszystkim oświetlenia i regulacji światła; drugie wiąże się z pomiarem jasności sceny i oceną, jakie ustawienia sprzętu będą najlepsze dla konkretnego obiektywu.

Rysunek 6.15 ukazuje, jak czułość filmu Metoda ta ma zastosowanie jedynie do błon czarno-białych. Czułość filmu barwnego wyraża się albo w EI (exposure index), albo w ISO. Spotkać się można także z określeniem „kontrast oświetlenia". Oznacza on stosunek światła kluczowego do światła wypełniającego. Jeśli weźmiemy na warsztat obraz twarzy, będzie to różnica między jaśniejszą a ciemniejszą stroną.

*Tabela 6.4*
*Wartość procentowa odbicia światła dla poszczególnych Stref*

| Percepcja | procentowa wartość odbicia światła |
|---|---|
| Strefa X | 100% |
| Strefa IX | 70% |
| Strefa VIII | 50% |
| Strefa VII | 35% |
| Strefa VI | 25% |
| Strefa V | 17,5% |
| Strefa IV | 12,5% |
| Strefa III | 9% |
| Strefa II | 6% |
| Strefa I | 4,5% |
| Strefa 0 | 3,5% |

Tabela 6.5
*Strefy, gęstość negatywu i opis*

| strefa | gęstość negatywu | opis |
|---|---|---|
| 0 | 0,02 | Całkowita czerń – Strefa referencyjna |
| I | 0,11 | Pierwsze widoczne wartości jaśniejsze niż czerń |
| II | 0,21 | Bardzo głęboki cień |
| III | 0,34 | Widoczna tekstura przy głębokich cieniach |
| IV | 0,48 | Ciemna szarość |
| V | 0,62 | Średnia szarość – 18% odbicia światła |
| VI | 0,76 | Jasna szarość |
| VII | 0,97 | Jasna szarość z widoczną teksturą |
| VIII | 1,18 | Bardzo jasna szarość |
| IX | 1,33 | Pierwsze widoczne wartości ciemniejsze niż biel |
| X | 1,44 | Całkowita biel |

# NARZĘDZIA

Dwa podstawowe narzędzia w fachu operatorskim to światłomierz i miernik światła punktowego. Jest też trzeci typ miernika, szerokokątny miernik współczynnika odbicia światła, choć fotografowie nadal nazywają go po prostu światłomierzem. W filmie jednak używany jest niezwykle rzadko.

## Światłomierz

Miernik ten określa jedynie jasność sceny, czyli ilość zastanego światła oświetlającego scenę. Większość światłomierzy wyposażona jest w plastikową półkolistą kopułkę przykrywającą właściwy czujnik.

Kopułka rozpraszająca spełnia kilka funkcji. Przede wszystkim rozprasza, a więc i wyrównuje padające światło. Symuluje także geometrię typowego, trójwymiarowego obiektu. Nieosłonięta kopułka odczytać może światło frontalne, a czasami też boczne i tylne światło. Potrafi też wyliczyć średnią wartość światła ze wszystkich źródeł. Często też, chcąc zmierzyć oddzielnie poszczególne wartości, osłania się miernik ręką tak, by padało na niego tylko wybrane światło.

Typowa praktyka polega na tym, że kopułkę kieruje się w stronę obiektywu, eliminując przy tym tylko tylne światło, a potem mierzy się światło dokładnie w tym miejscu, w którym umieszczony jest obiekt. Oddzielny pomiar światła kluczowego, wypełniającego i kontrowego służy właściwie tylko określeniu proporcji między poszczególnymi źródłami. Właściwą miarą, która zdecyduje o ustawieniu przysłony, jest pomiar ogólny. Później przyjrzymy się sytuacjom, które wymagają nieco innej taktyki. Większość światłomierzy wyposażonych

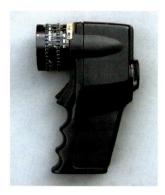

6.13
Miernik światła punktowego –
specjalistyczny model miernika
odbicia światła

w kopułkę, posiada też płaską płytkę rozpraszającą światło. Ma ona jednak znacznie mniejszy kąt (ok. 45° - 55°). Oznacza to, że kąt padania światła na płytkę też ma znaczenie dla odczytu, tak jak wpływa też na oświetlenie obiektu.

Taka płytka ułatwia pomiar światła z poszczególnych źródeł, przydaje się też przy pomiarze oświetlenia płaskich powierzchni. Większość światłomierzy zaopatrzona też jest w soczewkową płytkę, dzięki której miernik taki staje się praktycznie szerokokątny. Rzadko

6.14
Światłomierz – miernik światła zastanego

jednak stosuje się go na planie, bo zbyt trudno usunąć z jego „pola widzenia" różnego rodzaju poboczne czy zewnętrzne źródła światła, których nie chcemy mierzyć.

Na ogół światłomierze dostosowuje się (elektronicznie albo za pomocą wymienialnych szyberków) do wybranej czułości taśmy i szybkości migawki. Pomiar odczytuje się już w wartościach przysłony. Niektóre z mierników mogą też podawać odczyt w stopoświecach lub luksach; wtedy użytkownik może sam obliczyć właściwą ekspozycję. Przydaje się to w sytuacjach, kiedy nie ma szyberka odpowiadającego fabrycznej czułości błony.

## Miernik odbicia światła

Światłomierze te odczytują luminancję obiektu, która z kolei stanowi połączenie dwóch czynników: poziomu światła padającego i współczynnika odbicia światła.

Na pozór taka metoda pomiaru światła wydaje się najbardziej logiczna, ale jest tu pewna pułapka. Mówiąc prosto, miernik światła punktowego powie wam ile światła odbija dany przedmiot, ale nie odpowie na jedno ważne pytanie: ile światła ten przedmiot powinien odbijać? Innymi słowy: zwykły światłomierz oferuje nam odczyt w wartościach przysłony, podczas gdy odczyty z większości mierników światła punktowego to wartości względne, wymagające dalszej interpretacji. Niegdyś te mierniki skalowane były tak, by podawać wynik w jednostkach wartości ekspozycji (EV), natomiast współczesne, elektroniczne urządzenia operują już wartościami przysłony (f/stop). Jednakże ta ostatnia metoda nie jest zbyt przydatna i często dezorientuje użytkowników.

Pomyślmy o tym w taki sposób: używamy tego rodzaju miernika fotografując dziewczynę o jasnej skórze trzymającą pudełko jakiegoś środka czyszczącego na tle zachodu słońca. Pomiar twarzy wynosi f/5.6, pomiar pudełka f/4, pomiar nieba f/22. I co teraz? Nie tylko nie mamy pojęcia jak ustawić przysłonę, ale nie wiemy też, czy sytuacja jest dobra czy zła. Cofnijmy się teraz i zastanówmy, co takiego mówi nam światłomierz. Aby to zrozumieć, przeanalizować musimy cykl rozpiętości tonalnej i powiedzieć, na czym polega system, który się do nich odnosi.

# SYSTEM STREFOWY

Musimy pamiętać, że wartości ekspozycji sceny nie są wyrażane przez konkretne liczby: przy większości scen mamy do czynienia z wieloma różnymi stopniami jasności i poziomami odbicia światła. Oceniając ekspozycję, musimy więc przyjrzeć się jasnym i ciemnym partiom obiektu: określić jego skalę jasności. Aby uprościć sprawę, nie będziemy się teraz zajmować kwestią koloru, ograniczymy się do wartości obiektu monochromatycznego.

Wyobraźmy sobie ciągłą skalę tonów szarości – od całkowitej czerni do bieli (rysunek 6.12). Każdy punkt na tej skali reprezentuje pewną wartość będącą ekwiwalentem wartości tonalnej danej sceny. W potocznym języku znajdziemy niewiele określeń opisujących tony: ciemnoszary, szary, oślepiająco biały. Tutaj potrzeba nam bardziej precyzyjnych definicji. Używając klasycznej terminologii stworzonej przez Ansela Asamsa, całkowicie czarne pola nazwiemy Strefą 0, a każdy kolejny ton, wyższy od poprzedniego o jedną wartość przysłony, odpowiadał będzie kolejnym numerem Stref. Na przykład: fragment obiektu, który odbija światło o trzy wartości silniej niż najciemniejszy punkt tego obiektu oznaczone będzie jako Strefa IV. Koniecznie jednak trzeba pamiętać, że są to jakości względne. Strefy 0 nie określa żadna konkretna liczba czy jednostka – to po prostu najciemniejsze pole obrazu.

Fotografowie przywykli do rozpiętości 10 Stref, ale jeśli skala kontrastu w scenie jest szeroka, możemy też mówić o scenie XI i XII (puryści Systemu Strefowego zapewne zaprotestowaliby przeciw takiemu uproszczeniu, ale wydaje się, że tego rodzaju podejście do metody jest dla niniejszej dyskusji w pełni wystarczające, skoro i tak niewielu fotografów samodzielnie wywołuje zdjęcia w ciemni). Mierzymy tutaj jasność obiektu (luminancję), która zależy od dwóch czynników: właściwej obiektowi zdolności odbijania światła i ilości światła na ten obiekt padającego. Zdolność odbijania to własność samego materiału. Czarny aksamit odbija ok. 2 % padającego światła, natomiast powierzchnia błyszcząca może odbijać nawet 98%. W tym wypadku współczynnik jasności (BR) wynosi 1:49.

Taki współczynnik otrzymamy wtedy, gdy taka sama ilość światła padać będzie na oba obiekty. W rzeczywistości dwa różne miejsca na planie oświetlone są z różnym natężeniem. W sytuacji, gdy mamy do czynienia ze światłem naturalnym, ta różnica może wynosić nawet 3200:1. Wyobraźmy sobie najjaskrawszy przykład: w tym samym kadrze, w mocno zacienionym miejscu umieszczony jest kawałek czarnego aksamitu (szczególnie pochłaniającego światło) a obok widzimy lustro odbijające światło.

Skala jasności typowego obiektu w plenerze wynosi ok. 1000:1, czyli 15 wartości. I tu mamy problem: systemy tworzenia obrazu nie są w stanie odtworzyć takiej skali, podobnie zresztą jak oko nie jest w stanie się do niej dostosować. Oko ludzkie w takiej sytuacji zachować się może na dwa sposoby. Po pierwsze, tęczówka (apertura oka) zacznie się rozszerzać bądź zwężać, by więcej lub mniej światła mogło dotrzeć do środka. Po drugie oko przestanie patrzeć w trybie fotopowym (przy świetle dziennym) i przejdzie do trybu skotopowego (przy niewielkiej ilości światła, np. w nocy). To jak przełączanie się na wyższą czułość taśmy.

## Strefy w scenie

Spróbujcie zmierzyć miernikiem światła punktowego oświetlenie w typowej scenie. Kiedy już przypiszecie wartość Strefy 0 najciemniejszemu polu obrazu, możecie wyznaczyć kolejne pola, o 1, 2, 3, 4, 5, 6, 7, a może nawet 8 wartości jaśniejsze. To kolejne Strefy. To bardzo ważne ćwiczenie, pozwalające zrozumieć jak kontrolować ekspozycję. Nieco trudności sprawi wam zapewne zignorowanie kontrastu między barwami. Pomóc w tym może szkło optyczne, będące filtrem o neutralnej gęstości.

Teraz wyobraźcie sobie wszystkie te tony ułożone w jednej linii, rosnąco. Otrzymujecie w ten sposób skalę szarości (tego rodzaju wskaźnik na szczęście jest ogólnie dostępny). Większość skal szarości dostosowana jest do raczej rygorystycznych standardów densytometrycznych i stanowi bardzo przydatne narzędzie kalibrujące. Przyjrzyjmy się, czym tak naprawdę jest.

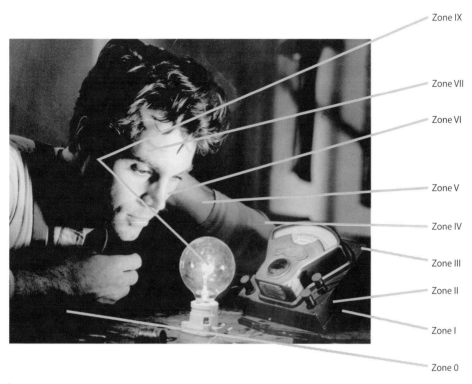

Zone IX

Zone VII

Zone VI

Zone V

Zone IV

Zone III

Zone II

Zone I

Zone 0

6.15
*System Strefowy zastosowany do fotografii czarno-białej*

## Skale szarości

Jest ich bardzo wiele, ale mają jedną cechę wspólną: wskazują gamę odcieni pomiędzy czernią a bielą. Większość przedstawia 6 do 10 tonów szarości, ale zdarzają się też i takie, które przedstawiają 20 tonów i więcej. Oczywiście to, jak biała jest biel i jak czarna jest czerń zależy od jakości druku i materiału, z jakiego wykonana jest skala. Jako że papier nie może być absolutnie czarny, przy niektórych spotkać można kawałek czarnego aksamitu. Dla celów naszych rozważań zajmiemy się jedynie tymi skalami, które wskazują wzrost tonów o jedną wartość, czyli gdy kolejny ton $\sqrt{2}$ razy mocniej odbija światło niż poprzedni.

## Dlaczego 18%?

Strefa V to sam środek 10 Strefowej skali, a więc możemy założyć, że obiekty znajdujące się w tym przedziale odbijają światło w 50%. A jednak tak nie jest – odbijają zaledwie 18%. Powodem takiego stanu rzeczy jest to, że nasze oko postrzega zmiany w tonach w postępie logarytmicznym, a nie arytmetycznym. Jeśli każda Strefa odbijałaby na przykład o 10% więcej niż poprzednia, oko nie odczytałoby takiej skali jako równomiernego spektrum.

System Strefowy dotyczy jedynie szarości, jednakże kolory również interpretować można według wartości tej skali. Znaczenia tych wartości nie można przecenić. Relacje wartości pomiędzy poszczególnymi kolorami to ok. 90% informacji na temat całego obrazu. W przypadku fotografii czarno-białej gradienty światła i cienia na powierzchni obiektów zawierają informacje na temat ich formy, po prostu je definiują. Czarno-biała fotografia mieści też wszystkie dane dotyczące ilości i kierunku światła w danej scenie. Kolor przekazuje bardzo niewiele tych danych, natomiast nadaje obrazowi urok i przyciąga uwagę widza.

Każdy ton jest wyższy o poprzedniego o $\sqrt{2}$, to już znamy, prawda? Pierwiastek kwadratowy z 2 związany jest też z zagadnieniem wartości przysłony. To, co dla oka wydaje się być środkiem skali szarości, w rzeczywistości stanowi tylko zdolność odbicia światła w 17,5% (wartość tę zaokrąglamy do 18%). Jeszcze jedna ciekawostka: jeśli zmierzycie światło w kilkunastu punktach jakiejś typowej sceny, okaże się, że większość pomiarów wskaże właśnie na 18% zdolności odbicia światła. Mówiąc prościej:18% to średnia wartość zdolności odbicia światła w zwykłych warunkach. Oczywiście nie dotyczy to warunków w kopalni czy na Saharze w samo południe, ale sprawdza się w przypadku większości zakątków świata. To daje nam solidny grunt i na tym standardzie też opierają się światłomierze. Jak pamiętamy, większość mierników światła, gdy ustawimy już czułość filmu i szybkość migawki, podaje pomiar w wartościach przysłony.

Jak to się dzieje? Skąd światłomierz wie, że fotografujemy diament na białym tle, a nie kominiarza w piwnicy? Otóż tego nie wie. Po prostu zakłada, że robimy zdjęcie sceny o średniej zdolności odbicia światła, że kopułka rozpraszająca światło wyrównuje je i że na podstawie tych ustaleń obliczy taką wartość przysłony, która pozwoli na właściwą ekspozycję. Jeśli więc fotografujemy białą kartkę odbijającą światło w 18% (tzw. szara tablica testowa), mierzymy światło miernikiem i ustawiamy wartość przysłony wskazaną przez światłomierz, otrzymamy odbitkę, której ton plasować się będzie w Strefie V.

A teraz spróbujcie przeprowadzić następujący eksperyment. Ustawcie szarą tablicę w równomiernie rozłożonym świetle. Zmierzcie światło miernikiem światła punktowego i zapiszcie wskazaną wartość przesłony. Teraz zmierzcie oświetlenie zwykłym światłomierzem. Pomiar powinien być dokładnie taki sam. Teraz eksperyment odwrotny. Najpierw odczytajcie pomiar z miernika światła padającego i zapiszcie wynik. Potem zmierzcie miernikiem światła punktowego światło w różnych miejscach sceny aż znajdziecie takie, w którym pomiar będzie identyczny z pomiarem miernika światła padającego. W ten sposób znaleźliście jasność obiektu plasującą się w Strefie V.

Teraz sfotografujcie scenę na czarno-białej taśmie (zwykłej albo typu Polaroid). Porównajcie obiekt ze Strefy V z szarą tablicą – powinny mieć mniej więcej taki sam ton. Oto klucz otwierający bramę do świata kontroli ekspozycji:

- Pomiar miernikiem światła padającego
- Średnia zdolność odbicia światła – 18%
- Pomiar szarej tablicy miernikiem światła punktowego i
- Strefa V

To jedna i ta sama rzecz, rozpatrywana z różnych perspektyw.

Macie więc kilka różnych sposobów na odczytanie właściwej ekspozycji sceny. Każdy z nich daje taki sam efekt.

- Możecie odczytać ją za pomocą miernika światła padającego.
- Możecie odczytać ją za pomocą miernika światła punktowego skierowanego na szarą tablicę.
- Możecie znaleźć taki przedmiot w kadrze, który plasować się będzie w Strefie V i odczytać go miernikiem światła punktowego.

Zajmijmy się teraz ostatnią metodą, ponieważ wskazuje nam ona nowy kierunek. Wszystko zależy od waszej oceny. Spoglądacie na rzeczywistą scenę (barwną) i decydujecie, że dany obiekt mieści się w Strefie V albo po prostu ma średni odcień szarości (nauka takiej praktyki zająć może trochę czasu, ale jest to niezwykle ważne ćwiczenie – zachęcam was więc do częstych prób). Jaki byłby, logicznie rzecz biorąc, następny krok? Co zrobić, jeśli na planie nie ma niczego w tym odcieniu? Przypomnijmy, że każdy kolejny stopień na skali szarości różni się od sąsiedniego o jedną wartość (pamiętajmy też, że mamy do czynienia z uproszczoną skalą szarości). Tak więc jeśli Strefa V równa się wartości przesłony f/4, Strefa VI musi równać się f/5.6 a Strefa IV f/2.8, prawda?

Jeśli więc nie znajdziemy na planie żadnego obiektu ze Strefy V, możemy znaleźć coś, co pasuje do Strefy VI. Jeśli wskazuje ona na przesłonę f/5.6, to wiemy, że przy Strefie V należy ustawić przesłonę f/4. Wiemy także, że Strefa V (w tym wypadku f/4) to również wynik pomiaru światłomierza światła padającego lub po prostu średni pomiar – znamy więc właściwą wartość przysłony dla konkretnego ustawienia obiektywu.

Czy jest coś, co może nam wskazywać, przynajmniej w przybliżeniu, Strefę VI? Owszem – skóra człowieka rasy kaukaskiej. To jeden z niewielu pewników, na których możemy polegać. Sprawdźcie sami. Gdy nie macie przy sobie światłomierza, albo gorzej – miernika światła punktowego, zawsze możecie spróbować starej sztuczki z dłonią, której tonacja (jeśli jesteście rasy kaukaskiej) da wam odpowiednią wskazówkę. Inne kolory skóry mają różne odcienie, więc trudno znaleźć jeden standard. Zdarza się jednak często, że operatorzy ustawiają Strefę V według tonu skóry rasy czarnej.

Nie musimy ograniczać się do pomiarów przedmiotów, które mieszczą się w Strefie V
czy VI – możemy mierzyć każdą ze Stref. Wszystko zależy od naszej oceny, jakiemu tonowi
szarości odpowiada dana jasność obiektu. Umiejętność taka wymaga lat praktyki i szczególnej dyscypliny, ale zobaczycie, że okazać się może niezwykle przydatna. Jeśli jesteście
w stanie dokonać prewizualizacji, jakiemu tonowi na skali szarości odpowiadać ma wybrany
przedmiot, możecie odpowiednio ustawić ekspozycję. To niezwykle potężne narzędzie przy
analizie i projektowaniu sceny.

## Umieszczanie i przesuwanie obiektów względem Stref

Co rozumiemy przez umieszczanie obiektu w danej Strefie? Właśnie widzieliśmy ten
zabieg w najprostszej formie. Umieściliśmy tonację skóry dłoni w obszarze Strefy VI. W
ten sam sposób umieścić możemy ton każdego obiektu w kadrze. Powiedzmy, że tło sceny
jest szare, a reżyser chce, żeby było jasnoszare. Stwierdzamy więc, że będzie to Strefa VII
(o dwie wartości wyższa niż średni odcień szarości). Mierzymy wówczas tło miernikiem
światła punktowego, który wskazuje nam przesłonę f/4. Obniżamy ją o dwie wartości
i otrzymujemy f/2. Jeśli tak ustawimy przesłonę, szare tło na obrazie będzie miało odcień
jasnej szarości, czyli pozostawać będzie w obszarze Strefy VII.

Spróbujmy teraz odwrotnego eksperymentu. Nasze tło (i jego oświetlenie) jest wciąż
takie same, ale tym razem reżyser zdecydował, by było ciemnoszare, czyli by mieściło się
w Strefie III. Przy pomiarze miernikiem światła punktowego odczyt jest taki sam: f/4. Skoro
jednak chcemy, by tło było ciemniejsze, podnosimy tę wartość o dwie jednostki, by otrzymać
wynik f/8. Zdrowy rozsądek podpowiada nam, że jeśli przy fotografowaniu przesłona ustawiona będzie na f/8, a nie f/2, obraz będzie znacznie ciemniejszy. W ustawieniach nic się
nie zmieniło; zmieniliśmy wartość tonalną obrazu inaczej umieszczając wartość tonalną tła
względem Stref. Jest tu jednak mały problem. W scenie jest więcej obiektów niż szare tło
i każdy z nich przy takich przesunięciach wypadnie na obrazie jaśniej lub ciemniej niż w rzeczywistości. To nas kieruje ku drugiej ważnej kwestii: spadku względem skali szarości.

Jeśli wpiszecie ton jakiegoś obiektu w konkretną Strefę, wartości innych obiektów również się przesuną, w zależności od tego, jak bardzo różnią się jasnością i zdolnością odbijania
światła. Przyjmijmy na przykład, że używamy miernika światła punktowego Pentax Spot-
meter, który wyposażony jest w tarczę Systemu Strefowego. Światłomierz ten podaje pomiar
w jednostkach EV. Typowy ton skóry rasy kaukaskiej to Strefa VI; odczyt z miernika wskazuje na EV10. Przesuńcie tarczę tak, by numer 10 ustawiony był na Strefę VI. Teraz odczytajcie wartość wskazywaną po przeciwnej stronie Strefy V – oto właściwa wartość ekspozycji.

Przyjrzyjmy się przykładowej sytuacji. Oświetlamy plan, na którym znajduje się okno.
Mamy lampę 10K, która ma symulować światło słoneczne wpadające do pomieszczenia.

Miernikiem światła punktowego mierzymy zasłony, pomiar wskazuje f/11. Decydujemy, że zasłony będą jasne, ale nie prześwietlone. W wypadku taśmy, której używamy, biel prześwietla się trzy wartości wyżej niż Strefa V. Chcemy więc, by zasłony mieściły się w obszarze Strefy VIII (o trzy wartości wyżej niż średnia ekspozycja). Umieszczając je w tej Strefie określamy ustawienia przesłony kamery – f/4.

Teraz mierzymy światło padające w pokoju, w którym stać będą postacie. Pomiar wskazuje f/2.8. Oznacza to, że bohaterowie sceny wypadną na obrazie o jedną wartość zbyt ciemni. Być może w konkretnej scenie nie będzie to przeszkadzać, ale załóżmy, że chcemy, by naświetlenie aktorów było właściwe, czyli by wartość tonacji ich skóry była normalna. Innymi słowy: Strefa IV spada do f/4 (o jedną wartość więcej niż pomiar z miernika światła padającego, czyli Strefa V). Skóra postaci na obrazie zgadzać się będzie ze Strefą V, a nie VI.

Aby skorygować sytuację, musimy zmienić balans. Jeśli po prostu otworzymy przysłonę nieco szerzej, zmienimy tylko strefowe umiejscowienie zasłon, w wyniku czego prześwietlą się. Musimy zmienić oświetlenie, a nie aperturę obiektywu kamery. Możemy albo ściemnić o jedną wartość lampę świecącą przez okno, albo też podnieść ekspozycję danego obiektu przez wzmocnienie światła o jedną wartość. W każdym razie, opierając się na tym, że zasłony plasują się w Strefie VIII, manipulujemy tonem obiektu tak, by wpasował się w Strefę, którą dla niego wybraliśmy. Możemy też odwrócić działania: najpierw ustawiamy obiekt w wybranej strefie, a potem sprawdzamy wartość zasłon. Efekt jest taki sam. Odczytując światło na planie na kilka różnych sposobów, możecie regulować tonami przedmiotów tak, by mieściły się w obszarze odpowiednich Stref.

Rozmieszczenie przedmiotów w Systemie Strefowym jest bardzo istotne przy określaniu skali jasności obiektu, współczynnika kontrastu czy pomiarze, którego nie możecie dokonać za pomocą światłomierza światła padającego. W wyborze odpowiedniej ekspozycji według rozmieszczenia strefowego obiektów pomóc może prewizualizacja – musicie zastanowić się, jaką Strefę odwzorować ma dany ton obiektu. Dla Ansela Adamsa, ojca chrzestnego ekspozycji, właśnie prewizualizacja stanowiła sedno sprawy. Co więcej, najczęściej fotografował on pejzaże, nad oświetleniem których nie miał żadnej kontroli.

## Pomiar ekspozycji przy świetle ultrafioletowym

Światła ultrafioletowe to problem szczególny. Kilka firm produkuje źródła tego rodzaju światła, na przykład Wildfire czy Nocturn. Jeśli światło takie połączy się z rekwizytami pokrytymi substancjami wrażliwymi na promienie UV bądź też przedmiotami, które z natury są odblaskowe, zwykły światłomierz do niczego się nie przyda. Jedynym sposobem na oszacowanie ekspozycji jest pomiar światła odbitego. Ratunkiem w tej sytuacji będzie szerokokątny miernik światła odbitego albo specjalny adapter podłączony do światłomierza. Jeśli nie posiadacie żadnego z nich, sprawę powinien załatwić miernik światła punktowego. W tym wypadku istotne jest, byście zastanowili się nad wartościami poszczególnych Stref i właściwie ocenili ekspozycję.

| Tabela 6.6

| 180° migawki | Ekspozycja | 160° migawki | 120° migawki |
|:---:|:---:|:---:|:---:|
| 180 |  | 165 | 120 |
| 140 | $-^1/_3$ | 130 | 100 |
| 110 | 2/3 | 100 | 80 |
| 90 | 1 | 80 | 60 |
| 70 | $1^1/_3$ | 65 | 50 |
| 55 | $1^2/_3$ | 50 | 40 |
| 45 | 2 | 40 | 30 |
| 35 | $2^1/_3$ | 30 |  |
| 30 | $2^2/_3$ | 25 |  |
| 22 | 3 | 20 |  |
| 18 | $3^1/_3$ | 15 |  |

| Tabela 6.7

| kl./sek. | 8 | 12 | 16 | 24 | 25 | 32 | 48 | 96 | 120 | 240 |  |  |  |  |  |  |
|:---:|:---:|:---:|:---:|:---:|:---:|:---:|:---:|:---:|:---:|:---:|:---:|:---:|:---:|:---:|:---:|:---:|
|  | $^1/_{16}$ | $^1/_{24}$ | $^1/_{32}$ | $^1/_{50}$ | $^1/_{50}$ | $^1/_{60}$ | $^1/_{100}$ | $^1/_{200}$ | $^1/_{250}$ | $^1/_{500}$ |  |  |  |  |  |  |
| przysłona | 24 | 25 | 30 | 32 | 38 | 48 | 60 | 76 | 96 | 120 | 150 | 190 | 240 | 300 | 380 | 480 |
|  |  |  | $^1/_3$ | $^1/_2$ | $^2/_3$ | 1 | $1^1/_3$ | $1^2/_3$ | 2 | $2^1/_3$ | $2^2/_3$ | 3 | $3^1/_3$ | $3^2/_3$ | 4 | $4^1/_3$ |

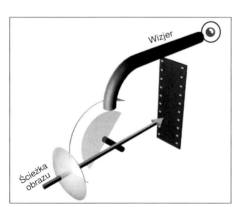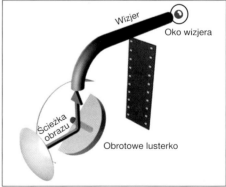

6.16
Obrotowa zmienna migawka kamery filmowej otwarta (po lewej) i zamknięta (po prawej)

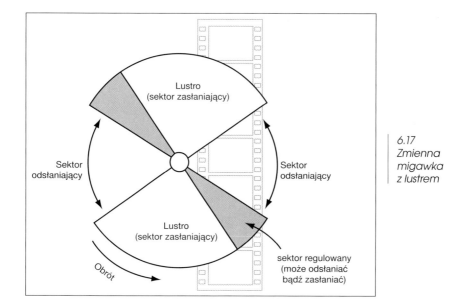

6.17
*Zmienna
migawka
z lustrem*

## Migawka

Niemal wszystkie kamery mają migawkę obrotową, która kontroluje ekspozycję przez naprzemienne ustawianie przed płaszczyzną błony zasłaniającej i odsłaniającego sektora tarczy migawki. Jeśli przed okienkiem filmowym mamy część zasłaniającą, błona przesuwa się; jeśli zaś część otwartą, film jest naświetlany. Przy niektórych kamerach wideo można też ustawiać różne czasy ekspozycji – zmiany czasu otwarcia migawki dokonuje się jednak nie mechanicznie, jak w przypadku kamery filmowej, ale elektronicznie.

O czasie ekspozycji kamery decydują dwa czynniki: szybkość migawki i rozmiar sektora odsłaniającego. Szybkość określana jest przez szybkość przesuwu taśmy danej kamery. Ów odsłaniający sektor zwany jest też „kątem migawki" i mierzony jest w stopniach. W wypadku większości migawek sektory te mają taką samą wielkość, tak więc kąt migawki równa się 180°. Niektóre jednak mają 165°, wiele innych można regulować (zob. tabela 6.6).

Jeśli taśma przesuwa się z prędkością 24 kl/s a kąt migawki to 180°, czas ekspozycji wynosi 1/48 sekundy (1/50 przy 25 kl/s). Zwykle wartość tę zaokrągla się do 1/50 s – przyjmuje się, że jest to standardowy czas ekspozycji w filmie. Taki też czas zakłada się przy światłomierzach o różnych ASA. Czas ekspozycji zmienić można dwiema metodami: zmieniając szybkość przesuwu taśmy (co często się zdarza) i przez manipulację kątem migawki (co jest znacznie rzadsze). Ekspozycja określona jest przez następującą formułę:

Szybkość migawki dla kąta 180° = ½ x kl/s

Ekspozycja w sekundach = otwarcie migawki (stopnie)/360 x kl/s

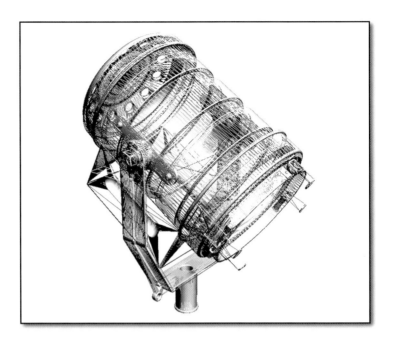

# TEORIA I KONTROLA BARW

## NATURA ŚWIATŁA

Światło składa się z fotonów, które mają zarówno właściwości cząstki, jak i fali. Już Newton zauważył, że poszczególne fotony nie mają barwy, ale mają odmienne własności energii, która sprawia, że na różne sposoby reagują z materią fizyczną. Kiedy odbite, światło postrzegane jest przez oko i mózg jako kolor.

Światło widzialne to raczej niewielki zakres widma promieniowania elektromagnetycznego. Większa jego część pozostaje poza możliwościami bezpośredniej obserwacji (co więcej, odkryto je dopiero w XIX wieku). Spektrum widzialne rozciąga się od czerwieni do fioletu – to kolory tęczy. Początkowo klasyfikowano je jako gamę zawierającą barwę czerwoną, żółtą, zieloną, niebieską, indygo i fiolet (ang. Skrót to R-O-Y-G-B-I-V).

Poniżej progu widzialności znajduje się promieniowanie podczerwone, a ponad nim (czyli ponad fioletem) plasują się ultrafiolet, promienie Roentgena i gamma. Z kolei do kolorów spektrum nie zalicza się już indygo, a więc ze skrótu znikła litera I). Dla naszych celów światło widzialne nazywać będziemy falą, ponieważ przedstawia ono wszelkie własności fali i podlega tym samym regułom, co fale elektromagnetyczne.

## PERCEPCJA KOLORU

Percepcja koloru jest zjawiskiem niezwykle złożonym. Składają się na nią: fizyka światła, natura materii fizycznej, fizjologia oka i jego współpraca z mózgiem. Czasami rolę odgrywają też czynniki społeczne i kulturowe. Możemy więc wyodrębnić tu pięć aspektów percepcji barw:

- Abstrakcyjne relacje: czysto abstrakcyjna manipulacja kolorem dla niej samej.
- Reprezentacja: na przykład – niebo jest niebieskie, jabłko jest czerwone.
- Zagadnienia materialne: faktura – kredowa, błyszcząca, odbijająca, matowa.
- Konotacje i symbolika: skojarzenia, pamięć, znaczenia kulturowe, itd.
- Ekspresja emocjonalna: ognista czerwień jako namiętność, zimny błękit nocy, itd.

Większość ludzi stwierdzi, że trzy podstawowe kolory to czerwony, zielony i niebieski, ale niewielu wie dlaczego. Powodem jest działanie naszego oka.

## TEORIA TRÓJCHROMATYCZNA

Siatkówka ludzkiego oka wypełniona jest dwoma rodzajami receptorów: są to czopki i pręciki (rys. 7.3). Pręciki odpowiedzialne są przede wszystkim za percepcję światła i ciemności, czyli tonów w skali szarości.

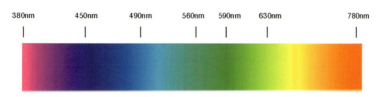

7.1
*Naturalne widmo barw i poszczególne długości fal podawane w nanometrach*

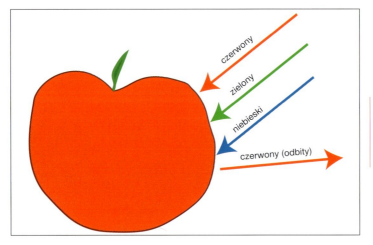

7.2
*Kolor danego
obiektu zależy
od tego, którą
część widma
odbija*

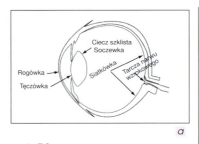

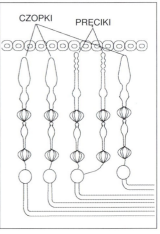

7.3
(**a**) *Fizjologia oka.*
(**b**) *Pręciki i czopki w siatkówce*

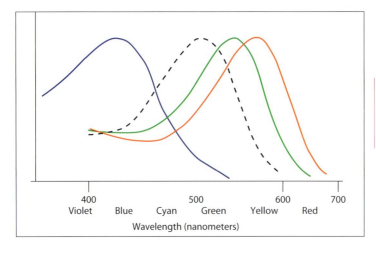

7.4
*Reakcja czopków
na różne
długości fal
padającego
światła.*

Czopki z kolei odpowiadają za postrzeganie kolorów. Rysunek 7.4 pokazuje, jak każdy z trzech typów czopków reaguje na inną długość fal padającego światła, a więc na inny zakres barw. Szczyt każdej z przedstawionych krzywych przypada na 440 nm (dla niebieskiego), 545nm (dla zielonego) i 580nm (dla czerwonego).

W każdym oku znajduje się ok. 7 mln czopków. Najwięcej z nich koncentruje się w centrum siatkówki, w tak zwanym środkowym dołku; są one niezwykle wrażliwe na kolor. Człowiek dostrzega nawet najdrobniejsze kształty właśnie dlatego, że każdy z czopków połączony jest z jedną końcówką nerwu. Mięśnie oka obracają gałką oczną aż obraz obiektu, na który patrzymy, dotrze do dołka środkowego. Widzenie czopkowe zwane jest widzeniem fotopowym albo dziennym.

Inne receptory światła, czyli pręciki, nie mają udziału w postrzeganiu koloru. Pręciki pozwalają widzieć ogólny obraz pola widzenia i są wrażliwe jedynie na ilość fal światła docierających do oka. Do jednej końcówki nerwu podłączonych jest kilka pręcików, nie pozwalają więc na dostrzeganie drobnych szczegółów obrazu. Są natomiast wrażliwe na niewielkie natężenie światła, dzięki czemu jesteśmy w stanie widzieć w nocy albo przy bardzo niewielkim świetle. Dlatego też obiekty, które za dnia, gdy postrzegamy czopkami uwrażliwionymi na barwy, mają dla nas jaskrawe kolory, w świetle księżyca, gdy stymulowane są jedynie pręciki, wydają się tylko bezbarwnymi plamami. Widzenie takie nazywane jest skotopowym.

## Zjawisko Purkyniego i filmowe światło księżyca

Jak pokazuje wykres wrażliwości spektralnej, oko nie jest jednakowo wrażliwe na wszystkie długości fal. Szczególnie przy przyciemnionym świetle zaobserwować możemy zmianę w postrzeganiu jasności poszczególnych kolorów. Zjawisko to odkrył Jan Purkyně. Spacerując pewnego dnia o świcie, zauważył, że niebieskie kwiaty wydawały się jaśniejsze niż kwiaty czerwone, podczas gdy w słońcu było odwrotnie. To fenomen niezwykle ważny dla fotometrii. Mózg, „oszukany" przez zjawisko Purkyniego, postrzega światło księżyca jako lekko niebieskie, chociaż w rzeczywistości ma ono taką samą temperaturę barwową jak światło słoneczne (które księżyc przecież odbija). Stąd zwyczaj, by sceny nocne oświetlać błękitnym światłem.

# ŚWIATŁO I KOLOR

Barwa jest światłem, ale kolor przedmiotów to kombinacja barwy światła i natury samego materiału, na który światło to pada i przez który jest odbijane. Zasadniczo kolor przedmiotu to te długości fal, których przedmiot nie pochłania. Światło słoneczne wydaje

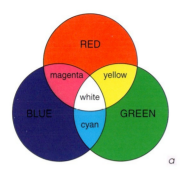
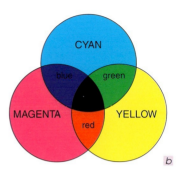

7.5
(*a*) *System addytywny* (*b*) *system substraktywny.*

się białe – nie zawiera żadnej barwy; polega na syntezie addytywnej barw, w której podstawowymi kolorami są czerwień, zieleń i błękit. Kiedy miesza się je w parach, otrzymujemy magentę, cyjan i żółć. Mieszanka wszystkich tych barw w świetle tworzy biel. Receptory ludzkiego oka (czopki) przekazują nerwom optycznym informacje o falach światła różnych długości. Oko nie jest jednak jednakowo wrażliwe na wszystkie kolory, co dla teorii koloru, ekspozycji, a nawet dla pomiaru światła, ma poważne konsekwencje.

## Synteza addytywna i substraktywna

Synteza addytywna dotyczy światła emitowanego bezpośrednio przez źródło, zanim dany obiekt zdąży je odbić. W syntezie tej różne ilości światła czerwonego, zielonego i niebieskiego mieszają się, by stworzyć kolejne barwy. Połączenie dwóch podstawowych barw tworzy kolory dopełniające – cyjan, magentę i żółć. Połączenie wszystkich trzech podstawowych barw daje biel.

Z kolei łączenie farb polega na syntezie subtraktywnej. Podstawowymi barwami są tutaj czerwień, błękit i żółć. Mieszanie kolorów wiąże się z odejmowaniem poszczególnych długości światła. Złączenie wszystkich kolorów daje barwę mętną, szaroburą albo (teoretycznie) czarną.

# WŁAŚCIWOŚCI ŚWIATŁA

Kolor ma cztery podstawowe właściwości: jakość (ton), jasność, nasycenie i temperaturę. Pierwsze trzy cechy to własności fizyczne, często zwane też wymiarami koloru. Ostatnia to psychologiczny aspekt koloru.

## Jakość barwy

Jakość (hue) barwy wskazuje na długość fali świetlnej. Według tej wartości nadajemy kolorom nazwy (zielony, czerwony, niebieski, itd.). Przeciętny człowiek jest w stanie rozróżnić ok. 150 barw. Jakość koloru to po prostu określenie długości fali światła: jej miejsce w spektrum kolorów naturalnych. W przypadku wideo nazywamy to fazą koloru, którą mierzymy w stopniach według kolistego wykresu (zob. rozdział 5).

Jakość, nasycenie i jasność to trzy różne atrybuty koloru (dodatkowym jest temperatura). Określenia „czerwony" czy „niebieski" odnoszą się przede wszystkim do jakości, a ta związana jest z długością fal kolorów widma.

## Jasność

Każda czysta barwa ma swoją jasność (value). Żaden kolor nie jest tak ciemny jak czerń i tak jasny jak biel, ale czysty fioletowy jest ciemniejszy niż czysty pomarańczowy, a żółty jest jaśniejszy niż zielony. Przeciętny człowiek może rozróżnić ok. 200 stopni jasności.

7.6
Wartości na kole barw określające jasność koloru.

## Nasycenie

Nasycenie (chroma) decyduje o mocy koloru albo też o względnej czystości koloru – jego jaskrawości lub mętności (szarości). Każda z barw najjaskrawsza jest w swojej czystej postaci, gdy nie ma w niej żadnego dodatku czerni czy bieli. Dodanie czerni, bieli (albo ich połączenia – szarości) czy też barwy dopełniającej danego koloru (znajdującej się po przeciwnej stronie w kole barw) obniża intensywność koloru, sprawia, że jest on mętniejszy.

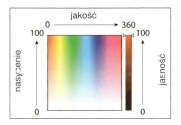

7.7
Jakość, jasność i nasycenie.

Kolor w najniższej możliwej intensywności nazywany jest neutralnym. Przeciętny człowiek może zobaczyć jedynie 20 różnych poziomów nasycenia.

## Temperatura barwy

Kolejnym aspektem koloru jest jego temperatura, czyli względne ciepło lub zimno barwy. Wiąże się to z psychologiczną reakcją na kolor – czerwony lub czerwono-pomarań-czowy postrzegamy jako najcieplejsze, natomiast niebieski lub niebiesko-zielony jako naj-chłodniejsze. Dowiedziono zresztą, że człowiek, który przechodzi z zimna do pomieszczenia pomalowanego na chłodny kolor, dłużej się ogrzewa niż ten, który wchodzi do pokoju w ciepłych barwach. Nawet temperatura ciała zmienia się o kilka stopni w zależności od tego, czy przestrzeń, w której się znajdujemy, ma barwę ciepłą czy zimną. Temperatura barwy wiąże się też z fizycznym ciepłem – neutralne ciało, kiedy podgrzane, najpierw świeci na czerwono, potem na pomarańczowo, a ostatecznie na biało.

# KOŁO BARW

Dla artystów zagięcie linearnego widma tak, by tworzyło okrąg – czyli koło barw – oka-zało się bardzo przydatne. Brytyjski uczony, sir Isaac Newton, który odkrył widmo w XVII wieku, opracował również kolistą wersję widma.

Na kole tym czerwień (długie fale) i fiolet (krótkie fale), zamiast stanowić przeciwstawne skrajności, sąsiadują ze sobą. Takie koliste spektrum lepiej oddaje naszą percepcję płynności strumienia barw, a co najważniejsze, pozwala ustalić, jakie barwy znajdują się po przeciw-ległych stronach koła.

Kolory podstawowe to barwy, których nie można uzyskać w wyniku zmieszania innych barw, a z których przemieszania powstają wszystkie inne kolory. W przypadku fal świetlnych podstawowymi barwami są czerwony, zielony i niebieski. Pochodne kolory (drugorzędowe) to barwy utworzone przez dwie barwy podstawowe.

CZERWONY + NIEBIESKI = Magenta

NIEBIESKI + ZIELONY = Cyjan

CZERWONY + ZIELONY = żółty

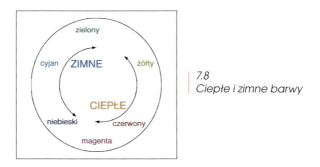

7.8
*Ciepłe i zimne barwy*

Kolory trzeciorzędowe to kombinacje kolorów dopełniających. Wszystkie trzy kategorie tworzą dwanaście kolorów na kole barw.

## Mieszanie kolorów
### Komplementarność

Kolory przeciwstawne wobec siebie na kole barw to barwy komplementarne (dopełniające). Nazywane są tak dlatego, że zawierają albo dopełniają triadę kolorów podstawowych. Na przykład: podstawowa czerwień znajduje się naprzeciw pochodnej zieleni, która składa się z podstawowej żółci i błękitu.

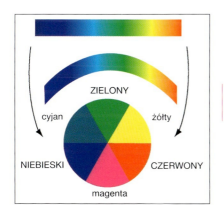

7.9
*Przełożenie widma na koło barw
dokonane przez Newtona*

### Wybijanie się i cofanie barw

Kolory mogą powodować jeszcze jedną psychologiczną reakcję: niektóre mocne i ciepłe kolory agresywnie „wysuwają się" na przód obrazu – na przykład czerń, brąz, ciemny niebieski czy zielony. Słabsze i zimniejsze barwy z kolei wycofują się     najbardziej blady zielony i niebieski. Natomiast żółty, choć jasny, nabierając intensywności, wybija się do przodu. To zjawisko jest podstawą kolorowania map i globusów według wysokości nad poziomem morza.

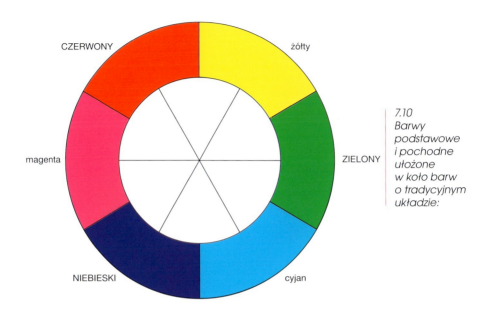

7.10
Barwy
podstawowe
i pochodne
ułożone
w koło barw
o tradycyjnym
układzie:

## Ciężar i równowaga

Nasze postrzeganie kolorów nie zależy jedynie od samej barwy, ale też od rozmiaru plamy koloru, od jej kształtu i od interakcji z innymi, sąsiednimi kolorami. Ciemniejsze barwy, tak jak ciemniejsze tony, zwykle wydają się cięższe niż jaśniejsze. Jednakże ciepłe, intensywne kolory jak żółty czy pomarańczowy mogą pod tym względem przewyższać ciemniejsze barwy.

## Przezroczystość i odbicie

Zarówno przezroczystość jak i odbicie światła rozjaśniają kolory. Z przezroczystością mamy do czynienia wtedy, gdy pod jednym kolorem możemy dostrzec inny. Jeśli więc przedmiot odbija światło lub jeśli jego kolor jest prześwitujący, barwa wydaje się jaśniejsza. W przypadku farb własności te wpływają też na ton i intensywność barwy. Zasada ta wykorzystywana jest powszechnie przy malowaniu scenografii, rekwizytach i wyborze garderoby. Ma też duży wpływ na dobór odpowiedniego oświetlenia.

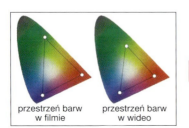

7.11
Przestrzenie barw w filmie i wideo

## Przestrzeń barw w wideo i w filmie

Medium – czy będzie to malarstwo, telewizja, film, tkanina lub druk – także wpływa na rozpiętość skali kolorów. Kombinację wszelkich możliwych odcieni barw, jasności i nasyceń, które można uzyskać w danym medium, nazywa się gamą kolorów. W przypadku monitorów i systemu wideo w ogóle, mówi się raczej o przestrzeni barw.

# WSPÓŁGRANIE I INTERAKCJA BARW

Tak jak w wypadku muzyki, kolor może być bardzo sugestywnym środkiem ekspresji i mocno działać na emocje. Pewnie połączenia barw, tak jak i dźwięków, wydają się być szczególnie piękne czy też intuicyjnie rozpoznawane jako przyjemne. Takie określenia jak balans czy rozdzielczość ściśle wiążą się z pojęciem harmonii. Harmonia zaś odnosi się do relacji opartych na podziale koła barw. Oto niektóre z przykładów:

*   *Monochromatyczna harmonia barw* – odnosi się do harmonii tonów tej samej barwy, ale różnych stopni jasności i intensywności (np. różne odcienie niebieskiego)
*   *Analogiczna harmonia barw* – dotyczy kolorów bliskich lub sąsiadujących ze sobą na kole barw, nawet jeśli mają one inną jasność i intensywność (np. żółto i zielony; zielony i niebiesko-zielony; żółty, zielony i niebieski).
*   *Harmonia triadyczna* – odnosi się do grupy barw znajdujących się na kole barw w tej samej odległości wobec siebie. Triadę tworzą trzy kolory podstawowe bądź pochodne, ale składać się na nią mogą i inne barwy, o ile są w odpowiedni sposób rozmieszczone na kole.
*   *Harmonia komplementarna* – składa się z pary kolorów znajdujących się po przeciwnych stronach koła barw (np. czerwony i zielony, żółty i fioletowy).
*   *Harmonia połowicznie komplementarna* – mamy z nią do czynienia wtedy, gdy kolor zestawiamy nie z kolorem dopełniającym, ale z kolorami z nim sąsiadującymi (np. żółty, czerwono-fioletowy i niebiesko-fioletowy; niebieski, żółto-pomarańczowy i czerwono-pomarańczowy; czerwony, żółto-zielony i niebiesko-zielony).
*   *Dysonans i barwy dysonansowe* – kolory mogą być dobierane poza prawidłami harmonii; wówczas mówimy, że ze sobą kolidują, że się gryzą. Dzieje się tak wtedy, gdy grupa kolorów harmonijnych zestawiona jest z grupą kolorów spoza harmonii.

## Interakcja kolorów i zjawiska wizualne

Cała percepcja barw opiera się na ich interakcji. Kolor działa tylko wtedy, gdy obok są inne. Przeprowadzono kiedyś pewien eksperyment: naukowcy umieścili kilka osób w pokoju pomalowanym na jeden kolor. Nikt nie był w stanie rozpoznać, jaka była barwa pomieszczenia, widzieli biel. Dopiero wtedy, gdy w otoczeniu pojawił się inny kolor, byli w stanie rozpoznać ten na ścianach pokoju. Ważniejszą sprawą jest jednak zrozumienie, jak zmieniają się konkretne barwy, jeśli zestawione zostaną z innymi. Można wtedy zaobserwować efekt kontrastu jednoczesnego, który ujawnia się na granicy między kolorami albo przy niewielkich różnobarwnych wzorach.

Kolor przylegający do innego, nadaje mu odcień swojej barwy komplementarnej. Tak więc jeśli zestawimy ze sobą dwa komplementarne kolory, rozjaśnią się one nawzajem. Analogicznie, w przypadku barw niekomplementarnych będziemy mieć do czynienia z efektem odwrotnym. Żółty sąsiadujący z zielonym nada mu fioletowy odcień, przez co ten wydaje się nieco mętny. Zjawisko takie nazywamy degradacją kolorów.

7.12
Kontrast jednoczesny

## Prawo jednoczesnego kontrastu

Prawo to opracował francuski chemik Michel-Eugene Chevreul. Opisał je szczegółowo w wydanej w 1839 roku książce „De la loi du contraste simultané des couleurs". Kiedy jeden obiekt zestawiony jest z innym, podkreślona zostaje granica między obiema plamami koloru. Wyobraźmy sobie mężczyznę w brązowej kurtce, stojącego na tle ceglanego muru. Łatwiej nam będzie wyodrębnić go z tła, jeśli oko wraz z mózgiem uwypukli różnicę między barwą kurtki a barwą ściany. Aby tak się stało, system wzrokowy modyfikuje naszą percepcję czerwieni zarówno względem ubrania mężczyzny, jak i muru. Kurtka jednak „dostosowuje się" do sąsiedniej barwy w większym stopniu, ponieważ jest mniejsza i w całości otoczona plamą ściany. Efektem będzie zjawisko zwane kontrastem jednoczesnym. Mówiąc prościej: nasze postrzeganie danego koloru zmieni się pod wpływem koloru, który do niego przylega. Ściślej – obie barwy zmieniają się pod wpływem swego sąsiedztwa. Jeśli dwie różne barwy pozostają ze sobą w bezpośrednim kontakcie, kontrast podkreśla różnicę między nimi (rys. 7.12).

Gdy zestawimy kolor jasny i ciemny, pierwszy wydawać się będzie jaśniejszy, a drugi ciemniejszy. Podobnie rzecz ma się z samą jakością barwy (np. żółty będzie bardziej żółty), temperaturą (cieplejszy/zimniejszy) i nasyceniem (jaskrawszy/mętniejszy).

- Postrzeganie kolorów zmienia się, jeśli sąsiadują z innymi.
- Wszystkie jasne kolory wydają się bardziej uderzające, jeśli zestawi się je z czernią.
- Ciemne kolory nałożone na jasne wydają się ciemniejsze niż nałożone na ciemne barwy.
- Jasne kolory nałożone na ciemne wydają się jaśniejsze niż nałożone na jasne barwy.
- Na postrzeganie kolorów wpływa sąsiedztwo innych – każdy z nich nadaje sąsiedniemu odcień własnej barwy komplementarnej.
- Jeśli dwa komplementarne kolory ułożone są obok siebie, oba wydają się bardziej intensywne.
- Ciemne barwy na ciemnym tle, które nie jest wobec nich komplementarne, wydają się słabsze niż nałożone na tło w kolorze komplementarnym.
- Jasne barwy na jasnym tle, które nie jest wobec nich komplementarne, wydają się słabsze niż nałożone na tło w kolorze komplementarnym.
- Jaskrawe kolory zestawione z mętnymi odcieniami tej samej barwy sprawiają, że odcienie te są jeszcze mniej intensywne.
- Jeśli jaskrawy kolor przylega do koloru mętnego, kontrast będzie silniejszy, gdy ten ostatni będzie komplementarny wobec pierwszego.
- Jasne kolory na jasnym tle (nie komplementarnym) mogą być znacznie wzmocnione, jeśli otoczy się je cienką obwódką – czarną bądź w komplementarnym kolorze.
- Ciemne kolory na ciemnym tle (nie komplementarnym) mogą być znacznie wzmocnione, jeśli otoczy się je cienką, białą lub jasną obwódką.

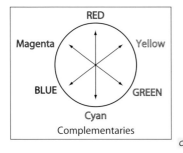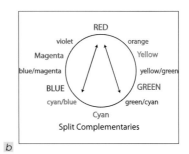

7.13
(a) Barwy komplementarne znajdują się po przeciwnych stronach koła barw.
(b) Barwa połowicznie komplementarna wobec danej barwy znajduje się na kole barw obok barwy komplementarnej.

## Metameryzm

Wszystkie te zjawiska są blisko związane z metameryzmem. Jeśli dwa kolory pasują do siebie w jednym świetle, natomiast przy innym już nie, mamy do czynienia z barwami metamerycznymi. Dzieje się tak dlatego, że postrzeganie koloru zmienia się w zależności od długości fal przez kolor ten odbijanych, a to z kolei zależne jest od długości fal świetlnych.

Zjawisko metameryzmu może mieć znaczący wpływ na dobór barw scenografii i rekwizytów, zwłaszcza jeśli pracujemy z kluczowaniem kolorem (blue box). Dlatego też, kiedy przed zdjęciami sprawdzacie, jak pomalowane będą dekoracje, jaki makijaż i kostiumy będą mieć postacie, zastanówcie się, który z rodzajów lamp najlepiej nada się w danej scenie. Oczywiście z tego też powodu charakteryzatornia i garderoba powinny być oświetlone takim źródłem, jakie (przynajmniej w przybliżeniu), będzie użyte na planie.

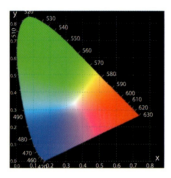

7.14
Diagram systemu barw CIE.

# SYSTEM BARW CIE

Modele koloru CIE to niezwykle ważne systemy pomiaru kolorów i różnic pomiędzy nimi. System ten opracowany został w 1931 roku przez Commission International de l'Eclairage (Międzynarodowej Komisji Oświetlenia) i od tamtej pory stanowi standard pomiaru, wyznaczania oraz łączenia kolorów (rys. 7.14). W systemie tym procentowe zawartości trzech podstawowych barw w danym kolorze są matematycznie wyliczone i naniesione na diagram w postaci punktów chromatyczności, dzięki czemu określić można dominującą długość fali i czystość tego koloru. Na diagramie umieszczone są wszystkie możliwe barwy, niezależnie od tego, czy są emitowane, transmitowane czy odbite. Tak więc system CIE musi być skoordynowany z innymi systemami oznaczania kolorów. Każda barwa znajdująca się na diagramie stanowi połączenie trzech podstawowych kolorów CIE – X, Y oraz Z. Kombinacja ta może być określona trzema numerami (X, Y i Z), zwanymi współrzędnymi trójchromatycznymi. Światło kolorowego obiektu mierzy się po to, by otrzymać informację o gęstości spektralnej energii. Wartość tej gęstości dla każdej długości fali świetlnej pomnożona jest przez trzy funkcje względnej sprawności słupków, a następnie zsumowana.

Otrzymujemy w ten sposób wartości X, Y i Z, które z kolei pomogą nam wyliczyć współrzędne chromatyczności CIE.

## Standardowe źródła światła w systemie CIE

W 1931 roku zdefiniowano następujące standardowe źródła światła:

*   Źródło A – lampa z żarnikiem wolframowym o temperaturze 2854K.
*   Źródło B – model światła słonecznego świecącego w południe o temperaturze 4800K
*   Źródło C – model średniego natężenia światła dziennego o temperaturze 6500K

Jak widzimy, wartości te różnią się nieco od standardowej wartości światła dziennego, 5500K, określonej przez rząd amerykański. Jednakże standard 5500K nadal jest szeroko wykorzystywany przy różnego rodzaju narzędziach oświetleniowych i filtrach korygujących.

## Kolor cyfrowy i elektroniczny

Kolor elektroniczny wyświetlany jest na monitorach telewizyjnych i komputerowych przez wykorzystanie technologii CRT (cathode-ray tube), czyli kineskopowej. Polega ona na tym, że wiązki elektronów, wystrzeliwane przez działo elektronowe, przesuwają się w dwóch kierunkach strony, by wzbudzić do świecenia fosforowe punkty w szklanej tubie kineskopu. Owe punkty fosforowe znajdują się bardzo blisko siebie i mogą tworzyć wiele

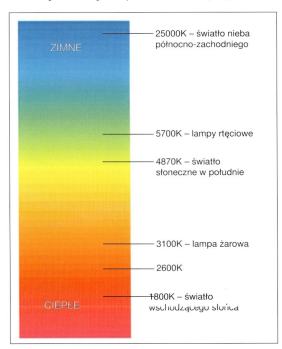

25000K – światło nieba
północno-zachodniego

ZIMNE

5700K – lampy rtęciowe

4870K – światło
słoneczne w południe

3100K – lampa żarowa

2600K

1800K – światło
wschodzącego słońca

CIEPŁE

7.15
Typowe źródła
określone w kelwinach

różnych kolorów. Podstawowymi barwami koloru elektronicznego jest barwa czerwona, zielona i niebieska; różne stopnie ich intensywności pozwalają na kreowanie wszystkich innych kolorów. Systemy pomiaru tej intensywności w przypadku wideo analogowego i cyfrowego znacznie się różnią. W wideo cyfrowym mierzy się ją w skali od 0 do 255, a poszczególne kolory odtwarzane są na monitorze dzięki informacji o współrzędnych RGB (od Red-Green-Blue). Na przykład przy kolorze żółtym komputer otrzymuje informacje, by połączyć 255 czerwieni, 255 zieleni i 0 niebieskiego.

# KONTROLA KOLORU

## Czym jest biel?

Nasze oko postrzega wiele różnych rodzajów światła jako białe, polegając na zewnętrznych wskazówkach i na adaptacji wzroku. Zjawisko to ma podłoże zarówno psychologiczne, jak i środowiskowe. Mierniki koloru (a także barwna błona, w tej kwestii niezwykle obiektywna), powiedzą nam jednak, że między kolorem światła żarowego, fluorescencyjnego a dziennego jest ogromna różnica. Nasz percepcja podpowiada, że każde z nich jest po prostu światłem białym, przede wszystkim dlatego, że jesteśmy psychologicznie uwarunkowani, by tak myśleć. Fizjologia zaś każe oku przystosować się do warunków świetlnych. Nie mając odpowiedniego porównania, wzrok nie jest w stanie rzetelnie ocenić, co jest neutralnym światłem. Niestety, emulsja filmu barwnego, tak jak receptory wideo, są pod tym względem szczególnie wrażliwe i nieubłagane. Musimy więc znaleźć odpowiedni i miarodajny punkt odniesienia.

## Temperatura barwowa

Definiowanie temperatury barwnej to najbardziej rozpowszechniony sposób określania barwy światła. Skala ta wiąże się z promieniowaniem tzw. ciała doskonale czarnego (przyjmijmy tu, że jest to metalowy instrument o czarnej powierzchni, zwany też radiatorem wnękowym bądź radiatorem Plancka). Rozgrzane aż do żarzenia się ciało czarne promieniować może różnymi kolorami, zależnie od temperatury. Temperatura barwowa to po prostu ilościowe ujęcie takich określeń jak „rozgrzany do czerwoności" czy „rozgrzany do białości".

Temperaturę tę określa się w kelwinach, mając w pamięci Lorda Kelvina, brytyjskiego naukowca z XIX wieku, który rozwinął teorię temperatury barwowej. Na skali Celsjusza temperatura zamarzania wody równa się 0°; natomiast w skali Kelvina punktem 0 jest absolutne 0, czyli -273° w skali Celsjusza. Tak więc 5500 kelwinów to 5227° Celsjusza.

Tabela 7.1
*Strategie postępowania ze źródłami typu Off-Colour*

| Źródło zastane | Wasze lampy | strategia | uwagi |
|---|---|---|---|
| Wszelkie lampy fluorescencyjne | Żadne lub fluorescencyjne | Zdjęcia przy zbalansowaniu światła fluorescencyjnego | Wykorzystujcie jedynie lampy fluorescencyjne (w razie potrzeby dodając fluorescencyjne wypełnienie) – nadmiar z zieleni zostanie usunięty podczas obróbki laboratoryjnej |
| Wszelkie lampy fluorescencyjne | Lampy żarowe bądź HMI | Zastąpcie lampy innymi | Usuńcie z planu zastane lampy fluorescencyjne i zastąpcie je świetlówkami o pełnym widmie, które oferują fotograficzny balans światła dziennego i żarowego |
| Chłodnobiałe lampy fluorescencyjne | Lampy HMI | Filtr foliowy na lampach fluorescencyjnych (balans światła dziennego) | Na zastane lampy fluorescencyjne nałóżcie filtr redukujący zieleń. Dzięki temu przy światłach chłodnobiałych otrzymacie balans światła dziennego. Na światła żarowe można nałożyć filtr niebieski. |
| Ciepłobiałe lampy fluorescencyjne | Światła żarowe | Filtr foliowy na lampach fluorescencyjnych (balans światła sztucznego) | Na zastane lampy fluorescencyjne nałóżcie filtr redukujący zieleń. Przy świetlówkach ciepłobiałych otrzymacie balans światła sztucznego. Można też użyć lamp żarowych bądź HMI z filtrem 85. |
| Chłodnobiałe lampy fluorescencyjne | HMI | Filtr foliowy na lampach HMI | Nałóżcie na HMI filtr podnoszący zieleń, dzięki czemu światło pasować będzie do mocno zielonego światła świetlówek. Filtr redukujący zieleń nałóżcie natomiast na kamerę bądź pozostawcie redukcję laboratorium. |

Tabela 7.2
*Typowa filtracja kamery dla Common Industrial Sources**

| Typ taśmy | Źródło zastane | Filtr kamery |
|---|---|---|
| Światło sztuczne | Wysokoprężna lampa sodowa | 808 + CC 30 M |
| | Metalohalogenki | 85 + CC 50 M |
| | Lampa rtęciowa | 85 + CC 50 M |
| Światło dzienne | Wysokoprężna lampa sodowa | 808 + CC 508 |
| | Metalohalogenki | 81A + CC30 M |
| | Lampa rtęciowa | 81A + CC50 M |

*\* Zawsze trzeba sprawdzić testami taśmy bądź fotografią Polaroid lub cyfrową*

Skrótem jednostek kelwina jest litera K, w zapisie opuszcza się też symbol stopnia. Ponieważ włókno wolframowe rozgrzane do żarzenia przypomina radiator Plancka, wartość jego temperatury barwowej jest bardzo zbliżona do halogenowych lamp żarowych, ale nie do lamp wyładowczych czy świetlówek. Graficzny zapis różnych długości fal nazywany jest spektralną dystrybucją energii.

Kiedy metalowy obiekt (na przykład włókno wolframowe w żarówce) żarzy się, jego spektralna dystrybucja energii podobna jest do tej właściwej radiatorowi Plancka i pozostaje mniej więcej taka sama dla wszystkich długości fal. Niekoniecznie sprawdza się to w wypadku innych źródeł światła. Na przykład światła fluorescencyjne mają bardzo ostry prążek widma o mocno zielonym odcieniu.

Chłodnobiała świetlówka | Światło sztuczne 3200K | Filtr plusgreen 50

Ciepłobiała świetlówka | Światło sztuczne 3200K | filtr Minusgreen 1/4 CTO

Chłodnobiała świetlówka | Światło sztuczne 5500K

Chłodnobiała świetlówka | Światło sztuczne 3200K | Fluorofilter

Chłodnobiała świetlówka | światło dzienne 5500K

Ciepłobiała świetlówka | Światło sztuczne 3200K | Filtr Minusgreen 1/4 CTO

Optima 32 | żarówka 3200K

Chłodnobiała świetlówka | Światło dzienne 5500K | Filtr Minusgreen

Chłodnobiała świetlówka | Światło sztuczne 3200K 3200K | Filtr Plusgreen 50

Chłodnobiała świetlówka | Światło dzienne 5500K | Filtr Minusgreen

Optima 32 | Światło sztuczne 3200K

Chłodnobiała świetlówka | Światło sztuczne 3200K | Fluorofilter

**7.16**
*Różne połączenia światła dziennego, żarowego i fluorescencyjnego skorygowane przez różne filtry foliowe firmy Rosco.*

Temperatura barwowa może być jednak myląca; dla wielu źródeł światła (zwłaszcza tych, których dystrybucja energii spektralnej jest nieciągła) jest ona jedynie przybliżeniem realnej wartości i nazywana jest najbliższą temperaturą barwową. Temperatura mówi nam bardzo dużo o niebieskim lub pomarańczowym komponencie światła, ale prawie nic o komponencie magenty i zieleni, a to właśnie te barwy rzucać mogą nieprzyjemne cienie na obrazie filmowym, nawet jeśli miernik wskazuje właściwy pomiar temperatury.

Pomiar (przybliżony) tego, jak bliskie jest dane źródło światła ciału doskonale czarnemu to współczynnik oddawania koloru (CRI – color rendering index). Wyraża się on liczbą w skali od 1 do 100, która wskazuje na zdolność danego źródła dokładnego odwzorowania barw. W filmie akceptowalne są jedynie te źródła, których współczynnik CRI wynosi ponad 90.

# MIERNIKI KOLORU

7.17
Miernik barw Gossen Color Pro
(Dzięki uprzejmości
Gossen-Foto- und
Lichtmesstechnik GmbH).

Barwę światła mierzymy na dwa różne sposoby: pod względem ilości barwy niebieskiej/pomarańczowej albo też zielonej/magenty. To dwie zupełnie niezależne wartości, można je traktować jako całkiem odrębne osie. Światło może być zielone albo magentowe niezależnie od tego, jak bardzo jest niebieskie czy pomarańczowe.

Światło z większości źródeł nie ogranicza się do jednego, wąskiego pasma widma, dlatego też ich barwa nie jest czysta. Zwykle kolorowe światła stanowią kombinację różnych długości fal; nie ma więc jednej liczby, która dokładnie określiłaby kolor. Barwa definiowana jest raczej na dwóch skalach – czerwonego/niebieskiego oraz magenty/zielonego. W rezultacie mierniki podają dwa odczyty (nazywane są trójbarwnymi, bo mierzą natężenie czerwieni, niebieskiego i zieleni) – jeden dla skali ciepłych/zimnych barw, drugi dla skali magenta/zieleń. W wypadku miernika Gossena, odczyt wskazujący na tę drugą wartość nie wyraża się w konkretnych liczbach; daje nam on raczej informację, jakiego rodzaju filtry są potrzebne, by odpowiednio skorygować kolor. Informacja ta to współczynnik korekcji koloru, określający miejsce źródła na skali magenta/zieleń. Najbardziej przydatny jest podczas zdjęć przy lampach świetlówkowych, sodowych, rtęciowych lub przy innych typach lamp wyładowczych, których światło zwykle ma silny zielony odcień.

Innym problemem jest fakt, że pewne zmiany w temperaturze barwowej niekoniecznie postrzegane są jako tej samej wartości zmiany koloru. Podniesienie temperatury o 50K (z 2000K na 2050K) spowoduje zauważalną różnicę w kolorze. Ale żeby uzyskać taką samą zmianę w percepcji przy poziomie 5500K, temperatura barwowa musiałaby wzrosnąć o 150K, a przy 10000K nawet o 500K.

Dlatego też stworzono system miredów (micro reciprocal degrees). Jednostki te oblicza się dzieląc wartość 1.000.000 przez temperaturę w kelwinach. Na przykład 3200K wynosi 1.000.000/3200, czyli 312 miredów. Aby wyliczyć, jaka powinna być korekcja koloru w danych warunkach, wykorzystuje się właśnie wartość miredów danego źródła i wartość miredów koloru, który ma być uzyskany. Jeśli więc temperatura źródła wynosi 5500K, a chcecie, by wynosiła 3200K, odejmujemy wartość miredów pożądanej barwy od miredów źródła.

5000K to 200 miredów, 3200K to 312. Od 312 odejmujemy 200 i otrzymujemy 112 miredów. Filtr pomarańczowy 85 (full CTO) ma wartość +112 miredów. Na skali tych jednostek wartości plusowe oznaczają, że filtr jest żółtawy, natomiast minusowe, że mają odcień niebieski. Kiedy łączymy filtry, dodajemy też miredy.

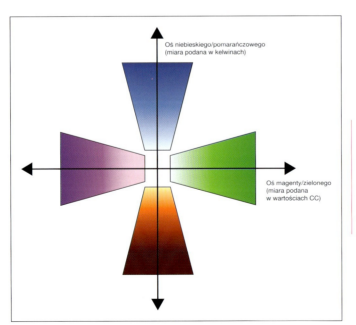

7.18
Barwę światła mierzy się na dwóch niezależnych osiach – jednej dla czerwonego/ niebieskiego, a drugiej dla zieleni/magenty.

# BALANS KOLORU FILMU

Żadna barwna taśma nie jest w stanie dokładnie odwzorować kolorów w każdych warunkach oświetleniowych. Fabrycznie przygotowuje się je tak, by pasowały do określonego typu światła, z czego dwa najpopularniejsze to światło dzienne (film typu D) zaprojektowany do temperatury 5500K i zwykłe światło sztuczne (film typu B) dla 3200K. Jest jeszcze trzeci typ, dostosowany do dziś już nie stosowanych przewoltowanych żarówek fotograficznych (Nitraphot) o temperaturze 3400K (film typu A), ale współcześnie praktycznie się go nie używa.

Biorąc pod uwagę fakt, że światło sztuczne jest dość kosztowne i wymaga potężnych ilości energii elektrycznej, a światło słoneczne jest zwykle zbyt silne, przy większości filmów wykorzystuje się taśmy typu B. Aby stworzyć odpowiednie warunki oświetleniowe stosuje się wówczas filtry korygujące – właśnie przy świetle dziennym, czyli wtedy, gdy możemy sobie pozwolić na utratę światła przy filtracji. Takie firmy jak Kodak czy Fuji produkują dziś kilka błon zbalansowanych do światła dziennego.

## Balans koloru i filtry nakładane na kamerę

Są trzy podstawowe powody korekcji koloru światła:
- By światło pasowało do typu stosowanego filmu (zamiast nakładania filtrów na kamerę).
- By odpowiadało różnym źródłom światła na planie.
- Dla szczególnego efektu bądź stworzenia odpowiedniego nastroju.

Jeśli używamy filmu typu B przy niebieskim świetle, potrzebujemy pomarańczowego filtra 85 (CTO). Natomiast przy taśmie typu D i sztucznym świetle niebieskie filtry 80A lub 80B (full lub 1/2CTB) wykorzystuje się raczej rzadko, jako że pochłaniają zbyt dużo światła i są mało wydajne. Kiedy używamy filtrów korygujących, tracimy nieco światła i musimy pamiętać o współczynniku filtra – powinien on odpowiadać czasowi ekspozycji. Dla wygody wielu producentów podaje na opakowaniu skorygowany współczynnik EI; który pozwala łatwo wyliczyć utratę światła przy filtracji.

Wykorzystując skorygowany EI, nie stosujcie już współczynnika filtra. Pod względem technicznym EI nie jest dokładnie tym samym, co ASA (odnoszący się do fotografii), ale w praktyce jego funkcja jest ta sama. Czułość taśmy barwnej mierzona jest po prostu w inny sposób niż emulsja czarno-biała.

Na opakowaniach filmów czarno-białych można też zauważyć dwie wartości EI. Nie ma to żadnego związku z filtrami korekcyjnymi, bo też żadnych filtrów tutaj nie potrzeba. Chodzi tu raczej o to, że taśmy takie różnią się pod względem wrażliwości

*Tabela 7.3*
*Wartości konwersji i straty światła*

| | Typowa konwersja | Wartość w miredach | utrata światła |
|---|---|---|---|
| CTO filters | | | |
| 85 | 5500>3200K | +131 | $^3/_4$ stop |
| Full CTO | 5500>2900K, 6500K>3125K | +167 | $^2/_3$ stop |
| $^1/_2$CTO | 5500>3800K, 4400K>3200K | +81 | $^1/_2$ |
| $^1/_4$CTO | 5500>4500K, 3800K>3200K | +48 | $^1/_3$ |
| $^1/_8$CTO | 5500>4900K, 3400K>3200K | +20 | $^1/_3$ |
| | | | |
| CTB filters | | | |
| CTB, full Blue | 3200>5500K | -131 | $1^1/_2$ |
| $^1/_2$CTB, Half Blue | 3200K>4100K | -68 | 1 |
| $^1/_3$CTB, $^1/_3$Blue | 3200K>3800K | -49 | $^2/_3$ |
| $^1/_4$CTB, $^1/_4$Blue | 3200K>3500K | -30 | $^1/_2$ |
| $^1/_8$CTB, $^1/_8$Blue | 3200K>3300K | -12 | $^1/_3$ |

na barwy. W większości przypadków EI dla światła sztucznego będzie o 1/3 wartości przesłony niższy. Większość czarno-białych błon dostępnych dzisiaj to błony panchromatyczne, a więc uczulone na niemalże całe widoczne pasmo widma. Niegdyś jednak były ortochromatyczne – były całkowicie nieczułe na barwę niebieską. Niebieskie oczy aktorów wyglądały więc tak, jakby były białe. Niewielkie niezgodności kolorów również zmienić można filtrami korekcyjnymi. Jeśli w danej scenie mamy światło o temperaturze 2800K (zbyt ciepłe), filtr 82C (1/4 CTB) pozwoli nam uzyskać wartość 3200K.

Istnieją trzy główne grupy filtrów wykorzystywanych w filmie i w wideo: konwersyjne, balansujące kolor i korygujące kolor (kompensacyjne). Podział ten odnosi się zarówno do folii, jak i filtrów nakładanych na kamerę.

## Filtry konwersyjne

Działanie tych filtrów dotyczy osi koloru niebieskiego/pomarańczowego i ma związek z balansem koloru w odniesieniu do czułości emulsji na barwę. Filtry konwersyjne wpływają na wszystkie segmenty dystrybucji energii spektralnej, dzięki czemu kolory są odpowie-dnio odwzorowane. Choć kiedyś było ich więcej, dziś dostępne są tylko dwa typy emulsji barwnej: przystosowanej do

*Tabela 7.3*
*Wartości konwersji i straty światła*

| | | |
|---|---|---|
| 85 | Konwersja | Światło dzienne na sztuczne |
| 80 | Konwersja | |
| 82 | Balansowanie światła | Światło sztuczne na dzienne |
| 81 | | |
| CC | Balansowanie światła | Filtry chłodzące |
| | | Filtry ocieplające |
| | Kompensacja koloru | Barwy podstawowe i pochodne |

światła dziennego i sztucznego. Tabela 7.6 pokazuje podstawowe grupy filtrów. Te filtry konwersyjne, które stosujemy w filmie i wideo, nazywane są CTO (dla pomarańczowych) i CTB (dla niebieskich).

Tabela 7.5
Połączenia filtrów 85

| Nazwa | Konwersja | Strata |
|-------|-----------|--------|
| 85N3 | Światło dzienne na sztuczne | $1^2/_3$ |
| 85N6 | Światło dzienne na sztuczne | $2^2/_3$ |
| 85N9 | Światło dzienne na sztuczne | $3^2/_3$ |

## Filtry balansujące kolor

To filtry ochładzające bądź ocieplające; tak jak filtry korygujące, działają na wszystkie segmenty dystrybucji energii spektralnej, ale w mniejszym stopniu zmieniają niebieski i pomarańczowy odcień światła.

# BALANS KOREKCJI ŚWIATŁA

Źródła światła to:

- Światło dzienne (czyli połączenie bezpośredniego światła słonecznego i nieboskłonu)
- Lampy wyładowcze HMI
- Lampy fluorescencyjne (o chłodnobiałej lub dziennej barwie światła)
- Lampy fluorescencyjne skorygowane kolorystycznie
- Dichroiczne źródła, takie jak FAY
- Lampy łukowe o białym płomieniu

Tabela 7.6
Filtry foliowe do redukcji
światła zielonego

| | Ekwiwalent CC | Do zastosowania, gdy współczynnik CC jest przybliżony |
|---|---|---|
| *Aby zredukować zieleń* | | |
| Minusgreen | 30 | -12 |
| 1/2Minusgreen | 15 | -5 |
| 1/4Minusgreen | 075 | -2 |
| | | |
| *Aby dodać zieleń* | | |
| Minusgreen | 30 | +13 |
| 1/2Minusgreen | 15 | -5 |
| 1/4Minusgreen | 075 | -3 |

Ogólnie rzecz biorąc, źródła światła o temperaturze światła dziennego mieszczą się w rozpiętości 5400K-6500K, choć mogą też wykraczać poza tę skalę. Podczas wschodu lub zachodu słońca jego światło może być znacznie cieplejsze, ponieważ słońce wędruje przez grubszą warstwę atmosfery, która odfiltrowuje większość fal niebieskich. Znaczenie może też mieć ilość pyłu i wilgoci w powietrzu – dlatego w różnych plenerach możemy mieć do czynienia z inną barwą światła dominującego w danym miejscu. Prawdopodobnie najsłynniejszym światłem jest półprzeźroczyste niebieskie światło Wenecji, uwiecznione przez malarza Canaletto.

Kolor koryguje się przy użyciu filtra 85 albo CTO – oba mają odcień pomarańczowy. Produkt firmy Rosco to Roscosun 85 (liczba ta to ekwiwalent liczb stosowanych w systemie nazewnictwa stosowanego przez Kodaka – Wratten 85). Jego wartość korekcji to 131 miredów, dzięki czemu temperatura barwowa zmieniona zostaje z 5500K na 3200K. (Technicznie rzecz biorąc ekwiwalentem byłby tu filtr Wratten 85B; Wratten 85 ma wartość korekcji 112 miredów, co przekłada się na zmianę temperatury z 5500K na 3400K, raczej chłodną barwę dla światła sztucznego).

## CTO

CTO (color temperature orange) to filtr pomarańczowy; jest cieplejszy niż 85 i ma wyższą wartość w miredach – 159. Oznacza to, że jest w stanie zmienić temperaturę 6500K na 3200K, co świetnie się sprawdza przy źródłach światła chłodniejszego niż niebieskawe światło HMI. Przydaje się także wtedy, gdy po prostu chcemy nadać światłu cieplejszą barwę – może wówczas zmienić temperaturę z 5500K na 2940K. (5500K to 181 miredów, a wartość konwersji to w tym wypadku 159. „Cieplejsze" wskazuje na wartości plusowe, tak więc dodanie 181 i 159 da nam w rezultacie 340 miredów. Jeśli 1.000.000 podzielimy przez 240 otrzymamy 2940K). Różnica wynika tu z faktu, że europejskie światło dzienne jest nieco bardziej niebieskie niż amerykańskie.

Dość istotną wariacją filtra 85 jest połączenie filtra korekcyjnego i filtra o neutralnej gęstości (ND). Dzięki takiej kombinacji nie musimy stosować na oknach, przez które wpada światło, dwóch osobnych filtrów foliowych, które mogłyby spowodować szum i bliki w obrazie, nie wspominając już o dodatkowych kosztach (a to niezwykle ważne). Niestety, nie produkuje się filtrów ½ 85 z neutralną gęstością, które pomogłyby zachować niebieski odcień światła wpadającego przez okno.

## Zmiana światła sztucznego na dzienne

Filtr konwertujący ciepłe sztuczne światło na światło o temperaturze światła dziennego zwany jest filtrem niebieskim CTB (conversion to blue).

Problem z nadawaniem światłu niebieskiego odcienia polega na tym, że filtry CTB mają przepustowość 36%, podczas gdy filtr 85 ma 58%. Oznacza to, że przy stosowaniu CTB traci się około półtorej wartości, a przy CTO jedynie 2/3. CTB ma małą wydajność; stosuje się go po to, by zbalansował sztuczne oświetlenie w pomieszczeniach, w których przez okno wpada światło dzienne. Od początku stoimy na przegranej pozycji: promień wpadający przez okno jest znacznie silniejszy niż światło sztuczne. Jeśli więc zakładając filtr

CTB stracimy 2 wartości światła sztucznego, mamy poważny kłopot (nie wspominając o tym, że światło blokuje też filtr 80B, który musimy nałożyć na obiektyw, jeśli filmujemy na taśmie zbalansowanej do światła sztucznego). Trzeba więc unikać tego rodzaju sytuacji. Alternatywy są następujące:

- Zastosujcie na okna filtr 85 i filmujcie przy świetle sztucznym. W ten sposób nie zepsujecie oświetlenia żarowego i nie będziecie musieli nakładać na kamerę filtra 85B. Stracimy natomiast 2/3 wartości ze światła wpadającego przez okno, dzięki czemu zbalansujemy je do ekspozycji ustawionej w pomieszczeniu.
- Zastosujcie filtr ½ 85 na okna i filtr ½ niebieski na światła.
- Zastosujcie filtr ½ CTB na światła, pozwalając przy tym, by światło wpadające przez okno było nieco niebieskawe. Daje to dosyć realistyczny efekt barwny, dziś bardzo popularny.
- Zastosujcie w pomieszczeniu oświetlenie balansujące światło dzienne (FAY, HMI, Kino).

## ŚWIATŁA FLUORESCENCYJNE

Jednym z najczęstszych problemów, z jakimi stykają się dziś oświetleniowcy, jest realizacja zdjęć w pomieszczeniach, w których dominującym oświetleniem są świetlówki. Kłopot leży w tym, że światło fluorescencyjne nie jest źródłem o ciągłym widmie: w wielu przypadkach ma silnie zielone zabarwienie. Ponadto, nawet jeśli wydaje się nie przekłamywać kolorów,  nieciągłe widmo powoduje bardzo słabe odwzorowanie kolorów. W przypadku filmu i wideo, minimalny współczynnik CRI to 90, czego przy tego rodzaju świetle nie da się osiągnąć. W efekcie świetlówek nie da się skorygować po prostu zmieniając ich barwę filtrem foliowym czy nakładanym na kamerę.

Brak ciągłości widma powoduje też, że wszelkie źródła wyładowcze (świetlówki to tylko jeden z przykładów) nie mają realnej temperatury barwowej. W ich przypadku mówi się o najbliższej temperaturze barwowej (CCT). W niektórych pomieszczeniach nie da się wyłączyć lamp fluorescencyjnych i po prostu zastąpić ich innym oświetleniem. Sposobów radzenia sobie w takich sytuacjach jest sporo, co może wprowadzić pewien chaos. Pamiętać jednak trzeba, że chociaż spotkać się można z wieloma typami świetlówek, w zasadzie wyróżnić można dwa podstawowe typy: chłodnobiałe i ciepłobiałe. Oto kilka porad, które przydać się mogą podczas zdjęć przy fluorescencyjnym oświetleniu:

- Czasami trzeba połączyć różne techniki, zastosować kombinacje oświetlenia. Pamiętajcie – cokolwiek robicie, ZAWSZE STOSUJCIE SZARĄ TABLICĘ, by laboratorium miało punkt odniesienia przy obróbce. Przy wideo starajcie się zbalansować biel, by usunąć nadmiar zielonego odcienia.

- Jeśli filmujecie przy fluorescencyjnym oświetleniu, a niwelowanie zieleni zostawiacie laboratorium, efektem może być płaskie odwzorowanie koloru. Dodanie kilku świateł (chociażby światła żarowego z filtrem Plus Green) pomoże nadać obrazowi znacznie głębszą barwę.

- Istnieje kilka jednostek o dużej mocy, w których wykorzystuje się świetlówki o skorygowanej barwie (o pełnym widmie), które można stosować w połączeniu z lampami wyładowczymi (HMI) bądź sztucznym oświetleniem (ze świetlówkami o temperaturze światła dziennego, bądź 3200K) i które zapewniają doskonałe odwzorowanie koloru. Są niezwykle wydajne i świecą miękkim, równomiernym światłem.

- Filtr Full Minus Green to odpowiednik CC30M (30 magenta). W sytuacjach krytycznych można zastosować ten drugi.

- Nie zapominajcie, że większość znaków, szyldów i bannerów w mieście podświetlana jest świetlówkami.

- Jeśli kręcicie w dużych przestrzeniach – w supermarkecie, w hali fabrycznej czy w biurze, znacznie wygodniejszym i skuteczniejszym rozwiązaniem będzie dodać do świateł nieco zieleni, niż kazać ekipie godzinami sterczeć na drabinach, zmieniać świetlówki czy nakładać filtry.

- Jeśli na światła nałożycie filtry typu Plus Green bądź Fluorofilter, otrzymacie silnie zabarwione światło, które może się wydać nieodpowiednie i zdaje się nie pasować wizualnie ani do światła HMI, ani do światła żarowego. Spróbujcie później przy takim świetle zrobić zdjęcie profesjonalną lustrzanką cyfrową. Wiele osób uznaje, że pełna korekcja (na przykład full Plus Green) to zbytnia przesada.

## ŚWIATŁA KORYGUJĄCE OFF-COLOUR

### Lampy łukowe

Lampy łukowe wydzielają silne promieniowanie ultrafioletowe, które zniwelować mogą takie filtry jak Rosco Y-1 czy Lee LCT. Kolor żółty niweluje promieniowanie UV. By skorygować do światła sztucznego lampy łukowe o białym płomieniu, stosujcie Rosco MT2 (w połączeniu z Y-1) albo Lee232. Rosco MTY to kombinacja MT2 i Y-1.

## HMI

Lampy wyładowcze zwykle świecą nieco zbyt niebieskim światłem i są wrażliwe na zmiany napięcia. W przeciwieństwie do światła żarowego, ich temperatura barwowa rośnie wraz ze spadkiem napięcia. Dlatego ważne jest, by każdą z lamp sprawdzić miernikiem temperatury światła i oznaczyć kartką z zapisanym wynikiem. Przy niewielkiej korekcji wystarczy Y-1 lub Rosco MT 54; przy większej zastosujcie 1/8 bądź ¼ CTO. Wiele lamp HMI świeci też zielonkawym światłem – dla nich przygotujcie filtr ¼ Minus Green.

## Lampy przemysłowe

W przestrzeniach industrialnych i publicznych często znaleźć można lampy o potężnej wydajności. Trzy główne grupy to: lampy sodowe, metalohalogenkowe i rtęciowe. Wszystkie mają nieciągłe widma i w każdej z nich dominuje jedna barwa światła. Wszystkie też posiadają bardzo niski współczynnik CRI. Można jednak używać ich do oświetlenia planu zdjęciowego, o ile zastosujemy pewną korekcję. Wysokoprężne lampy sodowe świecą światłem mocno pomarańczowym, zawierając jednocześnie dużo zieleni. Niskoprężne wersje dają światło monochromatyczne: nie da ich się skorygować.

## Wybór stylistyczny a kontrola koloru

Tak jak w przypadku wszelkich aspektów produkcji filmowej i wideo, wybory stylistyczne wpływają na dobór technologii i odwrotnie. Sprawdza się to szczególnie w wypadku korekcji koloru. Jeszcze kilka lat temu poświęcano mnóstwo czasu i pieniędzy, by wszystkie światła i elementy na planie dokładnie dopasowane były do temperatury albo światła dziennego, albo sztucznego, a co za tym idzie – by nie miały ani krztyny zieleni. Jednakże za sprawą reklam i wideoklipów zrodziła się tendencja, by pozostawić światło zielonkawe, a nawet, by w kadrze sąsiadowały ze sobą różne źródła oświetlenia. To styl znacznie bardziej naturalistyczny, dziś funkcjonujący już jako spójna estetyka. Powiada się, że zieleń to nowy oranż. Niektóre filmy reklamowe i fabularne celowo dążą do tej szczególnej, fluorescencyjnej estetyki.

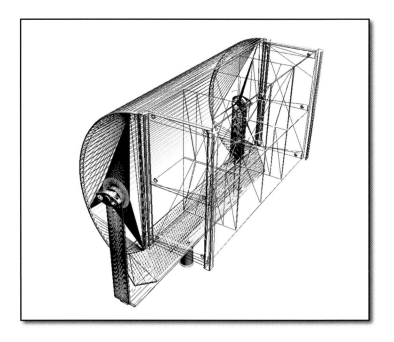

# ELEKTRYCZNOŚĆ

Elektryk na planie filmowym musi posiadać podstawową wiedzę na temat elektryczności, ale podstawy te musi mieć w małym palcu. Dla naszych celów niezbędne będzie wprowadzenie czterech zasadniczych pojęć dotyczących pomiaru elektryczności: napięcia U czyli różnicy potencjałów mierzonej w woltach [V], natężenia prądu I mierzonego w amperach [A], mocy prądu P mierzonej w watach [W] i oporności przewodnika lub układu R mierzonej w omach [Ω]. W tym rozdziale przyjrzymy się problemom, z jakimi borykają się elektrycy na planie i zajmiemy się kilkoma standardowymi metodami radzenia sobie z tymi problemami. Prąd elektryczny pojawia się wtedy, gdy biegun naładowany dodatnio (mniejszy potencjał) połączony zostaje z biegunem naładowanym ujemnie (większy potencjał). W przypadku prądu stałego elektrony przepływają od bieguna ujemnego do dodatniego. Prąd stały charakteryzuje niezmienność jego natężenia i stały kierunek przepływu w czasie. Mamy z nim do czynienia na przykład przy stosowaniu baterii, choć istnieją i inne źródła – np. agregaty, zasilacze.

Prąd używany w gospodarstwach domowych  to w większości przypadków prąd przemienny (w Polsce popularnie zwany zmiennym). Cykliczne zmiany wartości prądu następują z częstotliwością 60 razy na sekundę (w USA) lub 50 razy na sekundę (w Europie i innych krajach). Miara tych zmian - czyli 1 zmiana na sekundę to 1Hz (herc). Tak więc w warunkach europejskich częstotliwość prądu pochodzącego z sieci energetycznej wynosi 50Hz .

# POMIAR ELEKTRYCZNOŚCI

Na planie interesować nas będą jedynie cztery podstawowe wielkości elektryczne: napięcie w woltach [V], moc w watach [W], natężenie, prąd w amperach [A] oraz obciążalność prądowa - jako maksymalne natężenie prądu nie powodujące awarii systemu (sieci, urządzenia, zabezpieczeń) w amperach [A].

8.1
(**a**) Dwa zbiorniki wodne i wąż – analogia
dla napięcia czy potencjału elektrycznego.
(**b**) Dwa zbiorniki wodne o jednakowym
wypełnieniu i ustawione na tej samej wysokości
– w tym wypadku nie możemy mówić
o potencjale elektrycznym.

## Potencjał

Potencjał elektryczny, a właściwie różnica potencjałów czyli napięcie [V] określa zdolność energii elektrycznej do wykonania pewnej pracy. Różnicę potencjałów mierzymy w woltach, czyli w jednostkach napięcia (nazwa pochodzi od Alessandro Volty)[1] .

Zastosujmy najprostszą analogię: dwa zbiorniki umieszczone na różnych poziomach połączone wężem z zaworem. Jeżeli górny zbiornik napełnimy wodą, uzyska on pewien

[1]Równoważnie, inne oznaczenia: [W] pochodzi od nazwiska Jamesa Watta, [A] od nazwiska Andre Marii Ampera, [Hz] od nazwiska Heinricha Hertza.

a

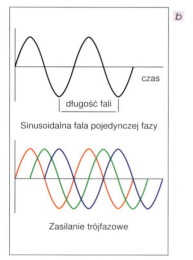

b

czas

długość fali

Sinusoidalna fala pojedynczej fazy

Zasilanie trójfazowe

8.2
(a) Wyłącznik 600A
(zwany też „bullswitch").
To urządzenie trójfazowe,
każda z faz ma
bezpiecznik na 200A.
Z racji tego, że podłączony
tu jest system ściemniaczy,
przewód neutralny
jest podwójny.
(b) Wykres czasowy
typowego dla USA układu
trójfazowego zasilania
pojedynczej fazy.

potencjał – może wykonać pewną pracę związaną z wypuszczeniem wody z górnego zbiornika (energia potencjalna). Jeżeli w zbiorniku mamy dużo wody, napór na wąż będzie znaczny, jeśli zaś poziom ten spadnie, spadnie też ciśnienie.

Praca będzie wykonywana do momentu wyrównania poziomów wody w dolnym i górnym zbiorniku, czyli do wyrównania potencjałów, różnica potencjałów – czyli zdolność do wykonania pracy to w przypadku prądu nic innego jak napięcie elektryczne. Otwarcie zaworu na wężu łączącym oba zbiorniki to analogia do włącznika w obwodzie elektrycznym. Po otwarciu zaworu między zbiornikami mamy do czynienia z przepływem wody (prądu). Ile go przepłynie zależy od średnicy przewodu, gładkości wewnętrznej tego przewodu i jego długości. To jego opór hydrauliczny – czyli przez analogię – opór elektryczny, a ilość (czyli objętość) wody, która przepływa w jednostce czasu to strumień, czyli analogicznie – natężenie. Jeżeli ciśnienie wody wywołane różnicą poziomów spowoduje rozerwanie węża (lub np. rozszczelnienie przy zaworach) z racji nieodpowiedniego dobrania elementów układu (stawiających zbyt wielki opór) to możemy porównać tę sytuację do maksymalnego obciążenia prądowego, kiedy ulega przepaleniu bezpiecznik (przez który przy stałej różnicy potencjałów pobieramy zbyt duże natężenie prądu).

Na przykład: natężenie typowe dla zwykłego gospodarstwa domowego to 16 A. Takie natężenie prądu może przepłynąć przez obwód nie powodując zadziałania bezpiecznika. Przewód, który podłączamy do gniazdka ściennego zwykle ma obciążalność właśnie 16A. Napięcie prądu elektrycznego stosowane w sieciach domowych w Europie i w większości krajów świata to 230V. W USA wielkość ta wynosi 120V. To parametry właściwe domom mieszkalnym i biurom, natomiast tereny przemysłowe charakteryzują się znacznie wyższym napięciem. Słupy średniego napięcia zwykle mają ok. 15.000V – gdy przesyłamy energię na dalsze odległości, przy wyższych napięciach straty przesyłanej energii są znacznie mniejsze. Wielkość napięcia rzadko ma stałą wartość – może się zmieniać w zależności od pory dnia i związanego z tym poziomu obciążenia systemu. Dlatego też tak często spada w lecie, kiedy wszyscy mamy włączoną klimatyzację.

Całkowita ilość wykonanej pracy mierzona jest w watogodzinach (Wh), a częściej w kWh (kilowatogodzina=1000Wh). Na przykład żarówka o mocy 200W daje mocniejsze światło niż żarówka 40W.

Oto nasze podstawowe pojęcia:

Volty bądź napięcie = różnica potencjałów [V]
Ampery bądź natężenie = ilość przepływającego prądu [A]
Obciążalność prądowa = ilość prądu, który dane urządzenie może przepuścić bez jego uszkodzenia [A]
Waty = miara mocy (np. pobieranej przez żarówkę) [W]

Na planie potrzebujemy jedynie najprostszych kalkulacji. Podstawowe formułki to:

Wat = ampery × wolty
Ampery = waty / wolty

Przewody elektryczne różnią się pod względem napięcia, ale zwykle plasują się pomiędzy 120 a 230V. Lampa 1000W przy 120V pobiera 8,3 A, przy 230V 4,3 A.

Lampa 1K (1000W) pobiera prąd o natężeniu 4,3 A, 2K – 8,6 amperów, 10K – 43 A itd.

## „Papierowe" Ampery

Aby mieć bezpieczny zapas, zawsze zaokrąglamy ampery w górę – na wypadek gdyby jakieś złącza, kable lub inne elementy nie działały do końca właściwie. Z praktycznych względów mówimy więc, że urządzenie o mocy 1K pobiera prąd o natężeniu 5 A, nawet jeśli w rzeczywistości wartość ta wynosi tylko 4,2A (przy 230V). To właśnie nazywamy „papierowymi" amperami. Ułatwia to także kalkulacje w pamięci – kiedy na przykład jest 3 rano, a za nami 16 godzin na planie.

# SYSTEMY ZASILANIA ENERGIĄ ELEKTRYCZNĄ

## Układ trójfazowy

W krajach, w których standardowym napięciem jest 230V, funkcjonują dwa podstawowe układy zasilania: trójfazowy i jednofazowy. Jest ich oczywiście znacznie więcej, ale te są najbardziej powszechne.

Podstawowy układ instalacji jednofazowej to przewód fazowy/liniowy (L), przewód neutralny (N) i przewód ochronny (PE). Nie jest to jednak najbardziej wydajny sposób dostarczania energii elektrycznej do domów czy biur. Układ trójfazowy składa się z trzech przewodów liniowych (L1 L2 L3), przewodu neutralnego (N) i przewodu ochronnego

8.3
Generatory prądu przemiennego
w dwóch rozmiarach.

(PE). Upraszczając: prąd wpływa przewodami liniowymi, a wypływa przewodem neutralnym. To przewody liniowe „naładowane są energią" – jeśli chwycicie jeden z nich, porazi was prąd. Dlatego też wszelkie włączniki i bezpieczniki podłączone są właśnie do nich.

W układzie trójfazowym napięcia przemienne przewodów fazowych w obwodach są względem siebie przesunięte o 120° – oznacza to tyle, że cykle zmian natężenia prądu w obwodach nie pokrywają się w czasie. Dzieje się tak dlatego, że napięcia źródłowe poszczególnych faz (obwodów) pobierane są z różnych zwojnic (cewek) generatora. Pamiętajmy, że przy prądzie przemiennym prąd nie płynie stałym strumieniem, wpływając z jednej i wypływając z drugiej strony. Tutaj energia „wibruje", przesuwa się do przodu i cofa się, elektrony płyną w jedną stronę, a potem w drugą.

W konsekwencji, jeśli obciążenie w każdym z przewodów liniowych jest jednakowe, przepływ w przewodzie neutralnym będzie zerowy. Pomyślcie o tym w ten sposób: przewód neutralny w trójfazowym układzie prądu przemiennego odprowadza jedynie nadmiar energii pozostały po niezrównoważonym obciążeniu. Jest to o tyle ważne, że przewód ten posiada ten sam przekrój, co przewody liniowe (ma też tę samą obciążalność prądową). Tak więc w przypadku poważnego zachwiania równowagi obciążenia, natężenie w przewodzie neutralnym może przekroczyć jego obciążalność prądową. Dlatego też elektryk planu musi pamiętać o zrównoważeniu obciążenia poszczególnych faz. W innym przypadku mogą ulec uszkodzeniu generatory lub transformatory uliczne (w zależności od źródła zasilania z którego korzystamy).

Według Polskiej Normy trzy przewody instalacji jednofazowej oznaczone są kolorami brązowym (L), niebieskim (N) i żółto-zielonym (w paski) (PE). Przewody fazowe instalacji trójfazowej (L1, L2, L3) mają odpowiednio kolor brązowy, czarny i szary. W przypadku innej kolorystyki wymagane jest oznakowanie końcówek żył kabla odpowiednimi kolorami izolacyjnej taśmy samoprzylepnej.

## Układ jednofazowy

To inny wariant. Zamiast trzech przewodów liniowych mamy tylko jeden, a do tego oczywiście przewód neutralny. Taki układ spotkać można w większości naszych domów. Zarówno jednofazowy, jak i trójfazowy układ ma jeszcze jeden przewód – ochronny. Choć w zasadzie nie różni się od przewodu neutralnego, stanowi dodatkowe zabezpieczenie. Jeśli napięcie z przewodu fazowego przedostanie się na obudowę lub inną dostępną z zewnątrz część lampy przewód ochronny, zaznaczony kolorem żółtym i zielonym, odprowadzi prąd do uziemienia powodując przepalenie bezpiecznika lub zadziałanie wyłącznika przeciwporażeniowego.

# ŹRÓDŁA ENERGII

Energia elektryczna dla filmu czy wideo może pochodzić z trzech źródeł – z rozdzielni na planie, z generatorów i z gniazd (kontaktów).

## Rozdzielnia na planie

Większość studiów zapewnia ekipie zdjęciowej obsługę elektryczną. W halach zdjęciowych starszego typu znaleźć jeszcze można prąd stały (pozostałość po czasach, kiedy używano oświetlenia z lampami łukowymi), trzeba więc bardzo uważać, by do gniazd tych nie podłączać żadnego sprzętu przystosowanego do prądu przemiennego. Może to spowodować poważne zniszczenia niektórych urządzeń. Mniejsze studia zwykle zapewniają możliwość poboru prądu o natężeniu do 125A dla każdej z trzech faz, ale warto zapytać o to wcześniej. Zwykle hale zdjęciowe mają kilka punktów rozdzielczych wyposażonych też w bezpieczniki, wyłącznik i wtyki. Możecie swobodnie podłączać do nich wszelkiego rodzaju kable zasilające i ustawić własne, małe rozdzielnie, gdzie tylko chcecie.

Jedyny problem w tego rodzaju układach instalacyjnych polega na tym, że podczas gdy nietrudno sprawdzić balans obciążenia każdej z rozdzielni, z balansem ogólnym nie jest

8.4
*Mały, przenośny generator o mocy*
*5500W. Generatory stosowane*
*w produkcjach filmowych zwykle*
*wyposażone są w kwarcowy synchron,*
*dzięki czemu można ich używać*
*w połączeniu z lampami HMI.*

już tak prosto. Zwykle wystarczy gdy postaramy się rozłożyć obciążenie możliwie równomiernie na każdą z faz. Jeżeli jednak wyczujecie, że istnieje jakieś niebezpieczeństwo, skonsultujcie wszystko z głównym elektrykiem hali.

## Agregaty prądotwórcze

Jeśli filmujecie poza studiem, agregaty stanowią najprostsze i najbezpieczniejsze źródło energii. Dostępne są w różnych rozmiarach: od przenośnych generatorów (30A) do ciężarówek o prądzie nawet kilku tysięcy amperów.

Wypożyczając lub kupując generator pamiętajcie o czterech najważniejszych sprawach:

1. Obciążalność. Upewnijcie się, że obliczając całkowite obciążenie, bierzecie pod uwagę odpowiedni margines bezpieczeństwa. Dla generatora działanie przy pełnym obciążeniu może być szkodliwe.

2. Prąd stały/prąd przemienny. Dostępne są zarówno generatory prądu stałego, jak i przemiennego, a także łączące oba tryby. Pomyślcie zawczasu jakiego wy potrze-

8.5
*Panel generatora.*

bujecie. Jeśli na planie macie lampy łukowe typu Brutus, musicie mieć 225A prądu stałego dla każdej lampy. Jeśli używacie HMI bądź filmujecie na wideo, musicie mieć prąd przemienny.

3. Synchronizacja kwarcowa. Jeśli wykorzystujecie na planie HMI, powinniście mieć też generator o stałej częstotliwości regulowanej elektronicznie. Nie myślcie jednak, że wszystkie generatory są kwarcowe – to generatory specjalnie modyfikowane. Pamiętajcie, by wyposażyć się też w miernik częstotliwości. To pozwoli wam monitorować częstotliwość prądu przemiennego, by zawsze mieściła się w dopuszczalnych granicach. W normalnych warunkach, przy użyciu lamp HMI, wychylenie większe niż $\frac{1}{4}$ wahania cyklu 50 Hz (czyli od 49.75 do 50.25) powinno wzbudzić waszą czujność.

4. Dźwiękoszczelność. Niektóre generatory są dźwiękoszczelne, więc nie przeszkadzają w nagrywaniu dźwięku synchronicznego. Jeśli możecie zaparkować wóz z generatorem odpowiednio daleko albo scena, którą kręcicie, sama w sobie jest głośna, dźwiękoszczelny generator nie będzie wam potrzebny.

Inne kwestie, o których warto pamiętać:

1. Rozmiar. Zaplanujcie wcześniej umiejscowienie generatora i jego transport. Upewnijcie się, że będzie pasował tam, gdzie chcecie go ustawić i że kabel zasilający będzie miał odpowiednią długość.

2. Mobilność. Jest pięć typów generatorów: niewielkie przenośne generatory ręczne; przenośne generatory na kółkach; jednostki przyczepce holowanej za ciężarówką; jednostki stale zabudowane na ciężarówce; oraz wolnostojące, bardzo duże generatory, które mogą mieć wielkość furgonetki i masę kilku ton. Ich transport wymaga użycia platformy (tzw. podczołgowej) i dźwigu do ustawienia na miejscu. Zastanówcie się, który najlepiej odpowiada waszym potrzebom.

3. Długość kabli. Przy bardzo dużych pomieszczeniach lepiej jest użyć dwóch czy trzech niewielkich generatorów zamiast ciągnąć kilometrami kable do jednego dużego generatora.

4. Paliwo. Nie zakładajcie, że wypożyczalnia wraz ze sprzętem zapewni wam też paliwo i smary. To zdarza się często, ale bezpieczniej będzie, jeśli sami o to poprosicie.

## Obsługa generatora

Jeśli studio nie zapewnia wam operatora generatora, odpowiedzialność za jego obsługę spadnie na głównego elektryka planu. Każdy generator jest inny, więc wypożyczając sprzęt lepiej upewnić się, czy wymaga on jakichś specyficznych działań, czy ma jakieś szczególne niedoskonałości.

Oto podstawowe zasady postępowania:

1.  Umieśćcie generator jak najbliżej uziemienia.
2.  Zanim uruchomicie generator, upewnijcie się, czy wentylatory są otwarte i czyste.
3.  Przed uruchomieniem sprawdźcie też olej, paliwo i płyn w chłodnicy.
4.  Zanim podłączycie obciążenie, pozwólcie generatorowi rozgrzać się przez przynajmniej 10 minut.
5.  Podłączcie wszystkie przewody przed załączeniem generatora.
6.  Pozwólcie generatorowi działać jeszcze przez 10 minut po wyłączeniu napięcia; dopiero wtedy wyłączcie silnik.

Zawsze odprowadzajcie od podwozia generatora przewód uziemiający, powinien dotykać jakiegoś metalowego elementu wystającego z ziemi, pręta, rury, itd. Wydajność generatora spada wraz ze wzrostem temperatury powietrza, obniża się też, jeśli generator ustawiony jest na znacznej wysokości. Spadek ten wynosi ok. 3,5% na każde 1000 stóp (ok. 300 m) powyżej

500 stóp (150 m) nad poziomem morza. Jeśli chodzi o temperaturę, każdy wzrost o ok.5°C powyżej ok.30°C powoduje spadek wydajności o 2%.

Jeśli używacie sprzętu zagranicznego, pamiętajcie, że generator 60Hz jest o 20% mniej wydajny niż generator 60Hz.

Niektóre generatory mogą wytwarzać jednocześnie prąd stały i przemienny. Jednakże przy większości jednostek oznacza to utratę możliwości, jakie daje układ trójfazowy.

## Bezpośrednie podłączanie do instalacji

Trzeci sposób pozyskania prądu to bezpośrednie podłączenie się do instalacji w danym budynku. To metoda tania, wygodna i w miarę niezawodna. Jednak w niektórych miejscach podpięcie się do zastanego zasilania jest nielegalne, a ekipa techniczna bądź firma produkcyjna mogą być obciążone karami bądź pozwane do sądu. Dlatego też warto zapoznać się wcześniej z przepisami prawnymi obowiązującymi w tym miejscu i postępować zgodnie z przepisami. Nawet jeśli producent naciskać będzie na oszczędności, pamiętajcie, że bierzecie odpowiedzialność za ludzi, bezpieczeństwo i za czyjąś własność. Przy elektryczności nie ma żartów.

W żadnych okolicznościach nikt nie powinien podłączać przewodów do instalacji na własną rękę, chyba że został przeszkolony i upoważniony przez głównego elektryka planu (w Polsce powinien posiadać co najmniej uprawnienia elektryczne E lub D do eksploatacji instalacji do 1kV). Jeśli nie znamy się na rzeczy, każda nieostrożność może grozić śmiercią – nie warto ryzykować. Pamiętajcie też, by pobrany prąd mierzyć licznikiem; w przeciwnym wypadku możecie zostać oskarżeni o kradzież prądu.

# Bezpieczeństwo

Każdy powinien znać podstawowe zasady BHP i pierwszej pomocy

1. Przy podłączaniu przewodów do instalacji zawsze powinny być obecne dwie osoby. W tego rodzaju sytuacjach istnieje ogromne ryzyko porażenia prądem. Druga z osób powinna umieć udzielić pierwszej pomocy, wiedzieć, jak zareagować w przypadku awarii elektrycznych i być na tyle zrównoważona, by nie wpaść w panikę w razie niebezpieczeństwa. Osoba ta powinna być także elektrykiem z uprawnieniami.

2. Nigdy nie wsadzajcie dwóch rąk naraz do skrzynki z bezpiecznikami lub rozdzielni przy nieodłączonym napięciu. Największe zagrożenie stanowi sytuacja, gdy prąd przepływa z jednej ręki do drugiej przez klatkę piersiową i serce.

3. Podłóżcie sobie pod nogi gumową matę bądź drewniane pudło. Załóżcie buty z gumową podeszwą.

4. Załóżcie okulary ochronne.

5. Przygotujcie gaśnicę, by zawsze mieć ją pod ręką.

6. Nigdy nie wkładajcie do skrzynki metalowych przedmiotów. Śrubokręty i inne narzędzia przeznaczone do prac elektrycznych nie mogą mieć uszkodzonej izolacji.

7. Jeśli bezpieczniki znajdują się za drzwiami, uważajcie, by nikt nimi nie trzasnął i nie uderzył was.

8. Zawsze podłączajcie się za bezpiecznikami bądź za wyłącznikami.

9. Zawsze mierzcie napięcie we wszystkich przewodach i upewnijcie się, czy są pod napięciem, czy nie. Sprawdźcie też, czy płynie w nich prąd stały, czy przemienny.

10. Zawsze podwiązujcie kable, ale upewnijcie się też, że są swobodne, że nic ich nie uciska. Wtyki kabli powinny być zabezpieczone specjalną tulejką (zabezpiecza przed załamaniami przewodu przy wyjściu z wtyku). Zawsze zakładajcie ją zanim podłączycie przewody. Sprawdźcie, czy żadne metalowe końcówki nie wiszą luzem w skrzynce i nie utrudniają podejścia.

11. Użyjcie gumowej maty bądź kartonu, by zasłonić przewody pod napięciem i odizolować zaciski od wszelkich elementów pod napięciem i od obudowy skrzynki.

12. W pierwszej kolejności podłączajcie przewód neutralny, zanim podłączycie przewody fazowe. Po skończonej pracy przewód neutralny powinien też być odłączony jako ostatni. Jeśli macie też przewód ochronny, podłączcie go najpierw, a dopiero potem neutralny i fazowe.

13. Nigdy nie zostawiajcie przewodów podłączonych do instalacji przez noc.

14. Zawsze podklejajcie przewody neutralne, by nie zwisały luźno

15. Oznaczcie na kolorowo wszystkie przewody i złącza.

16. Upewnijcie się, czy używacie złącz w odpowiednim rozmiarze.

17. Unieruchomcie drzwiczki szafki bezpiecznikowej, by nie mogły uderzać o przewody.

18. Szafkę zakryjcie gumową matą bądź kartonem, by nikt przypadkiem nie mógł jej dotknąć. Jeśli to konieczne, odgrodźcie teren dokoła.

19. Jeśli podłączaliście sprzęt do instalacji setki razy i przyłapujecie się na tym, że wszelkie przewody i metalowe pudełka wydają się wam całkiem niegroźne, powiedzcie sobie: to żywy, niebezpieczny prąd, mógłby mnie zabić. Zwolnijcie i zrelaksujcie się.

20. Jeśli nie jesteście odpowiednio przeszkolonymi, przetestowanymi i uprawnionymi elektrykami albo jeśli w waszej głowie zrodziła się myśl, że może nie do końca potraficie bezpiecznie podłączyć przewodów do instalacji, NIE RÓBCIE TEGO. Jeśli obawiacie się, że nie będzie to ani bezpieczne, ani legalne, NIE RÓBCIE TEGO. Mistrz oświetlenia to absolutna i ostateczna instancja decydująca w sprawach bezpieczeństwa na planie. Jeśli mówi NIE, oznacza to NIE.

## OKREŚLANIE KVA

W wielu wypadkach – zwłaszcza w pomieszczeniach przemysłowych czy handlowych – napięcie zasilające jest bardzo wysokie. Transformatory obniżają je do 230V. W takich sytuacjach należy zwrócić uwagę na możliwości transformatorów, bo często zaprojektowane są tylko do domowego użytku. Transformatory określa wartość kVA, która oznacza tysiąc (kilo) woltamperów. Kiedy przypomnimy sobie, że woltamper to w rzeczywistości po prostu wat (iloczyn woltów i amperów równa się watom), cały proces okazuje się klarowny. Przyjrzyjmy się prostemu przykładowi: mamy do czynienia z układem jednofazowym, a transformator oznaczony jest jako 75kVA, czyli 75000 watów.

$$\text{Ampery} = \frac{KVA \times 1000}{\text{Volty}}$$

Dzielimy to przez napięcie i otrzymujemy 320 amperów. Natężenie prądu w przewodach nie może więc przekroczyć 320 amperów, nawet jeśli kabel zasilający i bezpieczniki pozwoliłyby na to.

$$\frac{77 \times 1000}{120} = 640$$

Z kolei przy układzie trójfazowym, jeśli znamy wartości KVA i napięcia, natężenie oblicza się takim wzorem:

$$\text{Ampery} = \frac{\text{KVA} \times 1000}{\text{Volty} \times 2}$$

Zanim transformator się przepali, wydaje bardzo specyficzny i charakterystyczny zapach spalenizny. Nauczcie się go rozpoznawać i wpiszcie go na listę rzeczy, które musicie stale sprawdzać, jeśli mocno obciążacie transformator przeznaczony do użytku domowego. Jeśli go poczujecie, zareagujcie natychmiast, ale nie wpadajcie w panikę. Po prostu wyłączcie tyle świateł, ile to tylko możliwe, a potem spokojnie ustawcie balans na nowo.

## Gniazda ścienne

Przy małych planach, kiedy potrzeba niewiele światła (na przykład przy filmie dokumentalnym albo niedużej produkcji wideo) drobny sprzęt można podłączać do gniazd ściennych. W większości wypadków zasilanie z takiego źródła oferuje nam 16 amperów. Jeśli do gniazd nie ma podłączonych innych urządzeń, starczy zasilania dla lampy 2K (mniej niż 10 amperów) lub trzech lamp 1K (13 amperów). Rzeczy, o których warto pamiętać:

1. Sprawdźcie, jakie urządzenia podłączone są do zasilania. Wyłączcie wszystko, czego nie używacie. Najprostszy sposób: trzeba rozstawić ludzi po wszystkich pomieszczeniach, po kolei wyłączać i włączać bezpieczniki i zapisać, który bezpiecznik zabezpiecza który obwód. Zajmuje to kilka minut, ale metoda jest niezawodna.

2. Przygotujcie na wszelki wypadek kilka dodatkowych bezpieczników. Upewnijcie się, że macie pełny dostęp do skrzynki.

3. Nigdy nie podłączajcie się do gniazda, które służy do zasilania komputerów, delikatnej elektroniki, sprzętu medycznego czy systemów ochronnych.

4. Wyłączajcie wszystkie zbędne światła.

5. Nie zakładajcie z góry, że każde pomieszczenie ma własny obwód. Zwykle w gospodarstwach domowych energię elektryczną rozdziela się tak, by różne obwody obsługiwały różne pomieszczenia. Hall i łazienka mogą być w jednym obwodzie, podczas gdy gniazdo oddalone zaledwie o kilka kroków może już należeć do całkiem innego. Jeśli to możliwe, postarajcie się zdobyć plany instalacji elektrycznej lub dokumentację techniczną budynku, aby zobaczyć jak rozkładają się instalacje.

6. Nigdy nie omijajcie bezpieczników.

7. Po włączeniu świateł pozwólcie im się palić przez chwilę. Lepiej, żeby bezpieczniki przepaliły się teraz, niż podczas zdjęć.

# AKUMULATORY I BATERIE

Dzięki akumulatorom składającym się z dziewiętnastu baterii samochodowych o napięciu 12V (czyli w sumie 228V), kilka świateł filmowych może działać nawet przez godzinę. Nawet duże jednostki, jak lampy Brutus czy 10K, mogą być zasilane przez akumulatory, ale tylko przez krótki czas. Można je ukryć w samochodzie bądź w innych miejscach, w których nie ma zasilania. Akumulatory praktyczne są szczególnie przy nocnych zdjęciach, kiedy nie możemy podłączyć się do instalacji i kiedy producent życzy sobie, by zabrano z planu generator.

## Pojemność akumulatora

Pojemność akumulatora zwykle określa się w amperogodzinach (1Ah = 3600 kulombów). Jeśli jeden akumulator może dostarczyć 1A prądu przez jedną godzinę, ma pojemność 1Ah. Jeśli zapewnia nam natężenie 1A przez 100 godzin, ma pojemność 100Ah.

Akumulator wyładowuje się po określonym czasie, np. 10 lub 20 godzinach. Tak więc określa się, że akumulator o wartości 100 Ah w temperaturze pokojowej dostarcza prądu o natężeniu 5A na 20 godzin. Czas pracy zależy od pobieranego prądu.

Akumulatory dzielą się na trzy podstawowe kategorie: akumulatory kwasowe, antymonowe i kadmowo-niklowe.

## Akumulator kwasowy

Akumulatory tego typu to na przykład typowe baterie samochodowe. Zwykle starczają na 8 do 10 godzin. Pamiętajmy, że dla naszych celów akumulatory poniżej 60 amperogodzin są całkiem nieprzydatne; w produkcji filmowej używa się raczej takich akumulatorów, których wartość wynosi 80Ah. Jeśli to możliwe, zawsze pracujcie z akumulatorami o odnawialnych bateriach i stosujcie miernik pozwalający sprawdzić poziom naładowania baterii.

## Akumulator antymonowy

Akumulatory tego typu przeznaczone są do stałej, ciężkiej pracy (na przykład do zasilania podnośników widłowych). Dostępne są konfiguracje 6-woltowe; możliwe też jest podłączenie innych sieci. Ich wadą jest to, że są bardzo ciężkie.

## Akumulatory niklowo-kadmowe

Tak nazywa się akumulatory złożone z niklu i kadmu, najczęściej używane w produkcji filmu i wideo. Ich zaletą jest to, że starczają na długo, a ich wydajność jest wyrównana, aż do momentu wyczerpania. Niestety bardzo słabo sygnalizują moment wyładowania. Ponieważ wiele z nich jest zapieczętowanych, trudno też sprawdzić poziom naładowania baterii. Dlatego też, jeśli używamy tych akumulatorów przy pracy z kamerą filmową i wideo, powinniśmy mieć wykaz stwierdzający, kiedy dana bateria była ładowana i w jakim stopniu jej używano.

Zachowanie żywotności akumulatorów niklowo-kadmowych wymaga szczególnej ostrożności. Tak jak wszystkie baterie, te również najlepiej funkcjonują, jeśli są regularnie używane. Zaleganie na półkach niezbyt dobrze im służy. Nigdy nie przechowujcie rozładowanych akumulatorów tego typu; nigdy też nie doprowadzajcie ich do stanu całkowitego wyczerpania.

Z drugiej strony nie powinno się ładować częściowo wyładowanych baterii. Powodem jest tzw. efekt pamięci, za sprawą którego baterie niklowo-kadmowe odmówią posłuszeństwa i nie będą w pełni wydajne. Aby temu zapobiec ważne jest, by czasami rozładować baterie, a później całkowicie je napełnić. Pamiętajcie jednak, by unikać absolutnego wyczerpania. Można zdobyć specjalne urządzenia, które pozwolą bezpiecznie i skutecznie wyładować akumulatory. Jeśli akumulator zaczyna przejawiać problemy z wydajnością, rozładujcie go i naładujcie cztery lub pięć razy.

Baterie te traktować należy z odpowiednia ostrożnością. Wszelkie wstrząsy, uderzenia, gwałtowne ruchy spowodować mogą trwałe uszkodzenia. Tak jak wszystkie akumulatory, niklowo-kadmowe też tracą pojemność w niskiej temperaturze. Dlatego też w chłodnych warunkach nie powinno się ich trzymać na zimnej podłodze.

## Akumulator litowo-jonowy (Li-ion) i niklowo-metalowo-wodorkowy (NiMH)

To popularne akumulatory do kamery, ale mają też inne zastosowania. Ni-MH mają znacznie mniejsze problemy z pamięcią niż niklowo-kadmowe, natomiast Li-ion pod tym względem są prawie bez zarzutu. Składają się też z mniej niebezpiecznych materiałów.

# OBLICZANIE POTRZEBNEJ NAM ENERGII I PAPIEROWE AMPERY

Jednostki oświetlenia określa się w kategoriach ich mocy. Jednostka oporu (taka jak włókno wolframowe) pobiera energię o natężeniu zależnym od rozmiaru tej jednostki (ampery to waty podzielone przez wolty) – im większe włókno, tym większy pobór prądu. Przy wartości 1000W lub większych, stosuje się termin kilo (tysiąc), stąd też nazwy 10K, 5K, itd.

Przy większych obliczeniach zaokrąglamy do 10A na 1000W – to wspomniane już papierowe ampery. Daje nam to margines bezpieczeństwa i ułatwia arytmetykę.

Planując i realizując system dystrybucji energii, mamy dwa zadania: określić ilość potrzebnego nam prądu i zorganizować kable i złącza w odpowiednim rozmiarze. Nie zapominajcie też o żelazku i lokówce dla stylistów i fryzjerów, a przede wszystkim – o ekspresie do kawy lub przynajmniej czajniku, na planie absolutnie niezbędnym. Urządzenia te pobierają zaskakująco dużo energii.

## Obciążalność prądowa

Kable i sprzęt do dystrybucji energii określony jest w kategoriach jego zdolności do przewodzenia ładunku elektrycznego bez ryzyka przegrzania. To właśnie nazywamy „obciążalnością". Im większy przewód lub złącze (a więc im mniejszy opór), tym większa ilość prądu może przez nie przepłynąć nie grożąc uszkodzeniem. Jeśli zaś zwiększymy natężenie ponad wyznaczoną dla sprzętu normę, narażamy go na przegrzanie, stopienie i w końcu spalenie.

Dla bezpieczeństwa musimy więc uważnie wybierać odpowiednie kable, w czym pomóc nam może tabela obciążalności (zob. tabela 8.1).

Wartości obciążalności nie są absolutne; różnią się w zależności od sytuacji, temperatury, typu kabla, sposobu jego wykorzystania. Najważniejszą kategorią jest tu ciepło i jego wzrost. Jeśli dwa oddzielne kable leżą obok siebie na zimnym betonowym podłożu, mogą przyjąć większe obciążenie niż kable, które do siebie przylegają i zamknięte są w metalowej rurce znajdującej się w kotłowni.

Rozmiar kabla oznaczamy w milimetrach kwadratowych przekroju jego pojedynczej żyły. Większość przewodów w instalacjach domowych to 2,5 mm2. Przewody w typowych urządzeniach elektrycznych do użytku domowego to 1,5 mm2. Największym kablem powszechnie stosowanym w produkcji filmowej jest 90 mm2.

Na przykład: na planie zapalamy lampy – dwie 10K, cztery 5K, osiem 2K i cztery 1K. To w sumie 60KW. Pomnożenie tego przez 4,5 daje nam 270A. Oczywiście musimy wziąć pod uwagę, że nagle możemy potrzebować jeszcze kilku lamp. Zaokrąglamy więc do 300A. Jeśli mamy do dyspozycji układ trójfazowy, możemy założyć, że obciążenie rozłożone będzie równomiernie – każdy z przewodów fazowych będzie miał 100A.

## Oznaczanie kolorami

Każdy przewód musi być oznaczony kolorem. Standardowe oznaczenia dla sieci 230V to:
*    Przewód neutralny – niebieski
*    Przewód uziemiający – żółto-zielony
*    Przewody fazowe: brązowy, czarny i szary. Elektrycy powinni mieć kolorowe taśmy zawsze przy sobie i sprawdzać, czy wszystko jest właściwie oznaczone.

# PRZEWÓD NEUTRALNY

To niezwykle ważny element całego układu. Jeśli przez pomyłkę podłączymy go do gniazda dla przewodów fazowych, pojawi się napięcie 230V, co może grozić poważnym uszkodzeniem sprzętu.

Przerwanie lub odłączenie przewodu neutralnego również może być bardzo groźne. W pewnych warunkach może powodować zagrożenie porażeniem. Dlatego też NIGDY nie zabezpieczajcie bezpiecznikiem przewodu neutralnego. Pamiętajcie – przewód neutralny podłączamy jako pierwszy i odłączamy jako ostatni. Jeśli nastąpi spięcie, wolelibyście, żeby prąd popłynął gdzie indziej, a nie przez wasze ciało.

# SPRZĘT DO ROZDZIAŁU ENERGII ELEKTRYCZNEJ

## Podłączanie do instalacji

Istnieje kilka podstawowych sposobów podłączenia. Najprostszy to wtyki CE (okrągłe, pięciobolcowe wtyczki barwy czerwonej). Dostępne są w rozmiarach 32A, 63A i 125A.

Przy większych mocach używa się najczęściej konektorów typu Power Lock o obciążalności 400 A – mają one osobne złącze dla każdego przewodu. Złącza są oznaczone kolorami (brązowy, czarny, szary, niebieski i zielony), a ponadto każde z nich pasuje tylko do gniazda tego samego koloru, więc pomyłka przy podłączaniu jest praktycznie niemożliwa.

Jeśli gniazda Power Lock nie są dostępne (to zdarza się w starszych obiektach lub przy starszego typu agregatach), powinniśmy przygotować sobie przewody z zaciśniętymi na wolnych końcach końcówkami oczkowymi – miejscowy elektryk lub obsługa agregatu przykręci je śrubami do szynoprzewodów w rozdzielni lub zacisków generatora.

Zdarza się również, że oczka są zbyt duże i nie mieszczą się w skrzynce lub że w rozdzielni brak zacisków śrubowych. Wtedy musimy użyć gołych, odizolowanych końców żył przewodów, podłączając je do zacisków lub wpychając pod styk nożowy bezpiecznika typu BM. Ten ostatni sposób podłączenia nie jest godny polecenia, ale bywa jedynym możliwym np. przy podłączaniu się do rozdzielni w starych kamienicach.

## Wtyki

Wtyki mogą stać się koszmarem. Zwłaszcza jeśli sprzęt pochodzi od różnych dostawców i trzeba użyć adapterów.

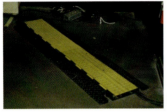

8.6
(**a**) Jeśli kabel (tu cztery przewody #2) jest zbyt długi, zwija się go w „ósemkę". To zapobiega efektowi zaburzeń współczynnika mocy, niebezpiecznemu dla generatorów.
(**b**) Gdy na planie panuje duży ruch, nakładka ochronna zabezpiecza kable.

Większość niewielkich jednostek (do 2 kW światła żarowego i 2,5 HMI włącznie) ma wtyczki typowe dla gospodarstw domowych (dwa okrągłe bolce i jeden okrągły otwór). Współcześnie najczęściej jest to model Unischuko – pasuje on nie tylko do gniazd spotykanych w Polsce, ale i do niemieckich (które zamiast bolca uziemiającgo mają dwa styki sprężynowe). Niektóre studia zamiast zwykłych domowych wtyczek i gniazdek stosują ich przemysłowy zamiennik – jednofazowe złącza CE 16A (okrągłe wtyczki barwy niebieskiej). Nieco większe jednofazowe wtyczki CE to standard w większych lampach żarowych, np. 5 kW. Duże jednostki HMI wymagają zwykle zasilania trójfazowego i czerwonej wtyczki CE w odpowiednim rozmiarze.

W teatrach często spotykanym rozwiązaniem są złącza Eberle – bardzo trwałe, lecz ciężkie i kosztowne. Ich ciekawą właściwością jest fakt, że wtyk i gniazdo są identyczne.

Przewody oprawowe, łączące właściwą lampę z balastem, najczęściej są zakończone z obu stron zakręcanymi złączami wielostykowymi. Każdy producent stosuje tu własne rozwiązania, więc zgubionego lub uszkodzonego przewodu z reguły nie będziemy w stanie zastąpić przewodem od innej lampy (chyba, że tego samego modelu).

## Wyłącznik typu „bullswitch"

To po prostu przenośna skrzynka z bezpiecznikami. Używa się jej wtedy, gdy nasze źródło zasilania (agregat lub rozdzielnia) nie ma zabezpieczenia lub jest ono zbyt duże (np. gdy kabel 125A podłączamy do rozdzielni o bezpiecznikach 315A). Również gdy do rozdzielni jest daleko możemy się posłużyć bullswitchem ustawionym w pobliżu – posłuży nam wtedy za wyłącznik główny planu.

## Kabel zasilający

Kable zasilające („piony") łączą źródło energii elektrycznej z punktem rozdzielczym. W zależności od używanej przez nas mocy, mogą przyjmować różną postać – od kabla 32A o przekroju 5x6mm2 po pięć pojedynczych żył 90 mm2 każda. Prawdziwym „koniem pociągowym" jest jednak przewód 125A – jest kompatybilny z większością typowych skrzynek bezpiecznikowych, elastyczny i łatwy w użyciu, a jednocześnie na tyle poręczny, że rozwinąć go lub zwinąć może jedna osoba.

a

b

8.7
*Skrzynki typu:*
*(**a**) Lunch box,*
*(**b**) Gang box,*
*(**c**) Four way*

c

## Rozdzielnie główne

Główna rozdzielnia to ta, do której wchodzi kabel zasilający, a wychodzą pomniejsze kable. Może więc to być np. rozdzielnia 400A PowerLock na 3x125A plus kilka razy 32A, albo 125A na 4x32A plus kilka razy 16A. Spotyka się też modele z wyjściami wielostykowymi Socapex, grupującymi po 6 jednofazowych obwodów 16 A. Większość rozdzielni jest przelotowa, tzn. ma gniazdo wejściowe i wyjściowe tego samego typu, co pozwala połączyć łańcuchowo kilka rozdzielni na jednym kablu zasilającym. Oczywiście w takim wypadku nie wolno przekroczyć dopuszczalnej obciążalności kabla ani złącza w pierwszej rozdzielni całego systemu.

Poszczególne gniazda rozdzielni są zaopatrzone w bezpieczniki i (niekiedy) wyłączniki różnicowoprądowe, zaś złącze wejściowe w wyłącznik główny i urządzenia pomiarowe napięcia i prądu.

8.8
(**a**) Wtyk przydatny w pracy z systemami rozdzielczymi o odwrotnym uziemieniu. Nie każdy sprzęt pasuje do takiego systemu. (**b**) Rozdzielnia 600A z trzema adapterami Camlock i z przewodem ochronnym.

## Rozdzielnie przenośne

Są to niewielkie skrzynki (np. tzw. „domki" lub „piórniki"), zasilane kablem biegnącym z rozdzielni głównej i rozprowadzające prąd do poszczególnych odbiorów. Najczęściej spotykane modele mają 6 gniazd 16A lub 3 gniazda 32A (jednofazowe).

## Przedłużacze

Lampy z kablem zakończonym wtykiem CE lub zwykłą wtyczką mogą być podłączane bezpośrednio do skrzynki rozdzielczej posiadającej odpowiednie gniazdo.

Jeśli kabel lampy nie sięga skrzynki, mamy kilka możliwości. Jeśli potrzebujemy przedłużyć się do jednej lampy, wystarczy zwykły przedłużacz pojedynczy. To potężniejszy kuzyn domowych przedłużaczy, składa się z trzech żył 2,5 mm2 zakończonych wtyczką

8.9
*Przy takiej skrzynce nie potrzeba potrójnych adapterów, przez co jej obsługa jest prostsza.*

i gniazdem. Jego wariant z trzema, czterema bądź pięcioma gniazdami pozwoli zasilić kilka mniejszych jednostek (łącznie do 16A). Jeśli to za mało, możemy użyć tzw. buliny – to coś jak trzy pojedyncze przedłużacze we wspólnej izolacji, każdy z własną wyczką i gniazdem. Jeśli zaś przewidujemy, że w tym rejonie planu będziemy potrzebować jeszcze kilku lamp – lepiej machnąć ręką na przedłużacze i postawić tam małą rozdzielnię na zapas.

## Planowanie systemu rozdzielczego

Podstawowym zadaniem takiego planu jest ustalenie, jak doprowadzić prąd tam, gdzie będzie nam potrzebny. Sztuczka polega na tym, by mieć wystarczająco dużo rozdzielni (czy skrzynek rozdzielczych), by w sensowny sposób rozłożyć kable.

Nasze problemy najczęściej spowodowane są takimi sytuacjami:

1. Nie mamy wystarczająco dużo rozdzielnic, stąd na planie plątanina kabli.
2. Nie mamy wystarczającej ilości dodatkowego sprzętu do dystrybucji energii (rozgałęziaczy, przedłużaczy).

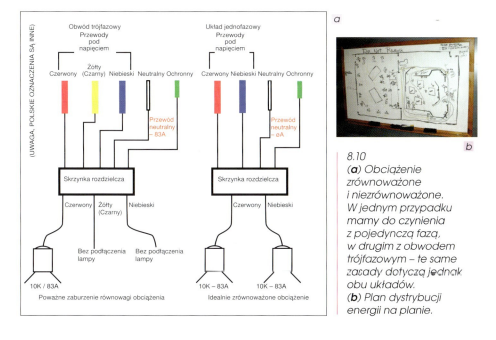

8.10
(**a**) *Obciążenie zrównoważone i niezrównoważone. W jednym przypadku mamy do czynienia z pojedynczą fazą, w drugim z obwodem trójfazowym – te same zasady dotyczą jednak obu układów.*
(**b**) *Plan dystrybucji energii na planie.*

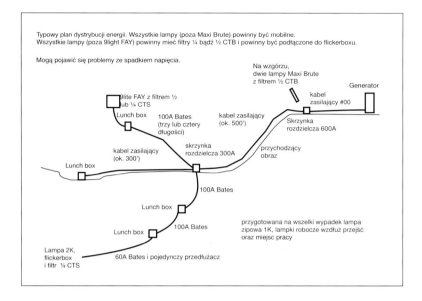

*8.11*
*Diagram przedstawiający dystrybucję energii na planie opisanego w rozdziale 4 filmu o średniowiecznych rycerzach. Na rysunku umieszczone są wszelkie przydatne informacje, by mistrz oświetlenia mógł określić, jakich generatorów, jakich kabli, ile skrzynek rozdzielczych, złącz i adapterów potrzebuje. Ponieważ zdjęcia trwają kilka dni i rozłożone są na plany w różnych miejscach, wcześniejsze rozplanowanie i rozłożenie kabli pozwala oszczędzić czas.*

3.    Mamy wystarczająco dużo prądu, ale niewystarczająco dużo skrzynek z dodatkowymi wyjściami.

Tak jak każdy inny aspekt ustawiania oświetlenia, planowanie systemu dystrybucji energii wymaga przemyślenia wszystkiego zawczasu. Trzeba też zostawić margines dla nieprzewidzianych sytuacji.

## Równoważenie obciążenia

Kiedy prąd jest już włączony, musimy pamiętać o zrównoważeniu obciążenia; w każdym z obwodów powinna płynąć mniej więcej wyrównana ilość energii, niezależnie od tego, czy dana sieć jest trój- czy czteroprzewodowa.

Jeśli natężenie znamionowe układu wynosi 100A na jeden z przewodów sieci, a obciążenie całkowite wynosi 100A, dlaczego nie ograniczyć całego układu do jednego przewodu? Bezpieczniki przecież się nie przepalą, prawda? A jednak może pojawić się kilka problemów. Po pierwsze, nie możemy zapominać, że prąd płynie w obu kierunkach. Ujmując rzecz nieco bardziej matematycznie: prąd w przewodzie neutralnym równy jest

8.12
Pomiar
równowagi
obciążenia
amperomierzem.

sumie różnicy pomiędzy obciążeniem wszystkich przewodów liniowych (pod napięciem). Innymi słowy, w układzie trójfazowym, jeśli każdy z przewodów ma wartość znamionową 100A, napięcie w przewodzie neutralnym wynosić będzie 0, bo poszczególne fazy równoważą się. Jeśli zaś 100A płynie przez jeden przewód a w pozostałych obciążenia nie będzie w ogóle, prąd w przewodzie neutralnym wynosić będzie 100A.

Taka sytuacja jest niebezpieczna z kilku powodów. Po pierwsze, neutralny kabel może być przeciążony. Warto mieć w świadomości, że przewód neutralny nie ma swojego bezpiecznika, więc przeciążenie może mieć fatalne konsekwencje. Po drugie, nawet jeśli nasz układ poradzi sobie z przeciążonym przewodem neutralnym, takiego braku równowagi może nie wytrzymać transformator. Na liście rzeczy, które dają wam pewność, że nikt was już nigdy nie zatrudni, przepalenie transformatora znajduje się w ścisłej czołówce.

Morał jest taki: równoważcie obciążenie. Kiedy podłączacie sprzęt, kiedy go włączacie, rozdzielcie energię na wszystkie przewody. Gdy wszystko już działa, obciążenie sprawdzane jest amperomierzem. Amperomierz to jedno z najważniejszych narzędzi elektryka filmowego.

Dobrą metodą jest sprawdzanie napięcia poszczególnych przewodów zawsze w tej samej kolejności.

W niektórych przypadkach może się okazać konieczne puszczenie „widmowego" prądu. Powiedzmy, że macie generator 100A, ale świecicie tylko jedną lampą, 10K. Skoro pracuje tylko jedna jednostka, całe obciążenie powinno spaść na jeden przewód, co byłoby zgubne dla małego generatora. Podłączcie nieużywane lampy do pozostałych odgałęzień układu i skierujcie w inną stronę, by nie kolidowały z oświetleniem ustawionym na planie. Nie kierujcie ich ku dołowi i nie zakrywajcie ich. To może spowodować przegrzanie, przepalenie żarówki albo nawet stworzyć zagrożenie pożarowe.

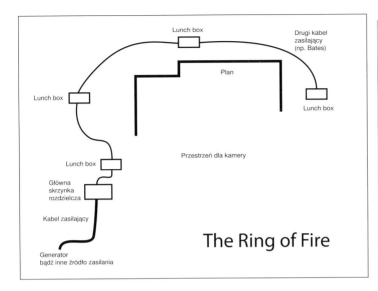

8.13
*„Ring of Fire" to standardowa metoda rozłożenia instalacji elektrycznej na planie. Dzięki takiemu rozkładowi mamy pewność, że energia dostępna jest z każdej strony planu, więc kable nie muszą przecinać planu, przeszkadzając wózkowi, aktorom, itd.*

Kiedy podłączacie przewody bezpośrednio do instalacji, pamiętajcie, że w budynku mogą być inne urządzenia pobierające energię. Sprawdźcie obciążenie instalacji budynku i waszego podłączenia. Może się okazać, że nawet jeśli wasze światła są zrównoważone, inne urządzenie w budynku powoduje przeciążenie systemu. Nie dajcie się zwieść pozorom – najgorszymi wrogami mogą być te sprzęty, które włączają się okresowo, np. zamrażarka, klimatyzacja itp. Gdy sprawdziliście instalację, mogły być wyłączone, żeby włączono je właśnie wtedy, gdy pobieracie najwięcej energii.

## Postępowanie z prądem stałym i przemiennym

Dzisiaj prąd stały jest znacznie rzadziej wykorzystywany niż dawniej. To skutek walki, która swoje korzenie ma jeszcze u początków elektryczności. Kiedy energię elektryczną po raz pierwszy zastosowano poza laboratorium i pojawiły się propozycje, by zelektryfikować niektóre dzielnice miast, oba typy prądu miały swoich orędowników. Thomas Edison uważał, że prąd stały to przydatniejszy rodzaj energii. Natomiast Nikola Tesla, inny wielki wynalazca elektryczności, był zwolennikiem prądu prze-

*Tabela 8.2*
*Obliczanie spadku napięcia*

| AWG | OMHS/stopy |
| --- | --- |
| #12 | 0.0019800 |
| #10 | 0.0012400 |
| #8 | 0.0007780 |
| #6 | 0.0004910 |
| #4 | 0.0003080 |
| #2 | 0.0001940 |
| #1 | 0.0001540 |
| #0 | 0.0001220 |
| #00 | 0.0000967 |
| #000 | 0.0000766 |
| #0000 | 0.0000608 |

miennego. Cenił szczególnie to, że prąd przemienny może być przesyłany na ogromne odległości – im większe napięcie, tym mniejsza strata mocy. Ostatecznie zwyciężył oczywiście prąd przemienny i dziś w pokrywających całe kontynenty sieciach wysokiego napięcia wykorzystuje się właśnie taki typ energii. Możliwości przesyłu prądu stałego ograniczają się do zaledwie kilkunastu kilometrów.

Prąd stały ma jeszcze inne wady. Ponieważ płynie on tylko w jednym kierunku, ma tendencje do zużywania i niszczenia jednej strony przewodu i odkładania metalu po jego drugiej stronie. Ponadto współczesna elektronika (stosowana np. w lampach HMI czy ksenonowych) jest niekompatybilna z prądem stałym.

A jednak znajduje swoje zastosowania. Do niedawna wykorzystywano go na planie przy łukowych Brutusach. Nawet dziś, jeśli chcecie użyć Brutusa, musicie mieć pewność, że generator bądź zastana instalacja zaopatrzona jest w prąd stały. Niektóre generatory mogą wytwarzać zarówno prąd przemienny, jak i stały – trzeba to wziąć pod uwagę zamawiając dany generator. W takiej sytuacji stosuje się też odpowiednie prostowniki – większość z nich wymaga układu trójfazowego.

W części starych hal zdjęciowych nadal znaleźć można instalacje prądu stałego. Jeśli tak jest w wypadku waszego planu, elektryk powinien oznaczyć wszystkie puszki prądu stałego. Stosowanie prądu stałego przy urządzeniach do niego niedostosowanych może mieć fatalne konsekwencje. Jeśli HMI, kompresor, komputer czy jakikolwiek sprzęt działający przy prądzie przemiennym podłączony będzie do prądu stałego, natychmiast się przepali. Lampy żarowe (i większość elektrycznych statywów, zwanych, zależnie od producenta „Molevatorami" bądź „Cinevatorami") działają zarówno przy prądzie stałym, jak i przemiennym, ale niewiele więcej urządzeń toleruje taką dowolność. Trzeba więc zachować pod tym względem najwyższą ostrożność.

## Obliczanie spadku napięcia

Przy długich przewodach opór w samych kablach może spowodować spadek napięcia. To poważny problem, jako że spadek o 10V powoduje spadek o 100K w temperaturze barwowej przy świetle żarowym. Sprawa może przybrać naprawdę poważny obrót w przypadku lamp HMI. Wiele lamp wyładowczych nie zaświeci się, jeśli napięcie jest zbyt małe. Temperaturę barwową można skorygować filtrami czy w późniejszej obróbce, ale niemożność włączenia lampy to całkiem inna rzecz.

Spadek napięcia to kwestia oporu. Sposoby radzenia sobie w takiej sytuacji są dwa: skrócić kable bądź zmniejszyć opór zwiększając rozmiar kabla.

Myśleć o tym trzeba zawczasu, ewentualność spadku napięcia kalkulować trzeba już na etapie planowania. Spadek napięcia w danym przewodzie równa się iloczynowi natężenia prądu

8.14
*Tester obwodu – przydaje się, gdy chcemy sprawdzić, czy przewód jest pod napięciem.*

i oporu przewodnika. Prąd w tym wypadku oznacza wartość całkowitego natężenia spodziewanego obciążenia. Opór z kolei mierzy się mnożąc wartość oporu jednostkowego odcinka (metra lub stopy) przez długość kabla (mierzoną podwójnie, jako że prąd płynie w obu kierunkach). Na przykład: spodziewamy się obciążenia 100A w odległości 300 metrów od generatora. Spróbujmy wykorzystać kabel 16 mm2. Jego rezystancja wynosi 0.00114 Ω na metr.

Tak więc opór (R) to 300 metrów x 2 (prąd płynący w jedną i drugą stronę) pomnożone przez 0.00114 (zob. tabela 8.2) pomnożone przez 100A:

$$300m \times 2 \text{ x } 0.00114 \times 100 = 68.4$$

Spadek napięcia wynosi więc 68.4V. Jeśli na początku przewodu napięcie będzie miało wartość 230V, na jego końcu już tylko 163.2V. To znacznie mniej niż wartość akceptowalna.

Spróbujmy wykonać to samo obliczenie przy kablu 35mm2. Jego opór to 0.0005259 Ω na metr:

$$300m \times 2 \times 0.0005259 \times 100 = 31,5$$
$$230 - 31,5 = 198,5$$

198,5 wolta. Nadal zbyt mało. Może więc kabel 50mm2?

$$300m \text{ x } 2 \times 0.0003712 \times 100 = 22,3$$

W tym wypadku napięcie na drugim końcu przewodu wynosić będzie 207,7V. Prawie dobrze. Ale przecież generator regulując napięcie też nieco je przycina! Możemy więc podkręcić go do 250V. To da nam 227,7V. Więcej niż trzeba. Na tej wiedzy właśnie zarabiamy pieniądze.

8.15
*Wtyczka ze złączką redukcyjną.*

# BEZPIECZEŃSTWO
# W PRACY Z ELEKTRYCZNOŚCIĄ

Bezpieczeństwo przy elektryczności trzeba traktować poważnie. Nie ma tu miejsca na przedyskutowanie każdego aspektu pracy z energią elektryczną, ale poniższa lista wskazuje nam na najbardziej podstawowe zasady postępowania na planie:

1. Uziemiajcie wszystkie sieci gdy tylko to możliwe.

2. Zawsze oznaczajcie przewód neutralny i nigdy nie stosujcie do niego bezpieczników.

3. Nie pozwólcie, by skrzynki rozdzielcze miały styczność z wodą bądź mokrym podłożem. Stosujcie drewniane podesty i gumowe maty.

4. Zawsze uziemiajcie lampy HMI odpowiednim kablem.

5. Tylko elektryk powinien podłączać lampy bądź włączać zasilanie.

6. Zawsze stosujcie zabezpieczony wyłącznik w pobliżu źródła zasilania.

7. Zanim cokolwiek podłączycie, sprawdźcie zasilanie.

8. Zaklejcie taśmą izolacyjną wszelkie luźne kable pod napięciem bądź naelektryzowane metalowe elementy.

9. Nie pozwólcie, by sprzęt rozdzielający energię był przeciążony.

10. Bezpiecznik zawsze powinien być najsłabszym ogniwem. Możliwości bezpiecznika powinny być mniejsze niż obciążalność jakiegokolwiek elementu układu.

11. Nigdy nie omijajcie bezpieczników.

12. Kable powinny być poprowadzone rozważnie. Przyklejcie je do podłoża bądź zabezpieczcie w inny sposób. Nie pozwólcie, by zwoje przewodów zalegały na podłodze – ktoś może się w nie zaplątać. Pokrywajcie je gumową matą tam, gdzie ruch jest szczególnie duży.

13. Kabel prowadzący do oprawy lampy powinien zwisać pionowo. Nie może mieć miejsca sytuacja, że ktoś może pociągnąć kabel z boku i przechylić lampę.

14. Równoważcie obciążenie w przewodach.

15. Przy transporcie dużych lamp (5K i większe lampy żarowe, także niektóre HMI), żarówki powinno się wyjmować z oprawy.

16. Gorące soczewki mogą pękać przy kontakcie z wodą. W wypadku deszczu (bądź efektu deszczu) trzeba stosować osłony na lampy.

17. Ostrzegajcie innych, by nie patrzyli na lampy kiedy je zapalają.

18. Nigdy nie dotykajcie dwóch lamp albo dwóch statywów jednocześnie.

19. Nie zakładajcie, że prąd w danej instalacji to prąd przemienny. Prąd stały może spowodować szkody techniczne, więc lepiej mieć pewność, z jakim typem energii macie do czynienia.

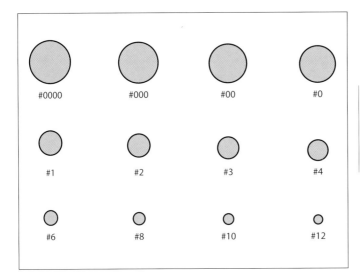

8.16
*Rozmiary przekroju przewodu miedzianego, wykorzystywanego przy dystrybucji energii elektrycznej.*

## Mokra robota

Ponieważ woda zwiększa przewodność trzykrotnie, praca w pobliżu wody to prawdopodobnie najbardziej niebezpieczna sytuacja z jaką spotkać się może ekipa filmowa. Dlatego trzeba tu zachować szczególną ostrożność i stale sprawdzać sprzęt. Nasączone słoną wodą plaże stanowią wyjątkowe zagrożenie. Warto w takim wypadku pamiętać o kilku rzeczach:

1.  Wszystkie rozdzielnie i złącza powinny być suche – owińcie je folią i zawsze stawiajcie na izolującym podeście. Pamiętajcie, że specjalna taśma, jaką zawsze dysponuje gaffer, nie jest odporna na wodę lub zimno. Potrzeba tutaj plastikowej taśmy elektrycznej. Przydatne są także worki foliowe albo paroizolacja za pomocą mocniejszych tworzyw sztucznych jest skuteczniejsza.

2.  Uziemiajcie wszystko, co tylko macie w zasięgu wzroku.

3.  Trzymajcie stateczniki HMI z dala od wody i wilgotnego piasku.

4.  Zakładajcie wodoodporne buty, gumowe rękawice, a nawet, jeśli to naprawdę konieczne, wodoodporne ubrania. Rozkładajcie gumowe maty wszędzie tam, gdzie ekipa ma do czynienia ze sprzętem pod napięciem (stateczniki HMI, skrzynki rozdzielcze, itd.)

5.  Jeśli jakikolwiek sprzęt (w tym kable) znajdował się w pobliżu słonej wody, natychmiast ją z niego zetrzyjcie.

Włączanie lamp pod wodą jest możliwe. Zanurzyć je można po włączeniu i nie wolno ich wyjmować jeśli są pod napięciem, w przeciwnym razie eksplodują. Jeśli złącza nie są całkowicie izolowane (na przykład specjalnym klejem), woda zacznie przewodzić prąd, co stanowi wysokie zagrożenie.

## Bezpieczeństwo w pracy z HMI

Ze względu na nienajlepszą konstrukcję i technologię, lampy wyładowcze HMI mogą być niezwykle niebezpieczne. Wyjściowe napięcie w takiej jednostce wynosić może 13000V lub nawet więcej.

1. Stateczniki powinny być zawsze uziemione. Uziemienie powinno składać się z solidnego kabla (przynajmniej 2,5mm2 lub więcej) i łączyć się z uziomem takim zaciskiem, który zniesie spore obciążenie. Może się to wydać niewiarygodne, ale niewiele stateczników zaopatrzonych jest w zacisk dla kabla uziemiającego.

2. Zmierzcie napięcie przewodu w kierunku od statecznika do uziemienia i odwrotnie.

3. Nigdy nie włączajcie lampy HMI, która nie ma soczewek. Soczewki filtrują niebezpieczne promienie ultrafioletowe.

4. Nigdy nie lekceważcie mikrowłącznika, który chroni jednostkę przed uruchomieniem, kiedy soczewka jest otwarta.

5. Nie dopuście, by ktokolwiek opierał się lub siadał na stateczniku.

## Bezpieczeństwo uziemiania

Idea uziemiania jest prosta: zawsze lepiej jest, jeśli elektryczność znajdzie sobie inną drogę przepływu niż przez nasze ciało. Ogólnie rzecz biorąc każdy metalowy obiekt, który w jakiś sposób styka się z ziemią, może służyć jako uziemienie.

Metalowy pręt wkopany w ziemię to najprostsze i zwykle najbardziej niezawodne uziemienie. Większość na stałe instalowanych sieci elektrycznych ma już uziemienie. W wielu budynkach regulamin nakazuje, by przewód neutralny i uziemiający były połączone ze sobą w skrzynce z bezpiecznikami i by uziemienie poprowadzone było od skrzynki bezpośrednio do ziemi.

Godnym zaufania uziemieniem są także rury z zimną wodą – zapewniają bowiem bezpośredni kontakt metalowych części aż do rur zakopanych w ziemi. Inaczej jest z rurociągiem z ciepłą wodą, ponieważ bezpośredni kontakt z ziemią zwykle przerwany jest przez urządzenie grzejące wodę.

Rury przeciwpożarowego systemu zraszającego zwykle są uziemione, jednakże stanowią mało bezpieczne (i najczęściej nielegalne) uziemienie. NIGDY nie uziemiajcie się do rur sieci gazowej!

1. Zawsze sprawdzajcie ewentualne uziemienie woltomierzem. Zmierzcie napięcie pomiędzy uziemieniem a przewodami pod napięciem.

2. Pamiętajcie, że farba stanowi izolację. Uziemienie nie będzie skuteczne, jeśli z metalowego elementu, który chcecie uziemić, nie zdrapiecie pokrywającej go farby.

3. Uziemienie nie jest bezpieczne jeśli nie jest w stanie znieść całkowitego obciążenia. Obciążenie o wartości 200A nie może być bezpiecznie uziemione kablem w rozmiarze 1mm2.

4. Jeśli macie jakiekolwiek wątpliwości, uziemiajcie.

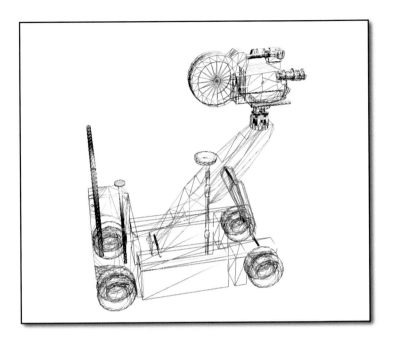

# GRIPOLOGIA

Praca ekipy obsługującej sprzęt oświetleniowy jest niezwykle istotna. Rozdział ten poświęcony jest narzędziom i sprzętowi oświetlaczy, standardowym metodom ich działań i zasadom pracy na planie.

Co robią oświetlacze (grips) na planie? Mnóstwo rzeczy: ustawiają i przestawiają wózki, obsługują krany i cały osprzęt. Jeśli trzeba podwieszają lampy na ścianie, na krawędzi klifu, na roller coasterze – robią wszystko, co wykracza poza zwykłe umieszczenie lampy na statywie bądź na podłodze. Obsługują też wszelkiego rodzaju narzędzia oświetleniowe (siatki rozpraszające, blendy, zasłony), które nie są częścią lamp. Wszystko to, co bezpośrednio dotyczy lamp – na przykład przypinanie filtrów rozpraszających do oprawy – robią elektrycy. Tak jest w systemie amerykańskim; w większości pozostałych krajów cała kontrola nad światłem leży w rękach elektryków.

**Definicje:** Baby oznacza albo 5/8-calowy bolec na stojaku lampy bądź innym sprzęcie, albo też końcówkę żeńską. Określenia Junior i Senior odnoszą się do 1 1/8-calowego bolca bądź żeńskiej końcówki. Inne standardowe rozmiary to ¼, 3/8, 5/8 i ½ cala. Takie końcówki znaleźć można na niemalże wszystkich szczytach elementów sprzętu oświetleniowego.

# KONTROLA ŚWIATEŁ

Jednostki do efektów świetlnych modyfikują charakter bądź ilość światła; blokują, kierunkują, ograniczają – słowem, sterują światłem. Praktyczna reguła określa, że kiedy elementy sterujące strumieniem są częścią samej lampy, zajmuje się nimi ekipa elektryków. Jeśli jednak to oddzielne urządzenia (ustawione na statywach na przykład), podlegają – w systemie amerykańskim - pracownikom technicznym. Do ich obsługi służy też zwykle inny sprzęt.

## Powierzchnie odbijające

Blendy fotograficzne to sprzęt filmowy o wielkich zasługach. W westernach klasy B z lat 40. i 50. był to praktycznie jedyny sprzęt stosowany przez ekipę oświetleniową (były to czasy stosowania porzuconej już dziś techniki zwanej „nocą amerykańską"). Tradycyjna blenda ma rozmiar 42' x 42' i posiada dwie strony – miękką i twardą. Twarda strona ma powierzchnię jakby lustrzaną, gładką, lśniącą. Miękka z kolei zrobiona jest z delikatnie fakturowanego materiału odbijającego, dzięki czemu światło przez nią odbite jest łagodniejsze. Strumień odbity od twardej, srebrzystej strony jest znacznie mocniejszy, skupiony i może sięgać bardzo daleko.

Miękka strona jest niezwykle przydatna przy równoważeniu światła dziennego w plenerach. Ponieważ światło słoneczne jest bardzo skupione, w scenach kręconych w takich warunkach rzuca wyjątkowo ostre cienie. Problem polega na tym, że światło słoneczne jest tak intensywne, że nie może się z nim równać żadna lampa. Jedynie lampy łukowe, 6K lub 12K są w stanie nieco je zrównoważyć. Najlepszym sposobem jest więc zbalansowanie światła słonecznego nim samym. Dlatego blendy są tak pożyteczne: intensywność odbicia rośnie i spada w zależności od natężenia światła źródłowego.

9.1
Głowica gripowa

9.2
(**a**) Ekipa techniczna w pracy
(**b**) Blendy odbijające światło
– miękka po lewej
i twarda po prawej stronie.

Powierzchnie odbijające mogą być zrobione z różnych materiałów. Najmocniejsze odbicie i największą kontrolę zapewnia oczywiście lustro, ale jednocześnie jest wyjątkowo delikatne w obsłudze. Łatwiejsze w transporcie, lecz bardziej nieregularne jest lustro sztuczne, czyli posrebrzany pleksiglas lub folia poliestrowa (którą można rozpiąć na ramie).

Strona miękka zwykle jest również srebrzysta, ale już nie tak gładka i ma wyraźną fakturę. Powierzchnia odbijająca może też być złota, by odpowiadać ciepłemu światłu (np. przy zachodzie słońca).

Blendę stanowić też może styropian. Jako że jego faktura jest nierówna, daje nam miękkie światło. Nie jest jednak zbyt sztywny i trudno utrzymać go dłużej w płaskiej pozycji. Nie stanowi to problemu jeśli chcemy uzyskać światło miękkie, ale przy ostrzejszym świetle trudno taką blendą manipulować i trudno też utrzymać na twardej powierzchni równe odbicie światła. Styropian to wartościowy materiał odbijający, ale trzeba też pamiętać, że to po prostu ekwiwalent tysięcy styropianowych groszków.

Firmy takie jak Rosco i Lee produkują też dostępne w rolkach bardzo miękkie i inne materiały odbijające. Można je rozpiąć na ramach. Ich standardowe rozmiary to 6' x 6', 12' x 12', itd. Aby uzyskać ciekawą powierzchnię odbijającą, można też w kilku miejscach rozbić młotkiem tanie lustro (takie, które przyklejone jest do tylnej ścianki jakiegoś mebla). W ten sposób uzyskać można półmiękkie, cętkowane odbicie. Jeśli zastosujemy tu twarde światło, otrzymamy połyskliwy refleks przypominający odbicie światła od budynku.

9.3
(**a**) Płaszczyzna materiału odbijającego.
(**b**) Niektóre ujęcia wymagają szczególnej manipulacji światłem – las statywów rośnie szybko. Na zdjęciu widzimy różne narzędzia kształtujące światło przed ujęciem blue box.

## Praca z powierzchniami odbijającymi

Podstawowa zasada przy pracy z powierzchnią odbijającą brzmi:

Kąt padania równa się kątowi odbicia.

Powierzchnie odbijające mogą tu stanowić pewien problem. Ponieważ słońce stale się przesuwa, blendy wymagają nieustannej adjustacji. Przy szybkiej pracy, każda blenda potrzebuje więc oddzielnej obsługi (jeśli kilka zebranych jest razem, wystarczy jedna osoba). Przed każdym ujęciem oświetlacze muszą więc na komendę poruszyć blendami i upewnić się, że odbijają światło tak, jak powinny.

Inne zasady postępowania z powierzchniami odbijającymi:

1.  Jeśli nie używacie blend, kładźcie je płasko na ziemi. Dzięki temu nie oślepiają ludzi na planie i są chronione przed podmuchami wiatru.
2.  Jeśli pogoda jest wietrzna i jeśli nikt z ekipy nie zajmuje się blendą, połóżcie ją na ziemi.
3.  Odbicie bezpośredniego światła słonecznego jest bardzo intensywne. Starajcie się nie oślepiać innych.
4.  Podczas kręcenia ujęcia blendy muszą być unieruchomione. Każde przesunięcie odbicia jest bardzo widoczne, a co za tym idzie, bardzo sztuczne.

Jeśli chcecie odpowiednio ustawić blendę, przechylajcie ją tak, by odbicie światła znalazło się na wprost was. Kiedy już znajdziecie ten punkt, łatwiej wam będzie manipulować blendą.

Blendy zwykle mocuje się na specjalistycznych statywach. Nazywa się je także statywami Combo; posiadają gniazda typu junior, regulowane nogi, nie mają kółeczek i ważą odpowiednio dużo, by blendy były stabilne. Używa się ich także jako statywów oświetleniowych.

## „Murzyny" i „zacinki"

To podstawowe narzędzia pozwalające na redukcję światła: rzucanie cieni, kontrolę i kształtowanie strumienia światła. Najpopularniejsze standardy rozmiarów (w warunkach amerykańskich – dlatego też wartości podane są w calach) to $12 \times 18$, $18 \times 24$, $24 \times 36$ i $48 \times 48$ (4' $\times$ 4'). Dostępne są też inne, rzadziej używane rozmiary.

## Triki

Najbardziej podstawowa zasada dotycząca murzynów: im dalej odsuniecie je od źródła światła, tym ciemniejszy będzie cień i większa redukcja światła. Dlatego murzyny są tak ważnym dopełnieniem skrzydełek. Ponieważ skrzydełka są przymocowane do oprawy lampy, nie można ich od niej odsunąć – mogą więc zawężać strumień światła tylko do pew-

a

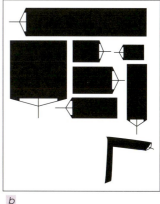

b

9.4
**(a)** Siatka
pojedyncza,
podwójna,
jedwabna i murzyn.
**(b)** Różne rozmiary
zacinek
redukujących
światło.
**(c)** Wózkarze
zajmują się
wszystkimi
technicznymi
sprawami, które
nie wiążą się
bezpośrednio
z lampą – na
przykład montażem
blendy, dzięki której
model oświetlony
jest miękkim
światłem.

c

nego stopnia. Murzyna natomiast można odsunąć tak daleko, jak tylko pozwala na to granica kadru, dzięki czemu manipulacja światłem jest właściwie nieograniczona. Najostrzejsze „ścięcie" światła uzyskacie usuwając soczewkę Fresnela, czyli otwierając lampę. Dzieje się tak dlatego, że nieosłonięta żarówka stanowi mniejsze źródło niż w połączeniu z soczewką. Oczywiście nie należy tego robić z lampami HMI.

Im szerszy strumień, tym mocniejsze ograniczenie (i głębsze cienie). Im bardziej skoncentrowany, punktowy snop, tym bardziej miękkie będą cienie i trudniejsza kontrola za pomocą murzynów i skrzydełek. Zacinki są dłuższe i węższe, zwykle spotyka się rozmiary 10 × 42, 18 × 48, 24 × 72.

Floppy flags zrobione są z dwóch warstw dywetyny (czarnego materiału imitującego aksamit). Jedna z nich przymocowana jest tylko z jednej strony ramy i można ją odwinąć

9.5
(**a**) *Cucoloris nadaje światłu kształt tutaj
doskonale współgrający z dymem.*
(**b**) *„Branchaloris" na statywie.*

a

b

tak, by, na przykład, rozmiar 4' × 4' zamienił się w 4' × 8'. Aby zmienić jej kształt, wystarczy przesłonić ją niewielkimi jasnymi blendami, przypinając je do ramy. Poza naprawdę wyjątkowymi sytuacjami, nigdy nie mocujcie murzynów bezpośrednio na statywie; zawsze starajcie się umieścić je na jakimś wysięgniku, by łatwo było nią manipulować. Tak jak w przypadku każdego rodzaju sprzętu, zaplanujcie kilka kroków naprzód – teraz wszystko stoi tam, gdzie powinno, ale być może za chwilę będziecie potrzebować murzynów gdzie indziej? Zostawcie sobie trochę luzu.

## Siatki

Siatki są podobne do murzynów, ale zamiast czarnej dywetyny używa się tu drobnej siateczki tiulowej, która redukuje światło nie zmieniając jego jakości.

Dwa rodzaje siatek są szczególnie często używane: pojedyncza (single) i podwójna (double). Istnieje jeszcze jedna, zwana lawendową, nieco rzadziej stosowana, redukująca światło o 1/3 wartości). Modele podwójne składają się po prostu z podwójnej warstwy tiulu, przy czym wierzchnia przesunięta jest o 90° w stosunku do spodniej. Na obramowaniu siatki oznaczone są kolorami: pojedyncze na biało, podwójne na czerwono a jedwabne na złoto. Wykorzystany materiał zwykle jest w trzech kolorach: czarnym, białym i lawendowym, z czego czarny jest najszerzej stosowany.

Siatka pojedyncza redukuje światło o ½ wartości, podwójna o 1 wartość, natomiast potrójna o 1 ½ wartości. Siatka lawendowa zapewnia nam redukcję o 1/3. To oczywiście wartości jedynie przybliżone – redukcja właściwa zależy od źródła światła, jego odległości od siatki i kąta pomiędzy powierzchnią materiału a promieniem. Główna różnica pomiędzy ramą murzyna a ramą siatki polega na tym, że ta druga jest z jednej strony otwarta, dzięki czemu można tak ustawić siatkę, by krawędź ramki nie rzucała cienia w miejscu, w którym nie powinno być to widoczne.

## Triki

Jeśli przechylicie siatkę tak, że położona będzie pod pewnym kątem względem wiązki światła, jej gęstość zwiększy się, a światło będzie mocniej zredukowane. Dzięki temu można odpowiednio korygować i subtelnie ustawiać redukcję. Tak jak i w przypadku murzyna, im bardziej siatka oddalona jest od źródła światła, tym mocniej ograniczony strumień otrzymamy.

Jeśli chcemy, by światło jednej lampy świeciło z tą samą intensywnością na pewną odległość (żeby na przykład oświetlało jakąś alejkę), siatki można ustawić tak, by ich powierzchnie nakładały się na siebie: najbliżej źródła stałyby dwie, pojedyncza i podwójna, dalej podwójna, potem pojedyncza.

Jeśli mistrz oświetlenia prosi was o przyniesienie podwójnej siatki, przynieście od razu i pojedynczą. Oszczędzicie sobie drogi. (To się tyczy wszystkich tego typu sprzętów).

## CUCOLORIS

Nikt nie wie, skąd pochodzi to słowo. Pojęcie to (inne nazwy to cookie bądź cuke), odnosi się do wzorzystej powierzchni, która ma rozbijać światło albo subtelnie (jeśli umieszczona blisko źródła), albo tworząc ostre, wyraziste cienie (jeśli dalej od źródła).

Nazwa ta w dziedzinie oświetlenia stosuje się do wszelkich płaskich powierzchni, w których wycięte są wzory. Standardowe cucoloris zrobione są ze sklejki albo tworzywa (zwanym celo - w tym wypadku jest to metalowa siatka pokryta przypominającym plastik materiałem, w którym wycięte są wzory o różnym stopniu przezroczystości). Te ostatnie są znacznie subtelniejsze niż drewniane. Najpopularniejsze wzory to liście, żaluzje, witraże.

a

9.6
(**a**) Wózek
załadowany różnego
rodzaju ramkami,
filtrami foliowymi i
dyfuzorami. Zwinięte
w rulony dodatkowe
siatki rozpraszające
umieszczone są
z boku.
(**b**) Jedwabna siatka
o gęstości
l' zastosowana przy
filmowaniu spaceru.
Ponieważ w scenie
tej zarówno kamera,
jak i aktorzy są
w ruchu, nie można
ustawić siatki na
statywie. Jeden
z wózkarzy trzyma
ramę siatki stojąc na
wózku, dzięki czemu
przesuwanie jej jest
łatwiejsze.
Nie potrzeba tu siatki
o pełnej gęstości,
znacznie mocniej
rozpraszającej
światła – gdyby jej
użyto, postacie
aktorów byłyby
ciemniejsze niż tło,
co wymagałoby
dodatkowego
oświetlenia. To z kolei
stwarzałoby problem
przy ujęciu w ruchu i
najprawdopodobniej
zmusiłoby ekipę
do zamknięcia
całej ulicy.

Cucoloris tego typu zwane też są gobo.
Dobrym materiałem są również tablice pian-
kowe – łatwo w nich wyciąć kształty, a jednocześnie są na tyle sztywne, że nie trzeba ich
niczym stabilizować.

Jeśli jako cucoloris wykorzystane są gałęzie
i liście, nazywa się je „dingles", inne określenie
to branchaloris. Jeśli rzeczywiście pojawiają się
w kadrze, mówi się na nie „smilex".

Tak jak w przypadku flag, im bardziej powierzchnie te oddalone są od źródła światła,
tym ostrzejszy dają efekt. Jeśli potrzebujemy
ostrego, wzorzystego cienia, upewnijcie się,
że macie odpowiednio silną lampę, by móc
ustawić ją dalej. Dla maksymalnego rezultatu
możecie zdjąć soczewkę z lampy. To zredukuje
promieniowanie do wąskiej wiązki, która rzuca
najbardziej wyraziste z możliwych wzory.

b

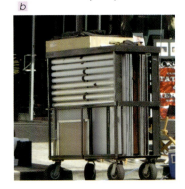

## Plaster miodu (grid)

Zastosowanie plastrów miodu w filmie przyszło z fotografii, w której wykorzystywano je, by ukierunkować wiązkę światła nieskierowanego. Te siatki z otworami w kształcie plastrów miodu mają zwykle kilka centymetrów grubości. Ich funkcja podobna jest do funkcji kratki na miękkich światłach.

## Otwarte ramki dyfuzyjne

Ramki wszystkich rozmiarów zwykle są otwarte, by oświetlacze mogli przymocować do nich foliowe filtry rozpraszające. W każdym podstawowym zestawie ekipy oświetleniowej musi być kilka ramek różnej wielkości. Do mocowania folii służyć może zwykła papierowa taśma klejąca albo też profesjonalna, dwustronna. To najszybszy i najłatwiejszy sposób podczepiania filtrów.

# DYFUZORY

Zwane też siatkami jedwabnymi, dyfuzory dostępne są w takich samych standardowych rozmiarach jak murzyny i pokryte są białym, przypominającym jedwab materiałem. Kiedyś w urządzeniach tego typu używano prawdziwego jedwabiu – nadal zresztą kupić można siatkę z chińskiego jedwabiu. Dziś jednak w produkcji najczęściej wykorzystuje się nylon, który łatwiej się czyści i który nie żółknie zbyt szybko. Siatki zmiękczają i redukują światło, zwykle o 2 wartości. Istnieją oczywiście także dyfuzory znacznie subtelniejsze (1/4 lub 1/3 wartości).

## Butterfly i Overhead - płócienne rozpraszacze

Siatki rozpraszające montowane na stałe rzadko bywają większe niż standardowy rozmiar 4' × 4'. Dyfuzory w rozmiarach 6' × 6' nazywa się butterfly. Są to duże siatki rozpinane na stelażach montowanych na planie.

Jeszcze większe siatki podwiesza się nad głową (dlatego zwane są „overhead") – dostępne są w rozmiarach 8' × 8', 12' × 12', a nawet 20' na 20' (inne to 9' × 12', 20' × 40', 30' × 30' oraz 40' × 40') Przy transporcie tkaninę się zdejmuje, a stelaż demontuje. Butterfly (6 × 6) mogą być rozwieszone na statywie.

Przy podwieszaniu dużych stelaży (20') trzeba mieć pewność, że mamy odpowiednio dużo przestrzeni. Trzeba przy tym zachować maksymalną ostrożność – nie bierzcie się za to bez pokaźnej ekipy doświadczonych oświetlaczy.

9.7
(**a**) Poprzeczka statywu: dwa zaciski do rur podtrzymują aluminiową rurkę Speedrail. (**b**) Ramię boczne pozwala zamontować na rurce Speedrail lampę Mole Biax. (**c**) Dwa statywy i poprzeczka Speedrail pomiędzy nimi, na której zamontowana jest lampa Biax. Tego typu rusztowanie montowane jest zarówno przez wózkarzy, jak i elektryków.

## Zasady postępowania przy siatkach typu butterfly i overhead

Nigdy nie zostawiajcie podwieszonych siatek bez nadzoru. Przy każdym statywie stale powinna być jedna osoba, a o dwie lub trzy więcej, jeśli przesuwacie statywy w warunkach innych, niż bezwzględna cisza. Jeśli stracicie kontrolę nad nimi, siatki mogą spowodować poważne zniszczenia. Pamiętajcie, by linki podwiązywać pod jak najmniejszym kątem i odpowiednio je zabezpieczać. Stosujcie takie węzły przy linkach, by w razie potrzeby można je było regulować i napinać. Aby manipulować ramą, do górnych rogów można przymocować linę taśmową. Lina ta powinna być odpowiednio długa, by po podczepieniu w połowie jej długości, luźno zwisała aż do ziemi niezależnie od położenia ramy.

Manipulując ramą, lepiej przywiązywać prowadzące od niej linki do worków obciążających, bądź innego ruchomego balastu, niż do nieruchomych elementów. Łatwiej przesunąć taki worek niż odwiązywać, na nowo zawiązywać bądź regulować węzły. Linki mocujące całą ramę należy wiązać mocnym węzłem, natomiast linki mocujące materiał do ramy lepiej przywiązywać na kokardkę – łatwo je rozwiązać, kiedy trzeba szybko zmienić siatkę. Zmieniając ją nie kładźcie ramy na ziemi, ustawcie ją na drewnianych skrzynkach bądź innych tego rodzaju podstawkach.

## Griffy

Kolejnym typem podwieszanego materiału jest griff (bądź griffolyn). Griffy, początkowo produkowane dla rolnictwa (w rzeczywistości są to po prostu unowocześnione wersje brezentu), to płachty z wzmocnionego tworzywa. Ich zaletą jest to, że niezwykle intensywnie odbijają światło, a ponadto są bardzo trwałe i praktycznie wodoodporne.

Griffy dostępne są w różnych rozmiarach od 4 × 4 do 20 × 20 i większych; można je zwijać w rolki. Firma Matthews oferuje specjalne taśmy, za pomocą których można łączyć segmenty. Dostępne są też zaciski tego producenta – przyczepione w dowolnym miejscu griffu pełnią funkcję zaczepów pozwalających podwiązać griff (z ramą czy bez) praktycznie do wszystkiego. Matthews produkuje griffy w konfiguracjach czarne/białe, białe/białe i przejrzyste.

Jeśli zamawiacie kompletny zestaw tego typu narzędzi, poza podwieszanymi siatkami powinny się w nim znaleźć też siatka jedwabna, czarna dywetyna, siatka pojedyncza i podwójna. Ta sama rama służyć może do mocowania wszystkich tych akcesoriów, co daje wam gamę możliwości kontroli światła. Bielony muślin (o gęstości podobnej do gęstości prześcieradła) oraz zwykły (żółto-biały, dla cieplejszego światła) również można rozpiąć na ramie. Otrzymamy wtedy bardzo mocny dyfuzor bądź powierzchnię odbijającą.

Griffy to sprzęt uniwersalny. Najczęściej używane są jako materiał odbijający światło (słoneczne bądź z dużej lampy HMI). Biały griff o wymiarach 12 × 12 lub 20 × 20 przy lampie 6K, 12K czy też 18K to także popularna kombinacja stosowana przy nocnych plenerach. Daje światło na tyle miękkie, że wydaje się nie mieć źródła, ale też powierzchnia odbija światło z dużym natężeniem. Griff zwrócony czarną stroną do obiektu może też służyć do redukcji światła bądź jako negatywne wypełnienie. Kiedy pada, wodoodporny materiał może doskonale pełnić funkcję namiotu. Jeśli biała strona zwrócona jest ku ziemi, możemy nawet uzyskać efekt ogólnego światła padającego z nieba.

# MOCOWANIE

## Głowice Gripowe

Większość sprzętu obsługiwanego przez oświetlaczy służy właśnie do tego – podtrzymywania i montowania lamp, blend, itd. Spora część obowiązków oświetlaczy polega na mocowaniu poszczególnych elementów tam, gdzie powinny się one znaleźć.

Głowica gripowa (nazywana też głowicą gobo) to jedno z najważniejszych urządzeń w akcesorium oświetlaczy, jest niezbędna przy montażu i mocowaniu sprzętu. Dlatego też w standardowym wyposażeniu znaleźć można pełen asortyment urządzeń służących do podtrzymywania, zaciskania czy chwytania.

a

b

c

9.8
(**a**) Statyw typu „highboy" z głowicą gripową podtrzymującą ramię statywu. Ramię to jest podwójnie wydłużone, by dalej sięgać.
(**b**) Detal wydłużonego ramienia.
(**c**) Zasada prawej ręki. Kiedy stoicie przed statywem, wszystkie uchwyty są po prawej stronie.

9.9
(**a**) Wszystko w tym ustawieniu jest błędne. Nie została zachowana zasada prawej ręki, ramię statywu jest ustawione na wysokości wzroku tak, że może komuś wydłubać oko, ciężar nie został przeniesiony na wyższą stopę, brakuje worka obciążającego.
(**b**) Dobre ustawienie. Zachowano zasadę prawej ręki, ramię jest ustawione na bezpiecznej wysokości, a całości dopełnia worek obciążający.

Jednym z najważniejszych wynalazków XX wieku w dziedzinie oświetlenia była głowica gripowa. Uniwersalna, mocna i stabilna, może być wykorzystywana do całej gamy zadań. Głowica ta to złącze z dwiema płytkami naciskowymi i otworami na trzpienie różnych rozmiarów. Może służyć do podtrzymywania blend, tablic, sklejek, wysięgników, statywów, drutów, gałęzi drzew, ołówków, po prostu wszystkiego, co przyjdzie wam do głowy. I możecie mieć pewność – co zamontujecie, będzie stabilne.

Głowice mogą być montowane na specjalnym ramieniu (gobo arm). Jego standardowy rozmiar to 100 cm, choć dostępne są też krótsze, 50 cm. Jeśli zamawiacie tego rodzaju sprzęt, weźcie od razu kilka – w pracy oświetlacza narzędzia te są nie do przecenienia.

## Statywy oświetleniowe

Jedną z najważniejszych zasad jest zasada prawej ręki: zawsze ustawiajcie głowicę tak, by siła grawitacji w naturalny sposób ją zaciskała. Przy stosowaniu głowicy mamy do czynienia z tarciem; jeśli dokręcamy ją zgodnie ze wskazówkami zegara, wywieramy nacisk na ramię. To właśnie tarcie (czy też opór) podtrzymuje ramię i jednocześnie nie pozwala, by zacisk się zwolnił. Gdy przedmiot na statywie sięga dużo dalej niż ramię, zaczyna ciążyć, jak każe siła grawitacji, ku ziemi. Jeśli ta rotacyjna siła sprawia, że wszelkie śruby i zaciski obracają się w przeciwną stronę niż wskazówki zegara, zacisk zacznie zwalniać. Upewnijcie się więc, że grawitacja ciągnie statyw w tym samym kierunku, w którym przykręcaliście głowice.

## Kratownice

Te wyposażone w kółka statywy wykorzystywane są do mocowania dużych siatek. Dzięki poprzeczce tworzą swoistą bramkę, do której podwieszać można wszelkiego rodzaju duże elementy. Rozkładany stelaż to naprawdę potężna konstrukcja i może sięgać bardzo wysoko (5,5 m). Większość z nich posiada większe wersje głowic.

9.10
Zacisk z bolcami.

# ZACISKI

## Ściski śrubowe

Uchwyty ze śrubami dostępne są w różnych rozmiarach. Służą do montowania świateł, głowic i innych urządzeń do belek, drzew  i wszelkich elementów, które mogą je podtrzymać.

## Wskazówki dotyczące stosowania uchwytów

- Odpowiednio zamontowany zacisk utrzymać może pokaźny ciężar. Nie potrafi jednak stawić oporu, jeśli zaciskany przedmiot obraca się prostopadle do osi zacisku. Uważajcie na to.
- Zaciski właściwie zawsze zostawiają ślady. Dlatego lepiej zabezpieczyć powierzchnię małym kawałkiem kartonu.
- ZAWSZE zabezpieczajcie zarówno zacisk, jak i zaciskany przedmiot linką bezpieczeństwa.
- Pamiętajcie, by stosować odpowiedni rozmiar zacisku. Jeśli będzie zbyt duży, jego śrubę trzeba będzie zbyt daleko wykręcić. Wówczas śruba zacznie się chwiać. To niebezpieczna sytuacja i lepiej jej unikać.
- Jeśli mocujecie coś do rurki, musicie użyć zacisku wyposażonego w metalową szynę. Zwykły zacisk jest zbyt płaski, by uchwycić rurkę wystarczająco mocno.

## Ścisk śrubowy typu „bar clamp"

To wariant uchwytu typu c-clamp. Do szyny umocowane są dwie zaciskające części, w tym jedna regulowana, zaopatrzona w dokręcaną śrubę. Tego rodzaju ściski mogą być bardzo szerokie, więc przydają się tam, gdzie zwykłe zaciski są niewystarczające.

**9.11**
*Ciężarówka ze sprzętem oświetleniowym. Wózki dla statywów i siatek stoją gotowe, czterostopniowa drabinka ułatwia wejście i zejście z platformy ciężarówki. Statywy na reflektory przymocowane są do drzwi.*

## Uchwyty rurowe

Uchwyty te są przeznaczone do mocowania elementów bezpośrednio na rurkach i kratownicach. To sprzęt używany w teatrze, dlatego też bardzo dobrze sprawdza się w warunkach studyjnych. Pamiętajcie, że uchwyty tego typu mogą „uwolnić" lampę od statywu; warto je stosować w atelier bądź w przestrzeniach industrialnych, w których znaleźć możecie wszelkiego rodzaju rurki i rusztowania.

## Uchwyty łańcuchowe z trzpieniem

Ponieważ rzadko zdarza się, żeby firma wypożyczająca sprzęt oferowała tego rodzaju uchwyty, wielu oświetlaczy nosi je we własnych zestawach. Modele z trzpieniem mogą mocować światła do pionowych rur, belek, zderzaków i innych dziwnych elementów. Uchwyty łańcuchowe pozbawione trzpienia często służą do zabezpieczania dwóch rur bądź do mocowania statywu oświetleniowego do kranu lub zewnętrznych schodów przeciwpożarowych. Oferują stopień stabilności niemożliwy do uzyskania przy stosowaniu liny taśmowej czy zwykłych uchwytów.

9.12
Porady
dla wózkarzy
(Tips for Grips,
rys. Brent Him,
Master
of Gripology)

## Uchwyty typu Cardellini i Mafer

To narzędzia niezbędne; chwytają wszystko i mają wymienne trzpienie, dzięki którym możecie mocować zarówno lampy jak i szklane płyty. Mają też szereg innych zastosowań:

- Oświetlacze często przyczepiają tego rodzaju uchwyty do szyn dla wózków, żeby je zabezpieczyć.
- Jeśli zepniemy uchwyt z głowicą gripową, może on utrzymać ramę nawet o wymiarach 6 × 6.
- Za pomocą odpowiedniej płytki i uchwytu rury bądź tablicy można przymocować karton odbijający światło. Zastosowań jest nieskończona ilość.

Uchwyt typu Cardellini jest podobny, ale jeszcze nieco bardziej uniwersalny. Ma też ogromną moc – może utrzymać naprawdę spore ciężary.

9.13
(**a**) Lampa 2K ziplight
umocowana na ścianie.
(**b**) Chwytak
typu „platypus"
wykorzystywany
do mocowania tablic
piankowych na statywie.
(**c**) „Pigeon"
na najcieńszej skrzynce.
(**d**) Statyw typu „turtle"
będący zwykle bazą
dla lampy 2K. Ten,
który widzimy na zdjęciu,
jest w zasadzie podstawą
stojaka. Inne tego typu
statywy przeznaczone są
dla lamp i sprzętu (np.
maszyn do wiatru),
które mają odpowiedniej
wielkości bolec.

## Chwytak (platypus)

To uchwyt zaopatrzony w trzpienie i płaskie płytki do chwytania blend styropianowych i tego typu sprzętu. Dzięki płytkom uchwyty te delikatnie trzymają blendę i nie gniotą jej.

## Wall Plate, Baby Plate, Pigeon

Choć z technicznego punktu widzenia są to różne rzeczy, nazw tych używa się wymiennie. Ogólnie rzecz biorąc są to płaskie płytki wyposażone w metalowy trzpień. Płytka zawsze ma też otwory na śrubki – za pomocą płytki, wkrętów do płyt gipsowych i lekkiej wiertarki mocować można niewielkie lampy, ramiona wysięgników, blendy i murzyny oraz inne tego typu elementy do wszelkich drewnianych powierzchni.

Szczególnie popularne połączenie to baby plates zamontowane na skrzynkach o różnych rozmiarach – nazywa się je pigeon. To standardowe rozwiązanie, gdy chcemy niewielką lampę umieścić nisko. Jeśli wykorzystujemy najcieńszą ze skrzynek, to przy wyborze śrubek musimy pamiętać, że ma ono ograniczoną głębokość. Jeśli średnia skrzynka okaże się niewystarczająca, można pod nią umieścić inne.

9.14
(**a**) Różne rozmiary
skrzynek.
(**b**) Skrzynki w standardowych pozycjach.

## 2K Receivers i Turtles

Podczas gdy pigeon to w zasadzie baby plate, podobne urządzenie można skonstruować z wejściem dla lamp 2K. Odmianą tego narzędzia będzie tzw. turtle (żabka), czyli trójnożny niski statyw dla lamp 2K. Jego zaletą jest to, że podparty dwoma workami obciążającymi sam w sobie stanowi stabilny sprzęt. Podobnie jest z T-bone, składającego się z dwóch metalowych drążków z wejściem 2K. Dzięki niemu lampę zamontować można jeszcze niżej niż w przypadku turtle; można ją także przytwierdzić do ściany. Wszystkie T-bone zaopatrzone są w łańcuchy bezpieczeństwa. Niestety są one bardzo nieporęczne – nieustannie przeszkadzają w montażu i zdają się wchodzić pod narzędzie bądź skrzynkę właśnie wtedy, gdy chcemy wszystko płasko ułożyć. A jednak stale się je stosuje.

Niektóre firmy produkują statywy z odłączaną podstawą. Po wyjęciu pionowej części wysuwanego stelaża, nogi statywu mogą służyć jako niezależna jednostka z wejściem typu „junior”. Z kolei samą kolumnę statywu wykorzystać można jako wysięgnik montowany w trudno dostępnych miejscach.

## Side arms i offset arms

Side arm, czyli boczny wysięgnik statywowy (zarówno dla lamp 1K, jak i 2K) pełni dwie funkcje:

1.  Pozwala umocować lampy nieco dalej
2.  Ponieważ można go zamontować na każdym poziomie stelaża, są bardzo przydatne przy mocowaniu lamp nisko, ale jednak na statywie.

Offset arm, zwany po polsku poprzeczką, to podobny sprzęt, ale montuje się go nie z boku kolumny, lecz na szczycie statywu.

## Inne sprzęty

### Skrzynki

Angielski termin – „apple-box" – wywodzi się jeszcze z wczesnych lat Hollywood, kiedy to używano prawdziwych skrzynek po jabłkach. Dziś zamiast nich wykorzystuje się produkowane specjalnie w tym celu solidne podstawki. Najprostsze modele dostępne są w czterech rozmiarach (full apple, half-apple, quarter-apple i pancake) i stanowią uniwersalne narzędzie w pracy na planie.

### Kliny

Drewniane kliny początkowo pełniły funkcję prostych podnośników, najczęściej dla szyn wózków. Zestaw klinów to klasyczne akcesorium dla wszelkich prac z tego typu sprzętem. Mniejsze modele wykorzystuje się do drobnych czynności, np. do podnoszenia kamery.

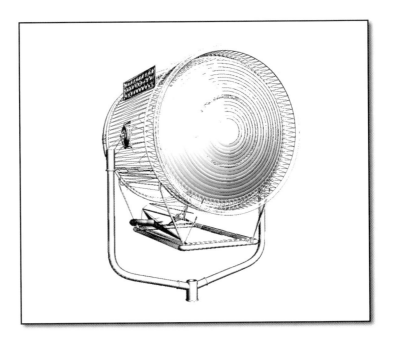

# EKIPA
# I JEJ PRACA NA PLANIE

Pracą ekipy oświetleniowej rządzą pewne reguły; oczywiście można się spotkać z „regionalnymi" różnicami, lecz podstawowe zasady są takie same na całym świecie. Dzięki temu ekipa, która nigdy wcześniej ze sobą nie pracowała może działać zgodnie i wydajnie – nawet jeśli w grupie są fachowcy z różnych krajów. W tym rozdziale przyjrzymy się podziałowi obowiązków w zespole na planie i poza nim.

## Operator

Za pracę ekipy oświetleniowej odpowiadają różne osoby, w zależności od typu produkcji. W przypadku filmu fabularnego, programów czy filmów telewizyjnych kręconych z jednej kamery, spotów reklamowych kręconych na taśmie filmowej (czasem także na HD bądź DV wideo), ekipa podlega operatorowi (ang. Director of photography). To on kontaktuje się bezpośrednio z reżyserem, jemu podporządkowana jest ekipa elektryków, obsługa kamery i ekipa wózkarzy. Operator konsultuje też wszelkie decyzje ze scenografem.

10.1
*Zorganizowana praca ekipy filmowej, gdzie każdy zna swoje zadanie i umie współpracować z innymi.*

Choć operatorzy w różnym stopniu angażują się w decyzje dotyczące pracy kamery (wybór obiektywu, ustawienie, kąt widzenia i ruchy kamery), ich zadaniem jest realizowanie wizji reżysera. Wypełnia ją przy pomocy operatora kamery (szwenkiera), jego asystenta i wózkarza.

Natomiast operatorską wizję oświetlenia urzeczywistnia mistrz oświetlenia (gaffer) i główny wózkarz (key grip). W wypadku wideo (zwłaszcza w telewizji) obowiązki są podzielone: operator kamery odpowiada za kadrowanie ujęcia, natomiast realizator światła za oświetlenie sceny. Tak jest w systemie brytyjskim (i w wielu innych krajach), gdzie operator współpracuje z reżyserem przy planowaniu ruchów i ustawień kamery czy przy wyborze obiektywów, a szwenkier całą swą uwagę poświęca światłu, czasem nawet nie widząc planu przez obiektyw.

Ponieważ realizacje HD i DV coraz bardziej upodabniają się do standardowej produkcji filmowej, a operator zastępuje realizatora światła, tradycyjny podział obowiązków pomiędzy operatorem a mistrzem oświetlenia powoli się zmienia. W grę wchodzić może jeszcze technik obrazu cyfrowego (choć nie ma on wiele wspólnego ze światłem – to raczej stanowisko związane z pracą kamery). Z kolei przy produkcjach reklamowych coraz częściej możemy spotkać się z sytuacją, w której reżyser jest jednocześnie operatorem. Ponieważ musi skupiać się jednocześnie na reżyserii, prowadzeniu kamery i kontaktach z klientami, w ogromnym stopniu polega na mistrzu oświetlenia, który oświetla scenę opierając się na storyboardzie i kilku wskazówkach reżysera.

# EKIPA

## Mistrz oświetlenia (Gaffer)

Najpierw nakreślmy odwieczny spór. Różnorodnych wersji opowieści o pochodzeniu słowa „gaffer" jest bardzo wiele. Przyjrzyjmy się oficjalnej definicji. Wedle słownika oxfordzkiego to określenie pojawiło się w XVI wieku i oznacza osobę, której pozycja czyni ją godną szacunku lub też nadzorcę, brygadzistę grupy pracowników: przywódcę, majstra, zwierzchnika, przełożonego.

Przy tradycyjnej produkcji mistrz oświetlenia to – by użyć wojskowej nomenklatury – porucznik na planie, główny asystent operatora, odpowiedzialny za oświetlenie. Dawniej nazywany był głównym lub pierwszym elektrykiem albo też kierownikiem ekipy elektryków. Ostatnio częściej określa się go jako głównego technika oświetlenia. Termin ten bardzo dobrze oddaje zakres i charakter obowiązków mistrza oświetlenia, jako że dziś rzadko jego praca wiąże się z elektryką, którą zajmuje się raczej drugi elektryk.

Mistrz oświetlenia realizuje wizję operatora wydając polecenia elektrykom i głównemu wózkarzowi (key grip). Do jego zadań należy:

a

b

10.2
(*a*) Nie zapomnijcie zabezpieczyć wszystkich końcówek kabli przy lampach.
(*b*) Klamerki do zakładania i ściągania siatek z kamery.

- Sprawdzenie, jakie możliwości daje wybrany na zdjęcia plan (plener lub pomieszczenie) i jakie problemy może sprawiać. Określenie warunków energetycznych: czy dostępny jest prąd, odpowiednie przewody, itd.

- Przygotowanie – po konsultacji z operatorem i kierownikiem produkcji – planu oświetleniowego. Określenie porządku działań ekipy oświetleniowej i elektrycznej.

- Ustalenie z ekipą oświetleniową wszelkich kwestii dotyczących ustawień i montażu lamp, blend, dyfuzorów i innych tego typu sprzętów.

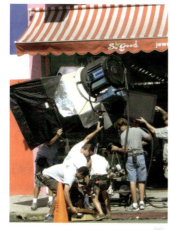

10.3
**(a)** Przenoszenie sporego sprzętu wymaga pracy zespołowej i koordynacji działań. Na zdjęciu wózkarze pomagają głównemu oświetlaczowi i elektrykom podnieść dużą lampę (18K i Chimera): skrzynki podtrzymują jednostkę, podczas gdy jedna noga sięga poza chodnik.
**(b)** Statyw podtrzymujący niewielkie lampy. Jego nogi można wyregulować i dostosowywać do nierównego terenu, schodów, itd.

- Wydanie elektrykom dyspozycji dotyczących tego, jakie lampy ustawić na planie, gdzie je umieścić oraz jakie filtry korekcyjne czy rozpraszające będą potrzebne.

- Wykonanie wszelkich pomiarów sceny, poinstruowanie elektryków co do skierowania i zbalansowania oświetlenia, szerokości wiązki światła, zastosowania siatek bądź ściemniaczy. Wydanie wózkarzom dyspozycji dotyczących rozlokowania elementów redukujących światło czy dyfuzorów.

- Ostrzeżenie operatora i/lub reżysera przed wszelkimi problemami, jakie mogą pojawić się na planie. Na przykład: światła mogą świetnie się sprawdzać przy danym ustawieniu aktorów, ale jeśli któryś z nich podejdzie zbyt blisko do okna, jego obraz będzie prześwietlony.

- W zależności od decyzji operatora – dokonanie pomiarów sceny niezbędnych do określenia przysłony kamery.

- Konsultacja z operatorem, szwenkierem i jego asystentem dotycząca takich wyjątkowych okoliczności, jak szybkość przesuwu klatek, monitorów, które pełnić mogą rolę rekwizytów, synchronu HMI, filtracji, itd.

- W trakcie realizacji zdjęć – obserwacja sceny pod kątem zmieniających się warunków, np. przesuwającego się światła słonecznego lub chmur. W przypadkach, kiedy operator jest jednocześnie szwenkierem, mistrz oświetlenia musi stale kontrolować sytuację i sygnalizować ewentualne problemy.

Narzędzia operatora i mistrza oświetlenia to:

- Miernik światła padającego
- Miernik światła punktowego
- Miernik temperatury barwowej
- Aparat cyfrowy albo Polaroid
- Zestaw filtrów foliowych
- Wykres synchronów HMI
- Szara tablica (o wartości odbicia światła 18%), a także skara szarości i wykres kolorów.
- Kantszkiełko, czyli filtr do oceny światła (viewing filter)
- Kompas
- Latarka
- Wykres padania promieni słonecznych dla danej szerokości geograficznej (sun chart)

## Główny oświetlacz (Best Boy)

Przyjmując żargon wojskowy, to podoficer odpowiedzialny za ekipę elektryczną, a jednocześnie asystent mistrza oświetlenia bądź realizatora światła. Niektórzy nie lubią określenia „best boy" (szczególnie kobiety, które bardzo często pełnią tę funkcję), więc stanowisko to dziś nazywa się również drugim elektrykiem bądź asystentem głównego technika oświetlenia. Jego obowiązki obejmują:

1. Wszelkie kwestie dotyczące elektryczności: podłączanie do instalacji, podłączanie generatorów i przewodów, równoważenie obciążenia elektrycznego, wybór potrzebnego sprzętu.

2. Bezpośredni nadzór nad ekipą elektryków. Przy większych pracach musi on również wyselekcjonować odpowiednich elektryków i ustalić rozkład ich zajęć, a także kontrolować ich dyscyplinę w wypełnianiu obowiązków.

3. Zarządzanie sprzętem. Drugi elektryk musi stale współpracować z działem produkcji, by mieć pewność, że zamówiony sprzęt jest dostępny, dostarczony i opłacony. Organizuje też transport i montaż sprzętu. Powinien mieć wszelkie informacje dotyczące tego, które światła są aktualnie używane, a które można w razie czego wykorzystać.

4. Ustawianie sprzętu na planie. Drugi elektryk powinien dopilnować, by sprzęt był sprawnie rozładowany, ustawiony na planie i przygotowany do pracy. Po skończonym dniu zdjęć odpowiada za to, by wszystko zostało równie sprawnie i szybko zapakowane do wozów transportowych.

Przy większych produkcjach wiele z tych obowiązków należy do trzeciego lub czwartego elektryka, podczas gdy drugi zajmuje się głównie dokumentami dotyczącymi sprzętu i robotą biurową.

## Trzeci elektryk i elektrycy

Trzeci elektryk to kapral ekipy. Przy mniejszych produkcjach stanowisko to stoi najniżej w hierarchii, ale przy dużych filmach może mieć zwierzchność nad innymi elektrykami.

W pierwszych latach kina, kiedy otwarte lampy łukowe były jedynymi dostępnymi źródłami światła, nie było specjalnych urządzeń stabilizujących łuki węglowe, gdy elektrody się spalały. Przy każdej z lamp musiał więc czuwać ktoś, kto podtrzymywał elektrody w odpowiedniej pozycji. Wymagało to zręczności i umiejętności, dlatego też ci, którzy pełnili tę funkcję, nazywani byli „operatorami lampy". Nawet dzisiaj, przy filmach o standardowym budżecie znaleźć możecie tego rodzaju kategorię.

10.4
Mały ściemniacz stosowany
do lamp-rekwizytów
i mniejszych jednostek do 1000W.

## Inne obowiązki

Przygotowanie sprzętu: trzeci elektryk musi czuwać nad tym, by sprzęt był gotowy do użytku. Każda z lamp ma swoje siatki i skrzydełka, swoje kable, przedłużacze, itd. Kiedy mistrz oświetlenia prosi o daną lampę, do trzeciego elektryka właśnie należy przyniesienie jej na plan, podczas gdy drugi doprowadza prąd na wyznaczone miejsce – lampa więc zaczyna działać, kiedy tylko ląduje na statywie.

Główny oświetlacz powinien zawsze mieć przy sobie:

- Nożyk typu Interlock (z łamanymi ostrzami)
- Drewniane klamerki do bielizny
- Rękawice robocze
- Klucz do nakrętek
- Latarka
- Miernik uniwersalny (do pomiaru napięcia i oporu zarówno przy prądzie stałym, jak i przemiennym)
- Tester ciągłości obwodu
- Miernik cęgowy
- Śrubokręt
- Kombinerki
- Flamastry

10.5
Podstawowe
narzędzia,
jakie każdy
pracownik
techniczny
powinien mieć
na planie: nożyk,
uniwersalne
szczypce,
scyzoryk i latarka.
Wózkarze
i elektrycy
powinni być także
wyposażeni
w rękawice
robocze.

W zestawie narzędzi:

*   Szczypce zaciskowe
*   Klucz nastawny
*   Śrubokręty Phillips #1 i #2
*   Klucze imbusowe
*   Obcęgi do bezpieczników
*   Przedłużacze i rozgałęziacze (do poważniejszych robót)
*   Złączki redukcyjne
*   Taśma elektryczna (czarna)
*   Kolorowa taśma izolacyjna (czerwona, niebieska, żółta, biała, zielona)
*   Zapasowe bezpieczniki (domowe, do rozdzielni na planie)
*   Zszywacz pistoletowy o dużej mocy
*   Miarka zwijana
*   Kostki połączeniowe
*   Przewód izolowany

## Główny wózkarz (Key Grip)

Wózkarze to bardzo ważna grupa w ekipie oświetleniowej; odpowiadają oni za następujące rzeczy:

- Montowanie świateł na kratach, ścianach bądź pod sufitem.
- Montowanie świateł do pojazdów przy zdjęciach w ruchu.
- Ustawianie murzynów, siatek, cucolorisów, elementów redukujących światło.
- Ustawianie i regulowanie powierzchni odbijających światło.
- Montowanie i regulowanie siatek rozpraszających oraz siatek typu butterfly i overhead.
- Mocowanie wszelkich filtrów, których nie montuje się na kamerze, np. folii filtrujących przyczepianych do okien, ramek lub innych tego typu elementów.
- Umiejscawianie worków obciążających, podwiązywanie wysokich statywów.
- Podnoszenie czy montowanie ciężkiego sprzętu.
- Pomoc przy ciężkich lampach bądź w sytuacjach, gdy ich montaż sprawia problemy (np. miejsce, w którym mają być zamocowane jest trudno dostępne).
- Zaopatrzenie planu w drabiny, podnośniki, krany, itd.
- Zapewnienie lampom ochrony przed deszczem.
- Podnoszenie wysokich statywów za pomocą skrzynek czy klinów.

Nakreślony podział obowiązków wózkarzy odnosi się tylko do systemu amerykańskiego i został wypracowany w pierwszym półwieczu XX wieku. Do pewnego stopnia jest on wynikiem rywalizacji pomiędzy związkami zawodowymi elektryków, pracowników technicznych i tych odpowiedzialnych za rekwizyty. W Europie, Japonii i w innych krajach stosuje się inne systemy: zwykle elektrycy zajmują się wszystkimi sprawami dotyczącymi oświetlenia (podwieszanie, montaż, mocowanie siatek, blend, itd.). Przy szczególnie ciężkich pracach mogą liczyć na pomoc dyżurnych planu, normalnie stanowiących część pionu scenograficznego.

10.6
*Wózkarz trzymający zasłonę dla kamery. Warto zwrócić uwagę, że wózek typu Fisher zamontowany jest na innym wózku umieszczonym na szynach.*

Dzięki temu ekipa wózkarzy może poświęcić swój czas na obsługę wózka, pracę ze stolarzami planu, dopilnowanie kranów i inne ważne zadania. A jednak podział pracy w amerykańskim systemie może być źródłem problemów. Elektryk może na przykład ustawić światła, skierować je, zamocować filtry, a potem zawołać wózkarza, by przesunął blendę kilka centymetrów dalej. Jeśli ustawienie wymaga dalszych poprawek, elektryk musi znów znaleźć wózkarza, wytłumaczyć, jaki efekt powinna dawać blenda, a potem stanąć sobie z boku i patrzeć, jak ten poprawia blendę.

*a*

*b*

10.7
**(a)** Pamiętajcie, by nigdy nie opierać mniejszej siatki o większą; to grozi uszkodzeniem jednej z nich. To samo dotyczy murzynów i siatek jedwabnych.
**(b)** Skrzynki tego rodzaju doskonale przydają się przy przechowywaniu mniejszych przedmiotów i drobnego sprzętu.

Dobra ekipa wózkarzy może być na planie nieocenionym wsparciem. Ale dla wielu z nich współpraca z elektrykami to zajęcie mało prestiżowe. Ci ostatni często muszą czekać na wózkarzy, którzy zajmują się bardziej palącymi sprawami. Choć doskonale znają sprzęt i wiedzą, co trzeba zrobić, stoją bezczynnie, bo nie wolno im niczego ruszać.

## Wózkarze (Grip)

Drugi wózkarz pracuje dla głównego wózkarza, tak jak dla mistrza oświetlenia pracuje jego główny oświetlacz. Przy większych produkcjach jest to zwykle praca czysto biurowa, ale czasem pracowników tej ekipy wzywa się na plan do różnych zadań fizycznych. Większość wózkarzy ma przy sobie spory asortyment narzędzi:

- Nożyk z dodatkowymi ostrzami
- Młotek
- Miarka zwijana
- Kombinerki
- Szczypce nastawne
- Rękawice robocze
- Śrubokręty
- Latarka
- Zszywacz pistoletowy o dużej mocy
- Wiertarka, wkręty i wiertła
- Piła

10.8
(**a**) Dzięki odpowiedniemu
ustawieniu lamp w studiu
praca na planie jest łatwiejsza
i efektywniejsza.
(**b**) Statywy ustawione
w szeregu. Nie chodzi tu
o estetykę pracy,
ale o usprawnienie
– pracownicy ekipy
technicznej powinni mieć do
sprzętu łatwy i szybki dostęp.

- Poziomica
- Pas transportowy
- Zestaw kluczy
- Haki „S"
- Trójkątny kątownik stolarski
- Silikon w sprayu
- Flamastry
- Kreda do oznaczeń na podłodze
- Gumowa wycieraczka do szyb i spray do mocowania filtrów foliowych do okien
- Drut
- Uszczelki (w tym metalowe)
- Kliny pod kamerę
- Sznur traserski
- Obcinaki
- Śruby różnej długości

# INNE EKIPY

Jeden z największych sekretów efektywności pracy przy filmie tkwi we wcześniejszym montażu sprzętu. Ekipa przychodzi dzień przed zdjęciami, aby doprowadzić przewody, umocować największe lampy, podwiesić światła w nietypowych miejscach, itd. Kiedy pojawia się ekipa zdjęciowa, może od razu brać się do roboty. Grupa przygotowująca plan może składać się jedynie z elektryka i wózkarza, ale może też być całą dużą ekipą z mistrzem oświetlenia, oświetlaczami i służbami wspierającymi.

*10.9*
*Zaznaczanie ujęcia,*
*ustawianie świateł, próba*
*i zdjęcia – to standardowa*
*kolejność działań.*
*Dzięki takiej metodzie*
*praca jest efektywniejsza*
*i lepiej zorganizowana.*

## Działania na planie

Różnicę między dobrze zorganizowanym a chaotycznym planem określa ilość nadgodzin przy zwykłym roboczym dniu produkcji. Operator odpowiada za koncepcję całości, ale to mistrz oświetlenia i główny oświetlacz zadbać musi o efektywną pracę nad oświetleniem.

## Załadunek

Wyznaczenie miejsca do parkowania ciężarówek z transportem należy do kluczowych decyzji przy pracy nad filmem. Dobrze byłoby, gdyby samochody mogły stanąć jak najbliżej bramy załadunkowej, zostawiając jednak nieco przestrzeni. Podstawowym błędem jest takie ustawianie wozów, że mogłyby być widoczne w kadrze. Przestawianie ciężarówki w trakcie zdjęć może się z kolei okazać katastrofalne. Naciskajcie, by asystent reżysera wybrał bezpieczną lokalizację do zdjęć. Jeśli aut jest więcej niż jedno, starajcie się parkować je blisko siebie.

## Ustawienie sprzętu na zapleczu planu

Przyjedźcie na plan wcześniej i wybierzcie najlepsze miejsce dla sprzętu, zanim zajmą je inni. Musicie mieć przestrzeń – sprzęt trzeba ustawić w takim porządku, by móc bez przeszkód sięgnąć po każde z urządzeń. Zależnie od harmonogramu zdjęć, część rzeczy można zostawić w wozie.

## Generator

Znalezienie dobrego miejsca do zaparkowania generatora jest nawet ważniejsze niż ustawienie wozów. Generator powinien być tak blisko planu, jak tylko się da. Dzięki temu zaoszczędzić można na długości kabla, a więc i uniknąć obniżenia napięcia. Z drugiej strony pamiętać trzeba, że nawet dźwiękoszczelne generatory jednak trochę hałasują. A jeśli filmujecie scenę z dźwiękiem, chcielibyście, by generator był dostatecznie daleko i nie przeszkadzał przy zdjęciach. Zapewne też będzie wam na rękę, jeśli operator włączy silnik, gdy tylko generator dotrze na plan. W ten sposób maszyna będzie miała czas rozgrzać się przed podłączeniem energii. Napięcie wyjściowe i synchron kwarcowy muszą być sprawdzone na początku dnia i kontrolowane kilkakrotnie w trakcie pracy.

## Kable

Dobrze przemyślany układ kabli prowadzących od źródła energii może bardzo usprawnić pracę na planie. Powinny biec tak bezpośrednio, jak to tylko możliwe, ale też pamiętać trzeba, by nie pojawiały się w miejscach widocznych w kadrze. To absolutny imperatyw.

Nie powinny też leżeć tam, gdzie panuje większy ruch – na drodze wózka, statywów na kółkach, itd. Z tego powodu czasem lepiej je podwiesić.

Kiedy kabel jest już rozłożony, trzeba go oznakować odpowiednim kolorem i sprawdzić wszystkie złącza. Wtedy można oznaczyć przewody neutralne i podłączyć wszystko do rozdzielni. Główny oświetlacz testuje każdą z nich, by określić, czy ma odpowiednie napięcie, po czym zaznacza je, jeśli wykorzystują zarówno prąd stały, jak i przemienny.

# PROCES

## Wstępne przygotowania

Bazując na wcześniejszych planach oświetlenia, operator i mistrz oświetlenia powinni już wiedzieć, gdzie chcą ustawić światła. Nie chodzi tu o podłączanie lamp, ale raczej doprowadzenie prądu z generatora, wstępne umiejscowienie kranów, przywiezienie sprzętu na plan, tego typu działania.

Doprowadzenie energii elektrycznej to znaczna część takich przygotowań i należy do obowiązków głównego oświetlacza. Przy większych rozdzielniach i instalacjach powinien on sprawdzić całą sieć, skontrolować okablowanie i złącza, upewnić się, że właściwe przewody podłączone są do odpowiednich faz. Kiedy światła są już zamontowane i zapalone, główny oświetlacz powinien też zmierzyć amperomierzem, czy obciążenie rozłożone jest równomiernie i czy przewody, fazy i złącza nie przekraczają znamionowej obciążalności.

10.10
*Plan filmu X-Men 2. Podwieszanie takiej ilości lamp wymaga pracy osobnej ekipy montującej z mistrzem oświetlenia, wózkarzami i tyloma elektrykami, ilu tylko trzeba, by podwiesić cały sprzęt na czas. (Dzięki uprzejmości Tony'ego „Nako" Nakonechnyj'ego)*

## Rozplanowanie ujęcia

Prawdziwe oświetlanie zaczyna się dopiero wtedy, gdy wiemy już jak wyglądać będzie całe ujęcie – co w kadrze ma być jak oświetlone, jak porusza się kamera. Musimy też znać wszystkie ruchy w kadrze. Czy aktorzy stoją, czy siedzą? Czy samochód wjeżdża w alejkę z lewej czy z prawej strony? Czy drzwi zostają otwarte? Czy może aktor je zamyka? To dla nas kluczowe informacje, według których ustawiamy światło. Jeśli nie znacie ruchów i ustawień aktorów (lub samochodów, koni, czegokolwiek), oświetlacie po prostu powietrze – plan wygląda świetnie, ale nie mamy pewności, czy postacie będą dobrze oświetlone.

Bywa jeszcze gorzej (z perspektywy efektywności waszej pracy) – może się okazać, że oświetlacie to, co nawet nie ukaże się w kadrze. Dlatego musicie dokładnie się dowiedzieć, jak wyglądać będzie kadr i jak rozplanowane jest całe ujęcie. Jeśli reżyser zajęty będzie czym innym wypytajcie jego asystenta – to wasz sprzymierzeniec.

## Światło

Kiedy już ujęcie jest rozplanowane, asystent reżysera zrobi dwie rzeczy. Po pierwsze wyśle aktorów do charakteryzacji i garderoby. Po drugie oznajmi, że plan należy teraz do oświetlenia, co oznacza, że od tego momentu panuje nad nim operator, mistrz oświetlenia, główny oświetlacz i ich ekipy. Wszyscy inni powinni go opuścić, by zrobić im miejsce. Oczywiście asystent szwenkiera będzie przygotowywał kamerę, ale o ile to możliwe, powinien to robić tak, by nie przeszkadzać ekipie oświetleniowej (zarazem chroniąc w ten sposób kamerę przed ewentualnymi uszkodzeniami).

Bardzo ważne jest, by w tej fazie ekipa oświetlaczy pracowała z prawdziwymi aktorami, a przynajmniej z dobrymi dublerami. Oświetlenie jest przecież dopasowane do konkretnych ruchów konkretnych osób, do ich kształtu twarzy i karnacji. Brak odpowiedniego dublera – albo taki, który nie pasuje do właściwego aktora ani wzrostem, ani kolorytem, który ma zupełnie inną strukturę twarzy – oznacza zwykle opóźnienia w zdjęciach, kiedy wszystko trzeba będzie po raz kolejny ustawiać. Dlatego też asystent reżysera powinien wszystkiego dopilnować. Na tym etapie ustawia się i kieruje światła. Siatki, blendy, rozpraszacze i ściemniacze mają regulować światło, murzyny zaś mają rzucać cienie tam, gdzie są one potrzebne.

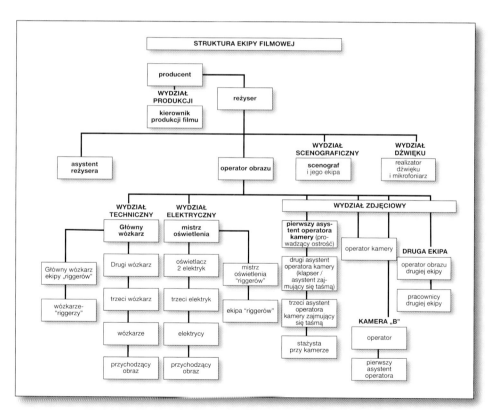

10.11
*STRUKTURA EKIPY FILMOWEJ*

## Próba

Kiedy oświetlenie jest już gotowe, ekipa schodzi z planu, a operator i mistrz oświetlenia obserwują, jak reżyser próbuje z aktorami. To najprawdopodobniej pierwszy moment, gdy oświetlacze mogą spojrzeć na całość sceny i ocenić wszelkie warunki, do których muszą się dopasować. Po skończonej próbie reżyser i aktorzy schodzą z planu, a operator i ekipa techniczna mogą wprowadzić ostatnie poprawki. Być może nie będą one potrzebne, ale trzeba być do nich przygotowanym.

## Zdjęcia

Czas na kawę? Skąd. Ekipa oświetleniowa i mistrz oświetlenia muszą być w ciągłej gotowości. To także czas, kiedy wszystkim puszczają nerwy i każdy traci cierpliwość. Część sprzętu (jego standardowe elementy) powinna być ustawiona w pobliżu planu, przygotowana do pracy: dwie lub trzy lampy 300 i 650W, kilka szczeniaków i przynajmniej po jednym

10.12
(**a**) Najgorsza rzecz, jaką możecie zrobić na planie – o kabel pozostawiony w takiej pozycji z pewnością wcześniej czy później ktoś się potknie, sam się potłucze, a przy okazji zniszczy lampę.
(**b**) Odpowiednio przygotowana lampa: kabel przypięty jest do statywu, zabezpieczone są siatki, skrzydełka i obciążenie.
(**c**) Dławik zabezpieczający kabel.
(**d**) Nie pozostawiajcie zwojów kabla luzem na ziemi – to duże ryzyko dla bezpieczeństwa ekipy i samego kabla.

egzemplarzu każdego typu używanych lamp. Powinny być już zamontowane na statywach i zaopatrzone w motylki, siatki, tuby i dyfuzory.

Podczas zdjęć mistrz oświetlenia i elektrycy czekają w pogotowiu – muszą być do dyspozycji, gdy zmienią się warunki na planie, gdy przepali się żarówka, itd.

## ZASADY POSTĘPOWANIA

Kiedy mistrz oświetlenia prosi o lampę, kolejność działań jest mniej więcej taka: elektryk idzie po światło, a główny oświetlacz doprowadza do niego energię. Jeśli zachodzi taka potrzeba, woła się któregoś z wózkarzy, by pomógł podwieszać lampy, zabezpieczył statyw workami, ustawił murzyna bądź przyniósł drabinę.

Na tym etapie najważniejsza jest komunikacja. Kiedy cała ekipa jest w ruchu, każdy musi oznajmić innym, co robi; na przykład trzeci elektryk krzyczy: podwieszam szczeniaka!, a drugi mu odpowiada: idę do ciebie z kablem. Dzięki temu działania się nie dublują (amatorską ekipę poznać można po tym, że po jedną lampę biegnie naraz trzech elektryków), a mistrz oświetlenia i główny oświetlacz wiedzą, że wszystkie zadania są odpowiednio wypełnione.

Pamiętajcie, że na plan trzeba przynosić kompletne jednostki – nigdy nie przynoście lamp bez skrzydełek czy siatek. Dyfuzory i niezbędne klamry powinny być dołączone do świateł. Myślcie naprzód. Jeśli mistrz oświetlenia prosi was o pojedynczą siatkę, nie właźcie na drabinę z jedną pojedynczą siatką. Weźcie ze sobą cały zestaw, bo mistrz zawsze może zmienić zdanie. To samo tyczy się sprzętu elektrycznego. Jeśli na drugim końcu planu potrzebny jest konkretny wtyk, lepiej przynieść dwa i oszczędzić sobie drogi.

# LAMPY I OPRAWY

W tym rozdziale przyjrzymy się bliżej różnym typom źródeł światła i zastanowimy się, jakie techniki warto opanować, by sprawnie operować lampami.

## TYPY ŹRÓDEŁ PROMIENIOWANIA

### Lampy łukowe

To najstarszy typ źródła promieniowania. Wszystkie lampy łukowe składają się z dwóch elektrod – prąd przepływa od ujemnej do dodatniej. Pod wpływem prądu między elektrodami węglowymi następuje wyładowanie i tworzy się płomień, będący właściwie niezwykle gorącą plazmą produkowaną przez łuk elektryczny. Jest to światło tak intensywne, że obserwować je można tylko przez specjalne ciemne szkła umieszczone z boku i z tyłu oprawy lampy.

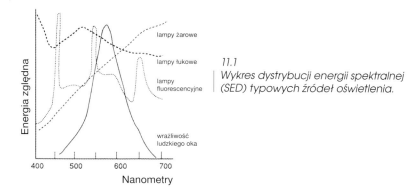

*11.1*
*Wykres dystrybucji energii spektralnej (SED) typowych źródeł oświetlenia.*

Kiedy łuk wytwarza płomień, elektrody spalają się i aby sprawnie działały, trzeba je podtrzymywać i utrzymywać między nimi odpowiedni dystans. We współczesnych modelach lamp łukowych pracę tę wykonują silniki, ale nadal czuwać nad nimi musi obsługujący światło operator. Co więcej, dodatnią elektrodę wymienia się mniej więcej co pół godziny, ujemną zaś co godzinę.

## Żarówka

Lampy żarowe wynalazł i opatentował (w 1879) Thomas Edison. Jej działanie polega na żarzeniu się – im więcej prądu przepływa przez żarnik (zwykle wolframowy), tym mocniej świecić będzie żarówka. Wolfram wykorzystuje się tutaj dlatego, że ze wszystkich materiałów, z których można by zbudować żarnik, ma najwyższą temperaturę topnienia. Jednak nawet w wypełniającej żarówkę częściowej próżni atomy wolframu dochodzą do wrzenia i gromadzą się na stosunkowo chłodniejszej bańce, tworząc osad sadzowy stopniowo przyciemniający żarówkę i zmieniając jej temperaturę barwową. Aby spowolnić proces parowania wolframu, żarówka wypełniona jest azotem i argonem pod ciśnieniem 80% atmosferycznego.

## Żarówka halogenowa

Problem gromadzenia się sadzy na bańce żarówki rozwiązany został wraz z pojawieniem się żarówek halogenowych. Na pomysł takiej lampy wpadł już Edison, ale w jego czasach nieznane było szkło, które wytrzymałoby tak wysoką temperaturę. Ogólnie rzecz biorąc, pojęcie światła „żarowego" odnosi się do wszelkich typów lamp z włóknem żarowym. Lampy kwarcowe to właśnie żarówki halogenowe.

Światła te działają dzięki krążeniu gazu w bańce, za sprawą którego cząstki parującego wolframu przeniesione zostają znowu na żarnik. Opuszczając włókno żarowe, wolfram che-

a

11.2
*Pierwsze żarówki*
*wolframowe były ogromne,*
*tak jak przedstawiona*
*na zdjęciu*
*(**a**) żarówka w lampie*
*Mole Richardson Solar Spot.*
*Dzięki wprowadzeniu*
*żarówek halogenowych*
*(**b**) lampy mogły*
*być mniejsze, bardziej*
*kompaktowe, a więc*
*i poręczne.*
*(Dzięki uprzejmości*
*Mole-Richardson, Inc.)*

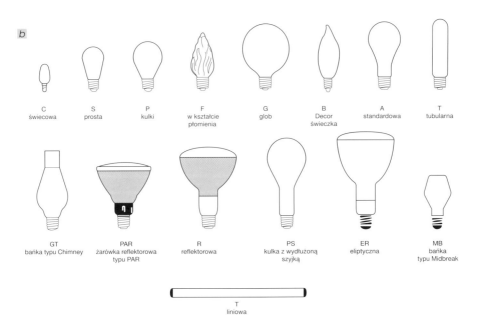

micznie łączą się w bańce z jodem i bromem. W efekcie halogenki wolframu wracają na żarnik, gdzie pod wpływem wysokiej temperatury rozpadają się znów na wolfram, jod i brom.

Cykl taki zatrzyma się jednak, jeśli temperatura lampy spadnie poniżej 250°C. Jeśli przez dłuższy czas działać będzie przy temperaturze ścianki bańki mniejszej niż 250°C, żarówka może zacząć ciemnieć, jej intensywność spadnie, a czas żywotności znacznie się skróci. Oczywiście ściemnianie światła spowodować może działanie poniżej tej granicy temperatury, ale jeśli lampa ściemniona zostanie do pewnego niskiego poziomu, zminimalizowane jest również parowanie wolframu. Przy lampach żarowych efektem zmiany napięcia o 1% jest zmiana intensywności o 3,5%.

## Lampy wyładowcze (HMI)

Lampy te wytwarzają 3 lub 4 razy więcej światła niż żarówki halogenowe, a przy tym zużywają do 75% mniej energii przy tym samym strumieniu świetlnym. Kiedy lampa żarowa skorygowana jest do temperatury barwowej światła dziennego, przewaga ta jest jeszcze większa (lampy wyładowcze świecą nawet 7 razy mocniej), ponieważ jednostki te są bardziej wydajne pod względem przetwarzania mocy na światło. Co więcej, wytwarzają mniej ciepła niż lampy żarowe.

Tabela 11.1

| Oznaczenie | Moc | Typ | Rozmiar | Gwint | Temperatura barwowa |
|---|---|---|---|---|---|
| 25 watt | 25W | żarówka domowa | A-19 | gwint standardowy średni | 2600K |
| 40 watt | 40W | żarówka domowa | A-19 | gwint standardowy średni | 2600K |
| 60 watt | 60W | żarówka domowa | A-19 | gwint standardowy średni | 2600K |
| 75 watt | 75W | żarówka domowa | A-19 | gwint standardowy średni | 2600K |
| 100 watt | 100W | żarówka domowa | A-19 | gwint standardowy średni | 2600K |
| 150 watt | 150W | żarówka domowa | A-21 | gwint standardowy średni | 2800K |
| 200 watt | 200W | żarówka domowa | A-23 | gwint standardowy średni | 2800K |
| ECA | 250W | żarówka fotograficzna | A-23 | gwint standardowy średni | 3200K |
| ECT | 500W | żarówka fotograficzna | PS-25 | gwint standardowy średni | 3200K |
| BBA (#1 flood) | 250W | żarówka fotograficzna | A-21 | gwint standardowy średni | 3400K |
| EBV (#2 flood) | 500W | niebieska żarówka fotograficzna | PS-25 | gwint standardowy średni | 4800K |
| BCA (#B1 flood) | 250W | niebieska żarówka fotograficzna | A-21 | gwint standardowy średni | 4800K |
| EBW (#B2 flood) | 500W | niebieska żarówka fotograficzna | PS-25 | gwint standardowy średni | 4800K |
| 211 | 75W | lampa do powiększalnika | A-21 | gwint standardowy średni | 2950K |
| 212 | 150W | lampa do powiększalnika | A-21 | gwint standardowy średni | 2950K |

Nazwa HMI wskazywać ma na podstawowe komponenty tych lamp. „H" pochodzi od łacińskiego symbolu rtęci (Hg), dzięki której w lampie wytwarza się napięcie. „M" oznaczać ma średnią (medium) długość łuku. Natomiast „I" odnosi się do jodu i bromu, czyli halogenów. Halogen pełni tu taką samą funkcję, jak w przypadku żarówek halogenowych. Dzięki niemu metale ziem rzadkich pozostają skupione w rozgrzanej strefie łuku.

Światła HMI wytwarza się z kwarcowego szkła odpornego na wysoką temperaturę. Posiadają dwie osiowe elektrody wolframowe umieszczone w cylindrycznej bądź eliptycznej komorze wyładowczej. Energia dostarczana jest poprzez molibdenową folię o specjalnym profilu powierzchni. Folia ta przytwierdzona jest do kwarcowego szkła i zapewnia przepływ prądu pomiędzy podstawą lampy a elektrodami w komorze wyładowczej. Pojęcie temperatury barwowej wywiedzione z działania radiatora Plancka nie stosuje się do HMI, jako że nie mają one ciągłego widma; produkują raczej widmo quasi-ciągłe, co upodabnia je do słońca.

W przypadku lamp HMI widmo powstałe przy wyładowaniu rtęci jest szczególnie nieciągłe i koncentruje się w kilku wąskich pasmach. Dystrybucja energii spektralnej bliska jest dystrybucji właściwej światłu dziennemu. W wypadku większości tych lamp współczynnik oddawania koloru wynosi ponad 90, a więc sprawdza się w produkcji filmowej. Początkowo lamp wyładowczych nie można było ściemniać, ale dziś funkcjonują już takie jednostki, których intensywność może być zmniejszona do 40% wartości znamionowej, co odpowiada 30% ich strumienia świetlnego. W takich warunkach jednak mamy do czynienia z lekkim przekłamaniem barwy.

Wszystkie lampy HMI wymagają stateczników. Tak jak w przypadku lamp łukowych, statecznik ten posiada dławik, który pełni funkcję ogranicznika prądu. Powód jest prosty. Łuk w lampie jest bardzo krótki; jeśli więc płynąca energia nie była powstrzymywana, nastąpiłoby przeciążenie. Początkowo stateczniki HMI były niezwykle ciężkie i nieporęczne – mniejsze i lżejsze stateczniki elektroniczne okazały się więc bardzo przydatnym unowocześnieniem. Dzięki niemu też jednostka może działać przy wykorzystaniu fali prostokątnej, co pozwala uniknąć problemu migotania. Fala prostokątna podnosi też wydajność lampy od 6 do 8%.

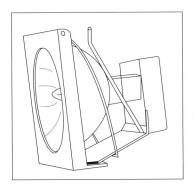

*11.3*
*Jednostka MR-16 w oprawie.*

Do uruchomienia lampy potrzeba napięcia 12000 V (prądu przemiennego), którego dostarcza oddzielny zapłonnik umieszczony w stateczniku. Napięcie, przy którym działa zapalona już lampa to zwykle 200V. Kiedy jest już gorąca, potrzeba znacznie większego napięcia, aby móc odpowiednio jonizować przestrzeń pomiędzy elektrodami – może ono wynosić od 20Kv do 65 Kv. Z tego też powodu starszych lamp wyładowczych nie da się ponownie zapalić, kiedy są już rozgrzane. Ponieważ z czasem lampa matowieje, jej temperatura barwowa spada przez jedną godzinę działania od 0,5K do 1K, w zależności od mocy.

## Żarówki domowe i do projektorów

Zwykłe żarówki domowe oraz te używane w fotografii, również znajdują zastosowanie w oświetleniu filmu i wideo. Stosuje się je w następujących sytuacjach:

1. Jako źródła światła przy użyciu dużych podwieszanych softboksów.
2. Jako pojawiające się w kadrze lampy-rekwizyty, stanowiące również źródło światła.

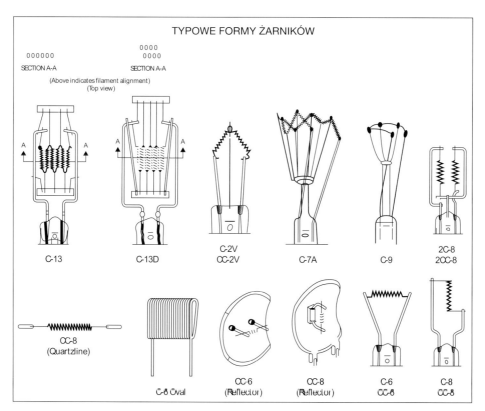

11.4
*Typowe formy żarników lamp żarowych (według General Electric)*

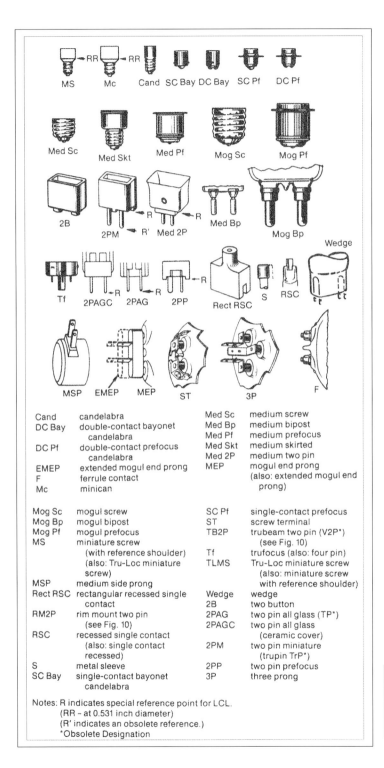

| | | |
|---|---|---|
| Cand | candelabra | |
| DC Bay | double-contact bayonet candelabra | |
| DC Pf | double-contact prefocus candelabra | |
| EMEP | extended mogul end prong | |
| F | ferrule contact | |
| Mc | minican | |
| | | |
| Mog Sc | mogul screw | |
| Mog Bp | mogul bipost | |
| Mog Pf | mogul prefocus | |
| MS | miniature screw (with reference shoulder) (also: Tru-Loc miniature screw) | |
| MSP | medium side prong | |
| Rect RSC | rectangular recessed single contact | |
| RM2P | rim mount two pin (see Fig. 10) | |
| RSC | recessed single contact (also: single contact recessed) | |
| S | metal sleeve | |
| SC Bay | single-contact bayonet candelabra | |

| | |
|---|---|
| Med Sc | medium screw |
| Med Bp | medium bipost |
| Med Pf | medium prefocus |
| Med Skt | medium skirted |
| Med 2P | medium two pin |
| MEP | mogul end prong (also: extended mogul end prong) |
| | |
| SC Pf | single-contact prefocus |
| ST | screw terminal |
| TB2P | trubeam two pin (V2P*) (see Fig. 10) |
| Tf | trufocus (also: four pin) |
| TLMS | Tru-Loc miniature screw (also: miniature screw with reference shoulder) |
| Wedge | wedge |
| 2B | two button |
| 2PAG | two pin all glass (TP*) |
| 2PAGC | two pin all glass (ceramic cover) |
| 2PM | two pin miniature (trupin TrP*) |
| 2PP | two pin prefocus |
| 3P | three prong |

Notes: R indicates special reference point for LCL.
    (RR – at 0.531 inch diameter)
    (R' indicates an obsolete reference.)
    *Obsolete Designation

11.5
Kody trzonków
żarówek
(według
General
Electric)

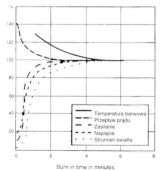

11.6
Cykl działania lampy HMI

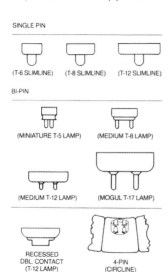

11.7
Podstawy lamp fluorescencyjnych
(Według GTE-Sylvania Lighting)

11.8
Typowe trzonki lamp fluorescencyjnych (według GTE-Sylvania Lighting)

Wszystkie żarówki opatrzone są oznaczeniami kodu ANSI (od American National Standard Institute). Te trzyliterowe oznaczenia, stosowane przez wszystkich producentów, określają podstawowe parametry – moc, konfigurację i oprawę żarówki. Dzięki temu żarówki różnych firm można stosować zamiennie.

## Żarówki-rekwizyty

Żarówki, które mają jednocześnie grać rolę rekwizytów niezbędne są zawsze wtedy, gdy w kadrze ukazuje się lampa stołowa, podłogowa, kinkiet, czy lampa wisząca pod sufitem. Warto pamiętać, by w tego rodzaju sytuacji mieć do dyspozycji kilka różnych rozmiarów żarówek, które pasować będą do konkretnych opraw. Nie zapominajcie też, że wiele współczesnych lamp dostosowanych jest do miniaturowych żaróweczek.

Zestaw żarówek-rekwizytów to absolutny niezbędnik na planie każdej produkcji. Typową praktyką wielu firm jest przygotowanie takiego zestawu. (Wszystkie z nich mają klasycznej wielkości gwint, dostosowany do lamp domowych.)

Rzecz, na którą trzeba zwracać uwagę, to różnorodność rozmiarów żarówek domowych i fotograficznych. Niektóre lampy, stojące lub podwieszane, mogą nie być dostosowane do większych, 200-watowych żarówek, czyli A-23. Z drugiej jednak strony w takiej sytuacji użyć można żarówki BBA, czyli A-21 – na tyle małej, by pasowała do większości opraw domowych.

Inne popularne żarówki to modele 211 i 212, pokryte ceramiczną warstwą zapewniającą równe i miękkie oświetlenie. Typ 211 ma moc 75W, 212 – 150W, a 213 – 250W.

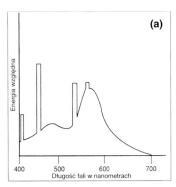

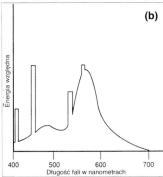

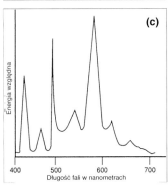

11.9
Dystrybucja energii spektralnej
(SED)fluorescencyjnego światła
(**a**) chłodnobiałego i
(**b**) ciepłobiałego.
(**c**) Ciepłobiałe światło
fluorescencyjne deluxe.

## Świetlówki

Świetlówki działają dzięki fluorescencji, odkrytej przez Sir George'a Stokesa w 1852 roku. Pierwszą lampę fluorescencyjną skonstruował Alexandre Bequerel – nie różniła się ona znacznie od lamp stosowanych współcześnie. Świetlówki wykorzystujące niskie napięcie wprowadzone zostały na rynek w 1938 za sprawą General Electric.

Z każdej strony świetlówki znajdują się elektrody, które wzbudzają elektrony w parach rtęci wewnątrz lampy. Pod wpływem działania elektronu na atom rtęci, elektron zostaje wyparty ze swojej orbity. Kiedy wraca na nią, wytwarza się promieniowanie ultrafioletowe. Promieniowanie to zostaje przetworzone przez warstwę luminoforu pokrywającą wnętrze świetlówki. Dzięki temu emitowane jest światło widma widzialnego. Barwa tych lamp zależy od chemicznego składu luminoforu.

Świetlówki wyposażone są w statecznik ograniczający przepływ prądu i podnoszący napięcie niezbędne do włączenia lampy. Stateczniki wytwarzają czasem hałas, który przeszkadzać może przy zdjęciach z dźwiękiem. Niektóre lampy posiadają specjalną warstwę fosforu, która zmienia widmo. Współczesne świetlówki symulować mogą światło dzienne i żarowe, a ich współczynnik odwzorowania barwy jest na tyle wysoki, że dobrze sprawdzają się przy produkcjach filmowych. Lampy fluorescencyjne o ciągłym widmie rzadziej sprawiają problemy przy oddawaniu barw niż zwykłe świetlówki, ale też mają o 35% niższą wydajność.

Ponieważ świetlówki to lampy wyładowcze działające przy prądzie przemiennym, ich wydajność zależy od spadku i wzrostu prądu

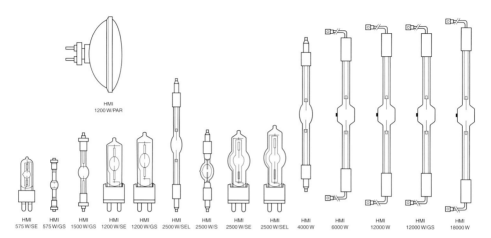

11.10
*Typowe żarówki HMI*

przemiennego. Przy przepływie prądu o częstotliwości 50Hz światło pulsuje 100 razy na sekundę. Na szczęście warstwa luminoforu, która wytwarza widzialne światło, nie reaguje tak szybko. W momencie, gdy promieniowanie ultrafioletowe wzbudza widzialne promieniowanie, jego jasność nie spada w momencie spadku prądu. To łagodzi efekt migotania, ale nie eliminuje go w zupełności.

A zatem świetlówki, tak jak i HMI, mogą powodować problemy z migotaniem. Jeśli lampy fluorescencyjne stanowią wasze jedyne oświetlenie na planie, najlepiej podłączyć kilka z nich do różnych faz, aby migotanie świetlówek nawzajem się niwelowało.

Inne czynniki zapobiegające migotaniu to czas ekspozycji i kąt migawki. Najlepszym rozwiązaniem jest tu zastosowanie kąta migawki najszerszego z możliwych (aby i czas naświetlania był najdłuższy) oraz zrezygnowanie z taśm o wysokiej czułości, które drastycznie podnoszą ryzyko migotania.

Pozostałe środki ostrożności, które warto przedsięwziąć to – o ile jest to wykonalne – wykorzystanie synchronu kwarcowego, a także uzupełnienie oświetlenia fluorescencyjnego odpowiednio zbalansowanym światłem żarowym.

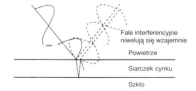

11.11
*Zasady działania filtra dichroicznego*

Lampy fluorescencyjne mogą być ściemniane w ściśle określonych warunkach:

- Przy tego typu lampach użyć można tylko autotransformatorów albo ściemniaczy półprzewodnikowych.
- Nie można ich ściemniać całkowicie – od pewnego poziomu zaczną migotać.
- Przy ściemnianiu świetlówek barwa raczej się nie zmienia, ale światło wydaje się cieplejsze.
- Podczas ściemniania katody powinny pozostać rozgrzane przy standardowym przepływie prądu.

Zasady bezpieczeństwa

- Nigdy nie dotykajcie żarówki czy świetlówki gołymi dłońmi – pozostawione ślady mogą zmniejszać żywotność świetlówki.
- Nie ruszajcie lampy, gdy świetlówka lub żarówka jest już zamontowana. Nadmierne wibracje mogą uszkodzić żarniki. Unikajcie wszelkich gwałtownych ruchów.
- Przy zakładaniu i zdejmowaniu żarówek zachowajcie najwyższą ostrożność – szczególnie w przypadku żarówek o podwójnym zakończeniu (np. FCM lub FHM), które wyposażone są w bardzo delikatne porcelanowe końcówki.

11.12
Filtr dichroiczny
na żarówkach
FAY

- Sprawdźcie, jakie pozycje żarówek zalecane są przez producenta i stosujcie się do tych wskazówek (zwłaszcza przy pracy z dużymi żarówkami, jak DTY bądź 6K/12K HMI, które są nie tylko bardzo wrażliwe, ale też niezwykle kosztowne).
- Starajcie się jak najrzadziej włączać i wyłączać lampy. Ściemniacze pozwalają doskonale kontrolować intensywność światła, redukować poziom temperatury na planie i zmniejszać konsumpcję energii.

- Upewnijcie się, że wszystkie lampy są stabilnie zamontowane.
- Podczas transportu duże żarówki (5K i większe) powinny być wyjęte z lampy i zapakowane w specjalne pudełka wyłożone ochronną pianką. Nie dotyczy to jednak żarówek HMI, co oznacza, że przy przewożeniu tego typu lamp zachować trzeba jeszcze większą ostrożność.

# LAMPY DICHROICZNE

Niektóre żarówki mają wbudowany filtry konwersyjne, zwykle zmieniające temperaturę barwową światła sztucznego na temperaturę światła dziennego. Zwykle nazywa się je FAY i stanowią przydatny i solidny zamiennik dla światła dziennego.

Technicznie rzecz biorąc, FAY to oznaczenie w kodzie ANSI wskazujące na żarówkę 650W PAR 36 z zaciskiem nasadkowym i temperaturą barwową 5000K. Najczęściej stosuje się ją w panelach lamp PAR (np. nine-light), choć spotkać też można jedno- lub dwulampowe jednostki, doskonale pełniące funkcję niewielkiego światła wypełniającego przy zachmurzonym niebie. Do niektórych pasuje także żarówka z zaciskami śrubowymi (np. FBE, FGK). Ponieważ żarówki te wyglądają dość podobnie, przed użyciem należy się upewnić, którą zamawiacie.

Obie wyposażone są w dichroiczne filtry dostosowujące temperaturę barwową światła do temperatury światła dziennego. Filtry te działają na zasadzie interferencji. Szkło bańki żarówki pokryte jest warstwami o grubości $\frac{1}{4}$ lub $\frac{1}{2}$ tej fal świetlnych, które mają filtrować. Kiedy fala przechodzi przez te warstwy, wewnątrz tworzą się odbicia redukujące daną barwę. Współczesne filtry dichroiczne są bardzo stabilne.

Dichroiczne żarówki 1000W PAR 64 dostępne są także w rozmiarze dopasowanym do lampy Maxi Brute (o dużej intensywności świecenia). Mogą mieć wąski snop (NSP), średni (MFL) lub szeroki (WFL). Ich trwałość to ok. 200 godzin – warto więc mieć kilka w zapasie.

Chociaż filtry dichroiczne zwykle stanowią integralną część lampy, czasami występują też w postaci oddzielnych filtrów przypinanych do kamery, które pozwalają na szybką zmianę temperatury barwowej światła. Takie nakładane modele to standardowe wyposażenie przy reporterskich produkcjach wideo.

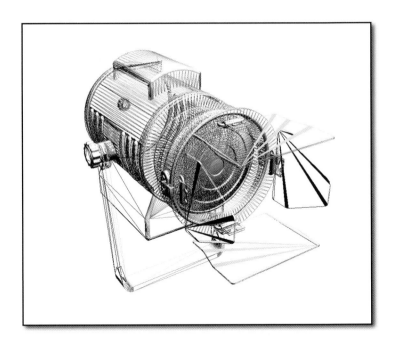

# KWESTIE TECHNICZNE

Im bardziej nowoczesny sprzęt mamy do dyspozycji, tym bardziej skomplikowane jest oświetlenie. Gruntowna teoretyczna i praktyczna znajomość narzędzi potrzebna nam jest nie tylko po to, by każdy dzień zdjęć kończył się sukcesem, ale by nie dopuścić do katastrofy na planie. W tym rozdziale przyjrzymy się właśnie kwestiom technicznym.

## ZDJĘCIA PRZY LAMPACH WYŁADOWCZYCH HMI

Przy zdjęciach kręconych przy lampach HMI (bądź świetlówkach lub też innych światłach nieżarowych i zasilanych prądem przemiennym) istnieje niebezpieczeństwo powstania efektu migotania. Migotanie to pojawia się w filmie czy na wideo jako rytmiczna zmiana w ekspozycji. Spowodowane jest albo nierównym naświetleniem poszczególnych klatek, albo brakiem synchronizacji między wartościami przedstawianymi na oscyloskopie a prędkością przesuwu klatek. Efekt ten może się okazać na tyle silny, że całe nakręcone ujęcie okaże się bezwartościowe.

Aby zrozumieć powód pulsowania, musimy przeanalizować, jak lampa HMI wytwarza światło. Z wyjątkiem sytuacji, gdy używamy lamp łukowych typu Brutus i gdy kręcimy w studiu, w którym lampy żarowe zasilane są przez prąd stały, najczęściej wykorzystujemy prąd przemienny. Jeśli przedstawilibyśmy energię wytwarzaną przez generator prądu przemiennego w formie wykresu, otrzymalibyśmy sinusoidalną linię w równych odstępach wykraczającą ponad i pod wyznaczającą ją oś poziomą. Kiedy przepływ prądu jest w maksymalnym punkcie (szczyt sinusoidalnej fali) bądź w minimalnym (najniższy punkt fali), intensywność światła będzie najsilniejsza. Światło nie rozpoznaje wartości ujemnych i dodatnich. Jednakże w momencie, kiedy fala przecina oś, przepływ prądu równa się zeru. W tym momencie elektrony są statyczne, a światło przestaje świecić. Jako że jego intensywność jest największa przy maksymalnej dodatniej i ujemnej wartości, momenty te następują dwa razy w każdym cyklu prądu przemiennego, czyli 120 razy na sekundę przy 60 Hz i 100 razy przy 50 Hz na sekundę.

Dotyczy to wszystkich źródeł światła zasilanych prądem przemiennym, jednakże w przypadku lamp żarowych z żarnikiem wolframowym lampa pozostaje jasna nawet wtedy, gdy przepływ prądu w danym momencie równa się zeru. Oczywiście i tu mamy do czynienia ze spadkiem intensywności, ale jest on bardzo niewielki – od 10% do 20%.

W wypadku zamkniętych lamp łukowych (lampach HMI, CSI lub CID) różnorodność jest większa. Przy lampach HMI ze standardowym statecznikiem, minimalny poziom świecenia może wynosić nawet 17% maksymalnego. Na pierwszy rzut oka wydaje się, że moglibyśmy wyliczyć średnią z maksymalnego i minimalnego poziomu świecenia (58%) i potraktować ją jako średnią intensywność lampy.

I tak właśnie – mniej lub bardziej – rzeczy się mają. Jednakże w produkcji filmowej napotykamy inną trudność. Migawka otwiera się i zamyka w tempie, które może nie pokrywać się z tempem wahań poziomu intensywności świecenia lampy. Jak pokazuje ry-

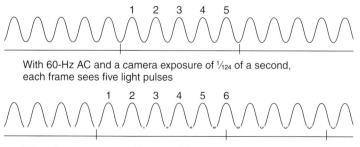

With 60-Hz AC and a camera exposure of 1/124 of a second, each frame sees five light pulses

When the camera speed is not stabilized, each frame sees a slightly different number of pulses, which creates unequal exposure

12.1
Jeśli szybkość migawki i częstotliwości światła nie pokrywa się, każda z klatek rejestruje inną liczbę impulsów.

sunek 12.1, kiedy prędkości te nie nakładają się, naświetlenie każdej klatki filmowej przypada na inny moment cyklu. Rezultatem jest nierówna ekspozycja. Problem ten ujawnić się może na trzy sposoby:

1.    Tempo klatkażu kamery jest nierówne.

2.    Częstotliwość sieciowa (napięcia zasilającego) jest nierówna.

3.    Prędkość migawki nie synchronizuje się z wahaniami w poziomie świecenia lampy.

Dwie pierwsze możliwości można rozpoznać intuicyjnie. Jeśli tempo przesuwu klatek bądź wahania w intensywności świecenia są nierówne, jasne jest, że poszczególne klatki naświetlone będą w różny sposób. Trzecia sytuacja jest nieco bardziej skomplikowana. Dzięki wielu eksperymentom, specjaliści określili, że tylko konkretne kombinacje prędkości migawki i częstotliwości sieciowej można zaakceptować jako bezpieczne. Odejście od tych wyznaczonych wartości zawsze niosą ze sobą ryzyko zauważalnego migotania obrazu.

Niebezpieczeństwo migotania lamp HMI największe jest wtedy, gdy na planie nie ma żadnych innych źródeł oświetlenia, niegrożących migotaniem (żarowe, lampy łukowe działające przy prądzie stałym, światło dzienne) i kiedy wszystkie lampy wyładowcze podłączone są do tej samej fazy. Zagrożenie to można zmniejszyć wspomagając HMI innymi lampami bądź rozdzielając je na wszystkie trzy fazy. Jednak żadne z tych działań nie eliminuje w zupełności ryzyka pojawienia się nawet niewielkich różnic w ekspozycji.

Aby zapobiec migotaniu, spełnić trzeba kilka podstawowych warunków:

1.    Zachowana musi być stała częstotliwość napięcia zasilającego.

2.    Zachowana musi być stała prędkość przesuwu klatek w kamerze.

3.    Trzeba uzgodnić kąt migawki.

4.    Trzeba uzgodnić tempo klatkażu.

W praktyce pierwsze z dwóch warunków można spełnić za pomocą kwarcowych stabilizatorów przy generatorze i kamerze albo podłączając sprzęt do jednego lokalnego źródła zasilania prądu przemiennego. Aby wyznaczyć odpowiedni kąt migawki i tempo przesuwu klatek warto sięgnąć do specjalnych tablic określających te wartości.

Przy prędkości 24 klatek na sekundę i zasilaniu 60 Hz, jeśli napięcie zasilające jest stabilne, kąt migawki może mieć od 90° do 200° przy względnie niewielkim ryzyku. Teoretycznie rzecz biorąc, idealny kąt migawki to 144° - przy takich parametrach czas ekspozycji to 1/60 sekundy, a więc dokładnie pokrywa się z częstotliwością napięcia zasilającego. W praktyce jednak stosować można nawet kąt migawki 180°, jeśli tylko kamera ma stabilizację kwarcową i wyregulowane jest napięcie zasilające. Przy 180° na ekspozycję każdej klatki przypada 2,5 impulsu (przy 144° przypadają 2 impulsy), więc teoretycznie ekspozycja ta może się wahać o 9 %.

## Napięcie zasilające

Wszelkie wahania w częstotliwości napięcia zasilającego mogą powodować odchylenia w ekspozycji o ok. 4 wartości przysłony. Wahania te zależą od odległości, w jakiej znajduje się źródło zasilania (zob. tabela 12.2).

Jeśli pracujecie z generatorem, powinien on być stabilizowany kwarcowo. Zwykły regulator nie da nam gwarancji dokładności. Nawet w wypadku generatora ze stabilizacją kwarcową, częstotliwość powinno się stale sprawdzać i kontrolować. Wedle powszechnej zasady dopuszczalne wahanie to + / - ¼ całego cyklu.

## HMI bez efektu migotania

Najnowsza generacja lamp HMI posiada stateczniki całkowicie redukujące migotanie, a więc i minimalizujące niebezpieczeństwo nierównomiernej ekspozycji.

Idealny kąt migawki przy 24 klatkach na sekundę i 50 Hz wynosi 172,8°.

Jeśli mamy do dyspozycji statecznik elektroniczny, ryzyko, że wspomniane parametry nie będą się pokrywać jest dużo mniejsze. Podstawową wadą takiego rozwiązania jest jednak to, że lampa będzie działać głośniej. Niektóre światła przełączać można z trybu migotania na tryb bez migotania. Jednostki ze zredukowanym migotaniem dostępne są w każdym rozmiarze HMI.

Kiedy stosujemy stateczniki bez migotania, musimy zachować pewne środki ostrożności. Ponieważ konwertują one normalną sinusoidalną falę prądu przemiennego na serię ostrych wzrostów, obciążenie poszczególnych faz nie niweluje się nawzajem. W takiej sytuacji nie można rozłożyć obciążenia w zwykły sposób: to, co wypływa przewodami pod napięciem, powraca przewodem neutralnym.

Dlatego też konieczne jest, by przy większych obciążeniach stosować większe przewody neutralne. Ponieważ w tym wypadku nie mamy do czynienia z falą sinusoidalną, obciążenie takie odczytać można tylko za pomocą amperomierza mierzącego wartość skuteczną napięcia (np. Fluke 87).

Zaletą stateczników bez migotania jest to, że działają zarówno przy prądzie stałym, jak i przemiennym; są też mniej wrażliwe na wahania w częstotliwości napięcia i mogą efektywnie pracować od 47Hz do 63Hz przy prądzie przemiennym. Uruchomić je można przy napięciu od 207V do 253V. Wyposażone są też w regulator temperatury barwowej, dzięki któremu możliwe są zmiany nawet o ok. 500K.

## Ściemniacze

Stosując sprzęt mocowany bezpośrednio na lampie, intensywność światła możemy kontrolować na kilka różnych sposobów:

- Regulując szerokość snopu światła.
- Za pomocą metalowych siatek.
- Za pomocą siatek rozpraszających i innych dyfuzorów.
- Stosując filtry neutralne (szare).
- Ukierunkowując i rozszerzając promień światła.
- Wyłączając część żarówek w lampach z panelami na wiele żarówek (światła miękkie)

Alternatywnym rozwiązaniem jest regulowanie dopływu energii elektrycznej do lampy za pomocą ściemniaczy. Jego zalety to:

- Większa dokładność regulacji.
- Możliwość kontrolowania tych jednostek, do których dostęp jest utrudniony.
- Możliwość sprawdzenia różnych kombinacji ściemniania.
- Możliwość uprzedniego ustawienia kombinacji dla danej sceny.
- Oszczędność energii dzięki chłodzeniu lamp między ujęciami.

Natomiast jego wady to:

- Zmiana barwy światła w trakcie ściemniania.
- Niektóre światła nie mogą być ściemniane, zwłaszcza część lamp HMI.
- Konieczność stosowania dodatkowego okablowania.

Ściemniacze tyrystorowe (czyli krzemowe prostowniki sterowane – Silicon Controlled Rectifier) nie zmieniają wysokości napięcia – napięcie po prostu rozgrzewa żarnik w krótszym czasie. Tego typu ściemniania nie można więc odczytać za pomocą zwykłego woltomierza. Zastosować tu trzeba miernik uniwersalny, którym zmierzyć można wartość skuteczną napięcia. Krótszy czas nagrzewania się żarnika może powodować, że wytworzy on zakłócenia o częstotliwości radiowej (RF) i akustycznej (AF). Powstałe w ten sposób zakłócenia mogą być transmitowane z powrotem wzdłuż linii napięcia powodując problemy – szczególnie w przypadku systemów dźwiękowych o wysokiej impedancji. Jeśli jednak system jest odpowiednio uziemiony, nie powinno mieć to znaczenia, ale warto sprawdzić sytuację za pomocą zwykłego radia przenośnego.

Jeśli używamy ściemniacza SCR z generatorem, częstotliwość napięcia generatora musi być pod kontrolą – utrata synchronizacji może spowodować efekt migotania. Jako że więk-

12.2
*Konsoleta systemu ściemniaczy dla lamp Kino Flo przy zdjęciach wykorzystujących kluczowanie kolorem.*
*(Dzięki uprzejmości Kino Flo, Inc.)*

szość ściemniaczy ma regulowane napięcie, podniesienie napięcia generatora nie zwiększy wcale intensywności światła. Przy tego rodzaju systemach spotkać się też można ze szczególną anomalią: obciążenie kabla neutralnego może być w niektórych przypadkach większe niż przewodu pod napięciem. Ściemniacze tego typu stanowią zwykle wyposażenie teatralne, tak więc ich złącza powinny być dopasowane do reszty waszego sprzętu.

Pierwsze ściemniacze były jednostkami rezystancyjnymi na linii przewodu. Nadmierna energia spalana była jako ciepło. Tego rodzaju ściemniacze – wciąż dostępne są dla lamp do 10K – są nieporęczne i ciężkie, lecz tanie. Podstawowym problemem w ich przypadku jest jednak fakt, że aby działać, muszą mieć obciążenie w wysokości przynajmniej 80% ich całkowitej wydajności. Jeśli ściemniacz 10K obciążycie lampą 5K, zredukuje on tylko niewielką ilość napięcia. Nie będziecie mogli zupełnie ściemnić lampy – dlatego też w takich wypadkach stosuje się dociążanie obwodu.

Następną generacją ściemniaczy były autotransformatory z odczepami. Nie mają one dolnej granicy obciążenia i nie produkują ciepła, ale działają tylko przy prądzie przemiennym. Stanowią nadal standardowe wyposażenie, szczególnie dla lamp w rozmiarach 1K i 2K.

Przy większych pracach stosuje się tyrystory, czyli krzemowe prostowniki sterowane (SCR). To niewielkie, ciche i stosunkowo tanie elektroniczne urządzenia. Mogą być zdalnie sterowane z konsolety, co pozwala oszczędzić na okablowaniu – jedynym niezbędnym tu kablem jest przewód między konsoletą sterującą a ściemniaczem.

## Systemy sterujące ściemniaczami na planie

Sterowanie ściemniaczami z jednej centralnej konsolety staje się coraz popularniejsze. Choć potrzeba tu nieco więcej kabli, rozwiązanie takie ma ogromne zalety – pozwala na szybsze i efektywniejsze działanie. Sprawdza się zwłaszcza wtedy, gdy na planie mamy bardzo wiele świateł, a część z nich jest mocno oddalona bądź trudno dostępna. Ponieważ dzięki takiej konsolecie możliwe są radykalne zmiany balansu obciążenia, warto wykorzystać tu podwójny przewód neutralny – niezrównoważone obciążenie w przewodach pod napięciem sprawia, że na przewodzie neutralnym natężenie jest większe.

# PRACA ZE STROBOSKOPAMI

Typów filmowego oświetlenia stroboskopowego jest kilka; wśród nich najpopularniejsze to Unilux czy Clairment Camera. Przy jego zastosowaniu możliwa prędkość klatkażu to nawet 500 klatek na sekundę. Stroboskopy uruchamiane są przez impulsy wysyłane przez kamerę sygnalizujące, że migawka jest otwarta. Każdą kamerę, która ma możliwość wytwarzania takiego impulsu, zintegrować można z systemem lamp.

Oświetlenie stroboskopowe wykorzystywane jest w filmie z kilku powodów:

1.  By ograniczyć ciepło (stroboskopy wytwarzają znacznie mniej ciepła niż lampy żarowe), co może okazać się bardzo przydatne przy filmowaniu przedmiotów wymagających chłodu (np. lodów).

2.  By obraz był ostrzejszy. Czas ekspozycji dla każdego błysku wynosić może nawet 1/1000000 sekundy. W rezultacie obraz zostaje „zamrożony" i wydaje się ostrzejszy niż obraz naświetlany w standardowym czasie i w klasyczny sposób.

3.  By zapewnić właściwą ekspozycję dla błon o wysokiej czułości przy niewielkim wydatkowaniu energii.

Oświetlenie stroboskopowe często stosowane jest przy fotografowaniu np. rozpryskujących się płynów (otwieranie puszki, spray, itd.) – efekt stroboskopu pozwala wyraziście uchwycić obraz każdej kropli. Czasem aż do przesady – wyobraźcie sobie scenę pod prysznicem: woda przypominać będzie deszcz twardych kropli, a nie delikatny, rozproszony strumień. Dlatego też w przypadku zdjęć reklamowych w branży kosmetycznej światła stroboskopowe najczęściej łączy się z innym oświetleniem. W większości przypadków równoważy się je taką samą ilością światła żarowego, jednakże silniejszego lub słabszego o jedną wartość przysłony.

Temperatura barwowa większości stroboskopów to ok. 6000K. Połączenie tych źródeł z innymi lampami wymaga użycia odpowiednich filtrów. Jeśli stosujemy światła żarowe, właściwym filtrem będzie 85 (by otrzymać temperaturę 3400K) i 85B (by otrzymać 3200K). Aby zmaksymalizować światło stroboskopowe, warto użyć filtra 80A bądź CTB dla lamp żarowych. Stroboskopy chłodzone są wentylatorami, toteż nienajlepiej sprawdzają się przy zdjęciach z dźwiękiem.

## Ekspozycja przy świetle stroboskopowym

Wyobraźcie sobie, że filmujecie przy 96 klatkach na sekundę przy równej ilości światła żarowego i stroboskopowego. Za każdym razem, gdy zwiększycie tempo przesuwu klatek, zmniejszacie czas otwarcia migawki, a więc i czas ekspozycji. 96 klatek na sekundę to prędkość cztery razy większa niż przy normalnym przesuwie (24), toteż szybkość migawki wynosi 1/200 sekundy zamiast zwykłej 1/50 sekundy. Oznacza to obniżenie ekspozycji o dwie przysłony. Aby więc uzyskać przysłonę f/5.6, musimy świecić na poziomie f/11.

Reguła ta nie sprawdza się jednak w przypadku oświetlenia stroboskopowego. To światło momentalne, błyski trwają zaledwie kilka tysięcznych sekundy w trakcie otwarcia migawki. W efekcie jest ono całkowicie niezależne od tempa klatkażu. Nie ma tu znaczenia, czy taśma przesuwa się z prędkością 6 czy 600 klatek na sekundę, ekspozycja będzie ta sama.

I tu właśnie leży problem. Odczytujemy światło żarowe i musimy je wyrównać. Potem mierzymy światło stroboskopowe odpowiednim do niego miernikiem i nie musimy już nic wyrównywać – nie jesteśmy w stanie odczytać obu świateł w tym samym momencie. Jak w takim razie ustawić obiektyw?

Intuicyjnie rzecz biorąc, odpowiedź jest prosta, ale jeśli zaprzęgniemy do pomiarów matematykę, okaże się nieco bardziej skomplikowana. Odczytujemy oba pomiary ekspozycji i dodajemy je do siebie. Jak się jednak okazuje, dodanie tych wartości nie jest szczególnie łatwe.

Przyjrzyjmy się najprostszej sytuacji. Odczytujemy jedynie światło stroboskopowe (ważne jest, by w tym czasie wyłączyć lampy żarowe) – ekspozycja wynosi f/5.6. Teraz musimy odpowiednio zbalansować światło żarowe. Jak już wiemy, przy 96 klatkach na sekundę, ekspozycję lamp żarowych musimy ustawić na f/11, co w efekcie dla nam wartość f/5.6.

Jaka jest suma f/5.6 i f/5.6? W rezultacie dublujemy ilość światła. Lampa żarowa daje nam f/5.6, tak jak i Unilux, źródło zapewniające nam całkowicie inny rodzaj świecenia. Dwa razy więcej światła to f/8 – przypomnijmy sobie, że każda kolejna wartość przysłony (f/przysłona) oznacza podwójną ilość światła.

Teraz przeanalizujmy sytuację nieco trudniejszą. Powiedzmy, że ekspozycja przy świetle stroboskopowym wynosi f/8, natomiast przy świetle żarowym f/5.6. Pomyślcie w ten sposób: jeśli przyjmiemy, że wartość f/8 to podstawa, to 100%, to wartość światła żarowego jest połową tej wartości (jedna przysłona mniej). Suma więc da nam 150% podstawy. 150% wartości f/8 oznacza wartość o połowę wyższą niż f/8 (czyli f/8 i pół).

Jeśli jedno źródło daje nam wartość przysłony f/8, a drugie f/4, właściwa ekspozycja wynosić będzie f/8 i ¼. Jako że f/4 to 25% światła przy przysłonie f/8, otrzymamy 125% podstawy.

Chociaż pomiar błysków specjalnym miernikiem (flashmeter) to metoda najlepsza, wiele zwykłych elektronicznych światłomierzy również może z powodzeniem sprawdzić się przy tego rodzaju oświetleniu. Dzieje się tak dlatego, że przy 50 błyskach na sekundę mierniki „widzą" światło ciągłe – niewiele różniące się od, powiedzmy, światła fluorescencyjnego.

# EKSPOZYCJA PRZY MAKROFOTOGRAFII

Większość zwykłych obiektywów ma tylko niewielki zakres regulacji ogniskowej – przy obiektach umieszczonych bliżej niż pewna określona odległość, nie można ustawić właściwej ostrości.

Fotografia operująca znacznymi powiększeniami rodzi wiele problemów. Kluczową sprawą jest tutaj stopień powiększenia. Odwzorowanie 1:1 oznacza, że obiekt na obrazie będzie miał ten sam rozmiar co w rzeczywistości.

W przypadku filmu, klatka na taśmie 35 mm ma 16mm wysokości i 22 mm szerokości. Przy reprodukcji 1:1 obiekt o rozmiarze 22mm wypełni całą klatkę. Jednakże przy większości zwykłych obiektywów, jeśli chcemy, by obraz obiektu był ostry, współczynnik ten musi być nie mniejszy niż 1:8 czy 1:10.

Jeśli niewielki obraz przedstawiony zostaje na większej błonie filmowej, w naturalny sposób ekspozycja będzie mniejsza. Przy współczynniku odwzorowania większym niż 1:10, konieczne jest zrównoważenie ekspozycji. Odpowiednia formuła wygląda tak:

$$\text{Przysłona przy zdjęciach} = \frac{\text{wartość przysłony określona przez światłomierz}}{1 + \text{współczynnik powiększenia}}$$

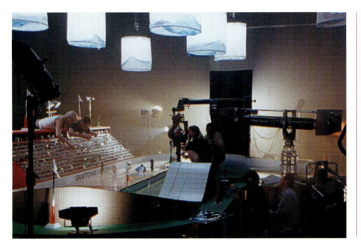

12.3
*Lampy przestrzenne tworzą świetlną podstawę przy zdjęciach podwodnych. Kilka lamp Source Four leko rozjaśnia scenę. Zdjęcia makro i podwodne niemal zawsze wymagają użycia wysokiej przysłony, więc muszą też być mocno oświetlone. (Dzięki uprzejmości Marka Weingartnera)*

## Zakres pola widzenia przy powiększeniach

Z kwestią makrofotografii wiąże się wiele nieporozumień i przesądów; jeden z najpowszechniejszych głosi, że obiektywy szerokokątne dają możliwość większego pola widzenia. Z tego też powodu wielu operatorów próbuje sobie radzić za pomocą takich właśnie obiektywów. To jednak nie pomaga.

Pole widzenia to sprawa rozmiaru obrazu, a nie długości ogniskowej. Oczywiście prawdą jest, że obiekty szerokokątny oferuje nam pod tym względem większe możliwości. Problem jednak polega na tym, że stosując taki obiektyw, chcielibyście, by fotografowany obiekt wyglądał tak samo, jak poprzednio, a żeby to osiągnąć, musicie przysunąć do niego kamerę. W rezultacie pole widzenia pozostaje takie samo, jako że odległość jest tutaj również ważnym czynnikiem.

Podstawowe zasady przy fotografii powiększającej to:
- Pole widzenia zmniejsza się wraz ze wzrostem powiększenia.
- Pole widzenia zmniejsza się wraz ze zmniejszeniem odległości ustawienia ostrości.
- Pole widzenia podwaja się, jeśli skrócimy obiektyw.

## Oświetlenie przy dużych zbliżeniach

Przy tego rodzaju fotografii najważniejsze są dwie kwestie. Po pierwsze, ponieważ pole widzenia jest bardzo mocno zawężone i aby uzyskać odpowiednią jakość optyczną, zredukowana musi być przysłona, potrzebne jest bardzo silne światło. Zwłaszcza przy stosowaniu błony wysokoczułej, przysłona powinna być ustawiona na f/64 bądź wyższą wartość. Ponieważ obszar wymagający oświetlenia jest niewielki, zwykle nie stanowi to problemu. Jednakże przy większych jednostkach (np. 10K) trzeba się nieco napracować, by odpowiednio je zbliżyć i zogniskować na obiekcie.

Bliskość obiektywu i obiektu rodzi inny problem. Czasami obiektyw znajduje się zaledwie 2 lub 3 cm. od przedmiotu. W takiej sytuacji oświetlenie frontowe czy wypełniające jest bardzo utrudnione. Kolejny kłopot pojawia się wtedy, gdy powierzchnia obiektu odbija światło. W tym wypadku, niezależnie od tego ile światła oświetla przedmiot, na powierzchni widać lustrzane odbicie samego obiektywu, przypominające duże czarne koło.

Rozwiązania są dwa. W kartonie o odbijającej powierzchni możemy wyciąć dziurę o rozmiarze obiektywu; czasem nawet może być nieco mniejsza (obszar obiektywu, który ma znaczenie dla jego pracy jest przecież mniejszy niż sam obiektyw). Dzięki temu otrzymamy formę świetlnego pierścienia, co pozwala nam na eksperymenty ze światłem i odbiciem. Paski czarnej taśmy mogą pomóc w modulowaniu odbicia na powierzchni przedmiotu, a lekkie zagięcie kartonu może stworzyć ciekawe cienie i odblaski.

Inny sposób to zastosowanie lustra weneckiego (część światła odbija się, a część przechodzi na drugą stronę). Lustro takie należy umieścić między obiektywem a obiektem i lekko nachylać je tak, by rzucało obraz źródła światła na obiekt na osi z obiektywem. Nie zapominajcie, że lustro takie ma swój faktor ekspozycji, który należy zmienić miernikiem światła punktowego.

## Filmowanie pod wodą

Woda – nawet ta najczystsza – działa jak filtr absorbujący najpierw czerwone, a potem kolejne fale widma, aż do ostatniej barwy. Dlatego też poniżej pewnego poziomu w ogóle nie widać światła (poziom ten zależy oczywiście od przejrzystości wody).

Istnieje kilka lamp przeznaczonych do oświetlania zdjęć podwodnych. Większość z nich to mniejsze lampy typu sungun zasilane na baterie. Zanim wykorzystacie tego rodzaju sprzęt, należy sprawdzić wyznaczony przez producenta maksymalny dopuszczalny poziom zanurzenia; przekroczenie go może doprowadzić do implozji i zwarcia.

Dostępne są również halogenowe lampy PAR 64 (1000W) i PAR 36 (650W) z wodoszczelnymi oprawami. PAR 36 mogą być dostosowane do specjalnych podwodnych zasilaczy, które dostarczają dwóm lampom energii na godzinę pracy. W przypadku jednostek

*12.4*
*Lampa Kino Flo w obudowie*
*do zdjęć podwodnych*
*(Dzięki uprzejmości Kino Flo, Inc.)*

żarowych stosować można żarówki zarówno o wąskim, jak i szerokim snopie światła, a także o temperaturze barwowej światła dziennego lub sztucznego.

Lampa SeaPar® produkcji HydroImage stanowi obudowę dla 1200-watowej żarówki Sylvania HMI PAR umieszczonej w wodoszczelnym pojemniku, który wytrzymuje nawet ciśnienie słonej wody do głębokości ok. 65 m. Soczewka Fresnela jest na stałe przytwierdzona do frontu żarówki – zamiast zmienić soczewkę w tym wypadku zmienić trzeba lampę.

| *Tabela 12.2*

| Współczynnik powiększenia | Wzrost ekspozycji |
|---|---|
| 1:10 | $1/3$ |
| 1:6 | $1/2$ |
| 1:4 | $2/3$ |
| 1:3 | 1 |
| 1:2 | $1\,1/3$ |
| 1:1.4 | $1\,1/2$ |
| 1:1.2 | $1\,1/3$ |
| 1:1 | 2 |

# EFEKTY

## Deszcz

Przygotowanie deszczu to dziedzina rekwizytorów, ale oświetlacze również mają tu swój udział. Aby być widoczny, deszcz musi być oświetlony z tyłu. Oświetlenie frontowe może się sprawdzić tylko w przypadku bardzo intensywnych opadów, a i wtedy efekt będzie dość anemiczny.

Nawet jeśli jesteśmy bardzo ostrożni, woda dostaje się dosłownie wszędzie. Należy więc zachować szczególne środki bezpieczeństwa:

- Nie pozwólcie, by jakiekolwiek złącza leżały bezpośrednio na ziemi. Owińcie je folią i dobrze ją zabezpieczcie taśmą klejącą. Używajcie specjalnej wodoodpornej taśmy elektrycznej.
- Postarajcie się uziemić wszystko, co tego wymaga.
- Nałóżcie ochronne kaptury na wszystkie lampy. Chrońcie soczewki dużych jednostek; woda na rozgrzanych soczewkach może sprawić, że popękają, a szkło rozpryska się wszędzie wokół.
- Przykryjcie wszelki sprzęt ochronnymi płachtami z folii.
- W trakcie pracy ze sprzętem pod napięciem, członkowie ekipy powinni nosić buty izolujące i podłożyć pod nogi gumowe maty.
- Przestrzegajcie dokładnie wszelkich zasad BHP.

*12.5*
*Mgła przy ziemi nadaje klimat scenie z wideoklipu. W większości przypadków, jeśli chcemy utrzymać mgłę na tym poziomie, używamy suchego lodu.*

## Dym

Na planie stosować można wiele różnych urządzeń wytwarzających dym: kadzidła w specjalnym podkurzaczu, pastylki (smoke cookie), proszek, hazer, itd. Z kolei dym wytworzony ze specjalnej maszyny to rozpylony olej (stosować tu można wszelkie typy lekkiego oleju). Rozpyla się go przepuszczając skompresowane powietrze bądź azot poprzez bardzo małe otwory pojemnika. Dym tego rodzaju ma też tę zaletę, że utrzymuje się bardzo długo, co pozwala zaoszczędzić wiele czasu na planie. Inne typy dymu wytwarzać trzeba przed każdym ujęciem, potem rozwiać go dokoła i czekać aż odpowiednio się rozproszy. To żmudna i nudna praca.

Wytwornice dymu dostępne są w wielu rozmiarach i modelach, od małych, przenośnych jednostek do dużych, przewożonych na wózkach maszyn z kompresorami.

## Ogień

Efekt ognia osiąga się dzięki przyciemnionemu, pomarańczowemu migotaniu. Odpowiednią barwę pomoże nam uzyskać filtr CTO, na migotanie zaś znaleźć można kilka prostych sposobów. Czasem wystarczy folia aluminiowa, machanie dłońmi, obracanie lusterka, ale najprostszą i najbardziej przekonującą metodą jest podłączenie do źródła światła ściemniacza obsługiwanego przez zdolnego elektryka.

Bardziej zaawansowana technika to zastosowanie generatora migotania, dostępnego w dwóch modelach. Pierwszy z nich może być tak zaprogramowany na zmienną częstotliwość migotania. Drugi zaś wyposażony jest w optyczny czujnik odczytujący światło świecy lub płomień ognia i synchronizuje ściemniacz z odczytanymi wartościami. Takie rozwiązanie przydatne jest szczególnie wtedy, gdy ogień stanowić ma główne źródło światła i widać go w kadrze. Duże lampy nie sprawdzają się w tego rodzaju sytuacjach, jako że zbyt wolno gasną po zredukowaniu napięcia.

Efekt świecy niesionej w ręku bądź lampy olejowej osiągniemy za pomocą niewielkiej żarówki w szczeniaku. Jeśli lampa zasilana jest prądem przemiennym, kabel można przeprowadzić przez rękaw aktora, jeśli zaś mamy do czynienia z prądem stałym z baterii, odpowiedni zasilacz z powodzeniem ukryjemy na ciele aktora. W razie konieczności użyć też można żarówki latarki, chociaż w tym wypadku trudniej będzie umieścić i ukryć oprawkę.

## Efekt ekranu telewizora i projektora

Tak jak w przypadku efektu ognia, do uzyskania efektu migoczącego ekranu telewizora najlepiej wykorzystać ściemniacze albo – co stanowi znacznie lepsze rozwiązanie – flickerbox. Źródło światła – może to być lampa fresnelowa bądź żarówka-rekwizyt w porcelanowej oprawie i wyposażona w dyfuzor – zwykle zaopatruje się w tubus, aby nadać światłu realistyczny wygląd. Ogólnie rzecz biorąc pół bądź też cały filtr CTB ochładza barwę światła, by symulowało błękitną poświatę czarno-białej telewizora. Taka jest konwencja, choć oczywiście dziś większość ludzi ogląda telewizję kolorową, emitującą wielobarwne światło. I znów pamiętać trzeba, by flickerbox obsługiwała osoba, która będzie miała wyczucie nastroju sceny i odpowiednio operowała efektem migotania. W rzeczywistości ekrany telewizorów migoczą znacznie słabiej niż zwykle się pokazuje, ale publiczność bez problemu „kupuje" taki efekt.

Snop rzucany przez projektor może być imitowany w podobny sposób; aby jednak światło było nieco bardziej miękkie, warto je odbić. W wypadku projekcji filmowej wiązka świetlna odbija się od dużej powierzchni, podczas gdy ekran telewizora stanowi znacznie mniejsze źródło. Efekt projektora można też symulować wyświetlając prawdziwy film w stronę publiczności. Należy oczywiście zamazać ostrość projekcji bądź zdjąć soczewkę, by rzucany obraz nie odbijał się na twarzach widzów.

*12.6*
*W scenie tej efekt księżycowej poświaty (osiągnięty dzięki lampie Maxi Brute i filtrowi ˝ CTB) połączony został z efektem ognia (flickerbox oraz filtr L̷ CTO).*

## Efekt „Noc w dzień" czyli „noc amerykańska"

Wraz z pojawieniem się wysokoczułych filmów, elektronicznych wzmacniaczy przy kamerach wideo, jasnych obiektywów i mocnych lamp HMI lub sungun, efekt ten przestał być stosowany. W dawniejszych czasach, przy taśmach czarno-białych, do efektu nocy wykorzystywany była błona czuła na podczerwień w połączeniu z filtrem (np. Wratten #25). Zwykle sceny „nocy amerykańskiej" kręcone były około południa, bo o innej porze długie cienie zdradziłyby, że zdjęcia realizowane są w dzień. Pokazywanie nieba było oczywiście surowo zabronione.

Przy barwnym filmie i przy wideo całkiem przekonujący efekt nocy osiągnąć można niedoświetlając obraz o 1 ½ lub 2 ½ wartość przysłony. Światło księżyca można imitować usuwając filtr 85 przy błonie zbalansowanej do światła sztucznego (przy pracy z kamerą filmową) albo balansując biel do światła sztucznego (przy pracy z kamerą wideo). Subtelnych korekcji koloru – w zależności od nastroju sceny – dokonają zaś filtry korygujące barwę.

Jeśli używamy blend odbijających, najlepiej zastosować stronę złotą, dzięki której zachowany zostanie balans kolorów. Jeśli zdecydujemy się na stronę srebrną, musimy użyć filtra 85, żeby światło nie było zbyt zimne. Firma Harrison i Harrison produkuje różne modele odpowiednich filtrów. Model #1 jest niebiesko-czerwony – błękit daje efekt nocy, a czerwień pomaga utrzymać właściwy ton barwy skóry. Model # 2 ma ten sam kolor, ale też obniża kontrasty, co wzmaga jeszcze wrażenie, że zdjęcia kręcone są w nocy. Filtr #3 oferuje większy stopień kontroli kontrastu. Faktor ekspozycji wszystkich modeli wynosi 2 wartości przysłony.

## Efekt blasku księżyca

Jak już stwierdziliśmy przy okazji wyjaśnienia, na czym polega zjawisko Purkyniego, wedle przyjętej konwencji blask księżyca jest niebieski. A jednak użycie błękitu do uzyskania efektu księżycowej poświaty jest kwestią kontrowersyjną i wielu purystów uważa, że zastosować tu można co najwyżej połowę filtra CTB. Mimo tego najczęściej wykorzystuje się pełny lub podwójny CTB. Oczywiście filtry te stanowią jedynie dodatki do błękitu, którego użyto, by ustawić podstawowy balans barw.

12.7
(**a**) Jednostka Thundervoltz
firmy Lightning Strikes,
choć zasilana baterią,
stanowi potężne narzędzie
do tworzenia
efektu błyskawicy.
(**b**) Solidny kompas
podający bardzo
szczegółowe dane
to niezbędne urządzenie
w pracy przy świetle
dziennym. Przydaje się
zwłaszcza przy sprawdzaniu
lokalizacji przed zdjęciami
i przy ustalaniu zdjęć
o wschodzie
czy zachodzie słońca.

## Efekt wody

Błyski światła odbijające się w wodzie mogą dać piękny i subtelny efekt. Można go uzyskać za pomocą różnych metod. Niektórzy wykorzystują w tym celu popękane lustro bądź pogniecioną folię aluminiową, które odbijają mocne, skierowane światło (zwykle z lampy fresnelowej bądź PAR). A jednak rezultat takich zabiegów jest zwykle nieco sztuczny. Najlepiej więc efekt ten osiągnąć wykorzystując samą wodę. Przy mocnym świetle woda nalana do płaskiego naczynia o czarnym dnie (może to być polietylen bądź zwykła czarna torba na śmieci) stanowić będzie doskonałą powierzchnię odbijającą.

## Błyskawica

Ponieważ błyskawica musi być bardzo potężna, aby efekt był właściwy, wymaga specjalnych urządzeń. Większość dawnych urządzeń wytwarzających ten efekt opiera się na technologii łuku węglowego. Składają się więc ze statecznika lampy łukowej i zestawu elektrod węglowych, które gwałtownie rozdziela się za pomocą specjalnej dźwigni. Wytworzony w ten sposób łuk daje mocny, krótki błysk; efekt jest bardzo przekonujący.

Wykorzystać też można lampę łukową typu Brutus – odwraca się bieguny prądu stałego i zapala się dźwignią lampę. Elektrody wytworzą krótki, mocny łuk, ale sama lampa nie uruchomi się, bo bieguny są odwrócone. Oczywiście wszelkie tego rodzaju zabiegi stanowią zagrożenie dla generatora, więc upewnijcie się, że macie odpowiednio duży zapas mocy.

Czasami do efektu błyskawicy używa się żarówki błyskowej. Model M-Type, który świeci dość długo, jest tu wyjątkowo skuteczny. Błysk zwykłych modeli jest bardzo krótki – mogą zgasnąć zanim otworzy się migawka.

Większość tych metod dziś już została zarzucona i coraz popularniejsze stają się specjalne urządzenia, produkowane chociażby przez Lightning Strikes. Na rynku dostępne są różne rozmiary tego sprzętu, a także jednostki symulujące błyski lamp aparatów paparazzich i inne tego typu efekty. Producent ten oferuje też urządzenia zasilane bateriami, np. niezwykle potężny Thundervoltz.

## UŻYCIE ŚWIATŁA DZIENNEGO

Światło dzienne to ważne źródło w produkcji filmowej, dlatego też konieczne jest, by skutecznie zwiększać jego wydajność. Pamiętajcie, że lokalne warunki pogodowe mogą bardzo poważnie wpłynąć na ilość dającego się wykorzystać światła. Warto korzystać z programów komputerowych pozwalających określić azymut i elewację słońca dla każdej pory każdego dnia. Przy określaniu wszelkich parametrów związanych ze słońcem, a także dokładnego miejsca jego wschodu i zachodu, niezbędny jest porządny kompas.

 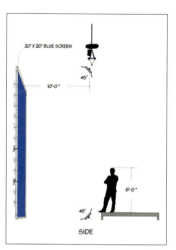

12.8
*Propozycja firmy Kino Flo oświetlenia tła przy kluczowaniu kolorem. Ważne jest, by przy wszelkich tego rodzaju zdjęciach tło było jak największe. Dzięki temu obiekt na pierwszym planie może być odpowiednio oddalony od tła, co pomoże zapobiec tworzeniu się obwódki wokół konturu obiektu. (Dzięki uprzejmości Kino Flo, Inc.)*

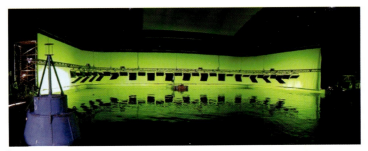

12.9
*Lampy Kino Flo Image 80 oświetlają tło do kluczowania kolorem*
*przy scenie z wodą. (Dzięki uprzejmości Kino Flo, Inc.)*

# OŚWIETLENIE W FOTOGRAFII WYKORZYSTUJĄCEJ EFEKT KLUCZOWANIA KOLOREM (CHROMA KEY)

## Kluczowanie kolorem (chroma key)

Efekt ten, zwany też blueboxem (choć nie zawsze używa się niebieskiego) to metoda tworzenia masek przy łączeniu obrazów. Podstawowa zasada jest prosta: filmowany obiekt umieszczamy na jednolitym tle. W efekcie obróbki komputerowej owo tło staje się przezroczyste i zastąpione inną sceną. Fotografia obiektów ustawionych na tle sceny rzucanej z projektora, wykorzystująca środki fotochemiczne, obecna była w technologii filmowej od jej najwcześniejszych lat.

Teoretycznie kolor tła może być całkowicie dowolny, jednakże w filmie najlepiej sprawdza się niebieski, a w wideo zielony (ponieważ stanowi najsilniejszy sygnał).

## Bluebox

Błękit i zieleń to najczęściej wykorzystywane kolory przy tego rodzaju technologii, ale odpowiednia też będzie każda inna barwa, która różni się od barw na pierwszym planie. Inne zalecenia:

- Stosujcie błonę o najmniejszym ziarnie; ziarno powoduje szum w obrazie. Przy pracy z wideo nie wzmacniajcie obrazu elektronicznie, w przypadku filmu – nie przewołujcie zdjęć.
- Nie używajcie filtrów rozpraszających na kamerze. Nie stosujcie efektu mocnego dymu.
- Stosujcie kamery z uchwytami licznika („pin-registered")

a

b

c

12.10
(**a**) Lampy Mole Biax
równomiernie oświetlają ekran
do kluczowania kolorem.
(**b**) Odpowiednie oznaczenia
(czarne krzyżyki) pozwalają
realizatorowi składającemu
obraz zachować właściwe
parametry gdy kamera
jest dynamiczna.
Tego rodzaju oznaczenia s
ą absolutnie konieczne.
(**c**) Końcowy efekt.

- Zawsze na początku i na końcu taśmy sfilmujcie szarą tablicę oświetloną neutralnym światłem (o temperaturze barwowej 3200K bądź 5500K). Sfilmujcie ją w takim miejscu, by nie zakłócały ją odbicia czy cienie z tła lub z podłogi.

- Jeśli to tylko możliwe, używajcie filtra polaryzującego, który pozwoli wyeliminować lustrzane odblaski.

- Pracując z obiektywami o zmiennej ogniskowej (zoom) unikajcie szerokiego otwarcia migawki, ponieważ w tego rodzaju sytuacji obiektyw taki tworzy wokół obrazu ramkę, co powoduje problemy z maską.

- Kamera wideo powinna być odpowiednio zbalansowana do koloru obiektów w tle.

- Aby właściwie dopasować głębię ostrości obiektów na pierwszym planie do tła, filmujcie planszę tła z tak ustawioną ostrością, jak gdyby tam właśnie znajdował się filmowany obiekt.

- Uważnie planujcie ustawienie ekranów i perspektywy planszy tła tak, by pasowały do obiektów na pierwszym planie.

Przy wideo cyfrowym (DV) proces ten okazuje się niezwykle trudny, ponieważ w medium tym spotykamy się z ogromną kompresją. Podczas gdy najbardziej profesjonalny sprzęt wideo (np. Betacam) i większość HD ma parametry kompresji 4:2:2, DV ma jedynie 4:1:1.

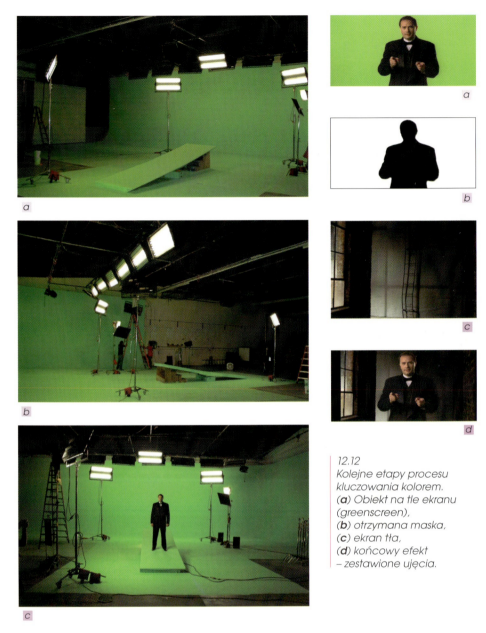

a

b

a

b

c

d

12.12
Kolejne etapy procesu
kluczowania kolorem.
(**a**) Obiekt na tle ekranu
(greenscreen),
(**b**) otrzymana maska,
(**c**) ekran tła,
(**d**) końcowy efekt
– zestawione ujęcia.

c

12.11
(**a**) Typowe ustawienie oświetlenia przy kluczowaniu kolorem.
(**b**) Lampy Kino Flo Flathead 80 równomiernie oświetlają tło. Dwie kolejne oświetlają
światłem wypełniającym podłogę za postacią i zaznaczają jej kontur. Jeszcze inna lampa
Flathead daje tylne światło na włosy.
(**c**) Lampa 2K z soczewką Fresnela świeci z boku, a duża jednostka Kino Flo rzuca światło
miękkie, frontowe, nieco z boku. Po umieszczonej na podłodze rampie aktor podchodzi
do kamery.

a

b

c

12.13
(**a**) Ustawienie świateł przy tzw. „poor man's process" (ujęcie, w którym imituje się ruch filmowanego samochodu). Z przodu widzimy dwie lampy (2K i Tweenie). Ich odbite światło pełni funkcję księżycowej poświaty oświetlającej wnętrze samochodu. Operator przesuwa Tweenie imitując w ten sposób światła przejeżdżających samochodów.
(**b**) Na wysięgniku widzimy lampę Tweenie imitującą światła uliczne – to ważne, jeśli chcemy otrzymać wiarygodne wrażenie ruchu. Za samochodem umieszczone są dwie małe lampy naśladujące światła aut jadących z tyłu. Inna lampa daje efekt czerwonych tylnych światełek wozów, które już przejechały.
(**c**) Efekt końcowy. To oczywiście tylko pojedynczy kadr. W wypadku tej sceny najważniejsze jest, by światła przesuwały się; to przekonuje widza, że sam samochód jest w ruchu, nawet jeśli w tle tego ruchu nie dostrzega.

*12.14*
*Kompaktowa lampa Kino Flo 12V*
*doskonale nadaje się do zdjęć*
*w samochodach – może być zasilana*
*akumulatorem auta i jest na tyle*
*niewielka, że świetnie mieści się*
*w ciasnej przestrzeni. Ustawiona*
*w tej pozycji imituje blask światełek*
*tablicy rozdzielczej.*

## Oświetlenie przy obiektach filmowanych na tle rzucanego obrazu

Obowiązuje tu kilka podstawowych zasad:

*   Oświetlajcie tło tak równomiernie, jak to tylko możliwe. Różnice pomiędzy oświetleniem krawędzi obrazu nie powinny przekraczać 1/3 wartości przysłony.
*   Ustawcie filmowany obiekt możliwie daleko od tła, by uniknąć tworzenia się wzdłuż krawędzi widocznych niebieskich bądź zielonych linii.
*   Ekspozycja tła powinna być dopasowana do ekspozycji obiektu na pierwszym planie (chyba że szef postprodukcji zdecyduje inaczej). Ustawcie obie ekspozycje mierząc tło miernikiem światła punktowego a obiekt miernikiem światła padającego. Niektórzy technicy składający oba obrazy wolą jednak, by tło było nieco jaśniejsze niż obiekt, inni zaś, by było odwrotnie. Dlatego zawsze warto to z nimi uzgodnić.

Nic nie podważy wiarygodności złożonego obrazu bardziej niż nierówne oświetlenie obiektu i tła. Dlatego przy odtwarzaniu intensywności, kierunku i jakości światła planszy tła trzeba zachować najwyższą ostrożność. Warto więc najpierw sfilmować tło, choć w niektórych przypadkach wygodniej będzie pracować z już istniejącym tłem, do którego dopasowuje się obiekt. Wszystko zależy od okoliczności.

I znów podkreślić tu trzeba znaczenie sprawnej i uważnej koordynacji działań całego zespołu, zwłaszcza że często nad różnymi elementami pracują oddzielne ekipy. Jedna zajmuje się tłem, druga pierwszym planem, a nierzadko do tego dochodzi jeszcze grafika komputerowa.

Kiedy scalanie obrazu jest bardzo złożone, wymaga koordynatora całości. Często jest nim kierownik postprodukcji albo osoba odpowiedzialna za efekty specjalne, jednak przy mniejszych produkcjach może to być również montażysta. Jak zwykle, wszelkie detale dopracować trzeba przed zdjęciami. Nie chodzi tu o zwykłe dopasowanie oświetlenia i ruchu, ale też o kwestie formatu, typu plików i ciągłości pracy. Kiedyś, gdy wszystkie operacje wykonywane były na taśmie filmowej, praca była prostsza. Dzisiaj jedno ujęcie wymagać może trzech lub czterech różnych typów plików cyfrowych.

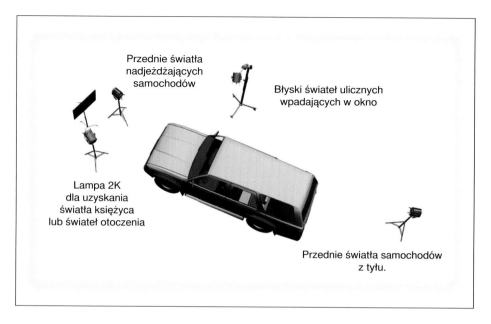

**12.15**

*Typowe ustawienie świateł przy „poor man's process". Kluczową sprawą przy tego rodzaju scenie jest ruch lamp (poza światłem ogólnym) – poszczególne jednostki są ruchome, by ich światło ślizgało się po szybach auta, imitując w ten sposób przesuwające się i zmieniające światła ruchu ulicznego. Publiczność „kupuje" scenę właśnie dzięki efektowi ruchu. Często przy takich scenach stosuje się też małe lampki naśladujące blask tablicy rozdzielczej.*

## Przydatne wskazówki:

- Uważajcie na linie, jakie mogą powstać na krawędzi obiektu.
- Nie stosujcie w tle kolorów komplementarnych.
- Upewnijcie się, czy w kadrze widoczna będzie także podłoga. Jeśli tak, trzeba mieć na uwadze cienie rzucane przez obiekt.
- Nie stosujcie dyfuzorów.
- Nie stosujcie dymu.
- Pamiętajcie, by kolory obiektu nie były kolorami tła.
- Dobrze byłoby, żeby nikt nie leżał na podłodze albo na stole. Czasem lustro może pomóc wyeliminować cienie.

*TABELA A.1*
*Tablica międzynarodowych norm napięcia, częstotliwości, wtyków i opraw.*

| Kraj | Typ wtyku/oprawy | Napięcie | Częstotliwość | Uwagi |
|---|---|---|---|---|
| Afganistan | C, D, F | 240 V | 50 Hz | napięcie elektryczne w gniazdach może się wahać od 160 do 280V |
| Albania | C, F | 220 V | 50 Hz | |
| Algieria | C, F | 230 V | 50 Hz | |
| Andora | C, F | 220 V | 50 Hz | |
| Angola | C | 220 V | 50 Hz | |
| Anguilla | A (również B) | 110 V | 60 Hz | |
| Antigua | A, B | 230 V | 60 Hz | |
| Antyle Holenderskie | A, B, F | 127 i 220 V | 50 Hz | |
| Arabia Saudyjska | A, B, F, G | 127 i 220 V | 60 Hz | |
| Argentyna | C, I | 220 V | 50 Hz | przewód pod napięciem oraz przewód ochronny podłączane są odwrotnie |
| Armenia | C, F | 220 V | 50 Hz | |
| Aruba | A, B, F | 127 V | 60 Hz | |
| Australia | I | 240 V | 50 Hz | |
| Austria | C, F | 230 V | 50 Hz | |
| Azerbejdżan | C | 220 V | 50 Hz | |
| Azory | B, C, F | 220 V | 50 Hz | |
| Bahamy | A, B | 120 V | 60 Hz | |
| Bahrajn | G | 230 V | 50 Hz | |
| Baleary | C, F | 220 V | 50 Hz | |
| Bangladesz | A, C, D, G, K | 220 V | 50 Hz | |
| Barbados | A, B | 115 V | 50 Hz | |
| Białoruś | C | 220 V | 50 Hz | |
| Belgia | C, E | 230 V | 50 Hz | |
| Belize | A, B, G | 110 V i 200 Hz | 60 Hz | |
| Benin | C, E | 220 V | 50 Hz | |
| Bermudy | A, B | 120 V | 60 Hz | |
| Butan | D, F, G, M | 230 V | 50 Hz | |
| Boliwia | A, C | 220 V | 50 Hz | w La Paz i Viacha napięcie elektryczne w gniazdach wynosi 115V |
| Bośnia | C, F | 220 V | 50 Hz | |
| Botswana | D, G, M | 231 V | 50 Hz | |
| Brazylia | A, B, C, I | 110 V, 220 V | 60 Hz | często spotkać można podwójne napięcie |
| Brunei | G | 240 V | 50 Hz | |
| Bułgaria | C, F | 230 V | 50 Hz | |
| Burkina Faso | C, E | 220 V | 50 Hz | |
| Burundi | C, E | 220 V | 50 Hz | |
| Czad | D, E, F | 220 V | 50 Hz | |
| Chile | C, L | 220 V | 50 Hz | |
| Chińska Republika Ludowa (tylko kontynent) | A, C, I, G | 220 V | 50 Hz | Najczęściej stosuje się typ wtyków A i C |

*TABELA A.1*
*ciąg dalszy*

| Kraj | Typ wtyku/oprawy | Napięcie | Częstotliwość | Uwagi |
|------|------------------|----------|---------------|-------|
| Chińska Republika Ludowa (Tajwan) | A, B | 110 V | 60 Hz | |
| Chorwacja | C, F | 230 V | 50 Hz | |
| Cypr | G | 240 V | 50 Hz | |
| Czarnogóra | C, F | 220 V | 50 Hz | |
| Czechy | C, E | 230 V | 50 Hz | |
| Dania | C, E, K | 230 V | 50 Hz | |
| Demokratyczna Republika Konga | C, E | 230 V | 50 Hz | |
| Dżibuti | C, E | 220 V | 50 Hz | |
| Dominika | D, G | 230 V | 50 Hz | |
| Dominikana | A, B | 110 V | 60 Hz | |
| Ekwador | A, B | 120 V | 60 Hz | |
| Egipt | C | 220 V | 50 Hz | |
| Erytrea | C | 230 V | 50 Hz | |
| Estonia | F | 230 V | 50 Hz | |
| Etiopia | D, J, L | 220 V | 50 Hz | |
| Falklandy | G | 240 V | 50 Hz | |
| Federacja Rosyjska | C, F | 220 V | 50 Hz | |
| Fidżi | I | 240 V | 50 Hz | |
| Filipiny | A, B, C, I | 220 V | 60 Hz | Przy niektórych wtykach typu C można spotkać się z napięciem elektrycznym w gniazdach w wysokości 110V/60Hz. Oprawy i włączniki dopasowane do standardów amerykańskich |
| Finlandia | C, F | 230 V | 50 Hz | |
| Francja | C, E | 230 V (wcześniej 220V) | 50 Hz | |
| Gujana Francuska | C, D, E | 220 V | 50 Hz | |
| Gabon | C | 220 V | 50 Hz | |
| Gambia | G | 230 V | 50 Hz | |
| Ghana | D, G | 230 V | 50 Hz | |
| Gibraltar | C, G | 240 V | 50 Hz | |
| Grecja | C, F | 230 V (wcześniej 220V) | 50 Hz | |
| Grenlandia | C, K | 220 V | 50 Hz | |
| Grenada | G | 230 V | 50 Hz | |
| Gwadelupa | C, D, E | 230 V | 50 Hz | |
| Guam | A, B | 110 V | 60 Hz | |
| Gwatemala | A, B | 120 V | 60 Hz | |
| Gwinea | C, F, K | 220 V | 50 HZ | |
| Gwinea Bissau | C | 220 V | 50 HZ | |
| Gwinea Równikowa | C, E | 220 V | 50 HZ | |
| Gujana | A, B, D, G | 240 Hz | 60 Hz | |
| Haiti | A, B | 110 V | 60 Hz | |

*TABELA A.1*
*ciąg dalszy*

| Kraj | Typ wtyku/oprawy | Napięcie | Częstotliwość | Uwagi |
|---|---|---|---|---|
| Hiszpania | C, F | 230 V (wcześniej 220V) | 50 Hz | |
| Holandia | C, F | 230 V (wcześniej 220V) | 50 Hz | |
| Honduras | A, B | 110 V | 60 Hz | |
| Hong Kong (ChRL) | G, D, M | 220 V | 50 Hz | |
| Islandia | C, F | 230 V | 50 Hz | |
| Indie | C, D, M | 230 V | 50 Hz | |
| Indonezja | C, F, G | 127 i 230 V | 50 Hz | wtyki typu G są rzadko używane |
| Iran | C | 230 V | 50 Hz | |
| Irlandia | F, G, D, M | 230 V (wcześniej 220V) | 50 Hz | |
| Izrael | C, H, M | 230 V | 50 Hz | Wtyki i oprawy tego samego typu, co w Palestynie |
| Jamajka | A, B | 110 V | 50 Hz | |
| Japonia | A, B | 100 V | 50/60 Hz | Na wschodzie kraju 50Hz; na zachodzie - 60Hz. Oprawy i wtyki pasują do standardów amerykańskich |
| Jemen | A, D, G | 230 V | 50 Hz | |
| Jordania | B, C, D, F, G, J | 230 V | 50 Hz | |
| Kajmany | A, B | 120 V | 60 Hz | |
| Kambodża | A, C, G | 230 V | 50 Hz | |
| Kanada | A, B | 120 V | 60 Hz | Standardowe napięcie elektryczne w gniazdach wynosi 120V. Przy ciężkim sprzęcie 240V/60Hz |
| Katar | D, G | 240 V | 50 Hz | |
| Kenia | G | 240 V | 50 Hz | |
| Kazachstan | C | 220 V | 50 Hz | |
| Kiribati | I | 240 V | 50 Hz | |
| Kolumbia | A, B | 120 V | 60 Hz | |
| Komory | C, E | 220 V | 50 Hz | |
| Kongo | C, D | 220 V | 50 Hz | |
| Korea Północna | C | 220 V | 50 Hz | |
| Korea Południowa | C, F | 220 V | 60 Hz | |
| Kostaryka | A, B | 120 V | 60 Hz | |
| Kuba | A, B | 110 V | 60 Hz | |
| Kurdystan | A, B, C, D, E, F, G | 230 V | 50 Hz | |
| Kuwejt | C, G | 240 V | 50 Hz | |
| Kirgistan | C | | | |
| Laos | A, B, C, E, F | 230 V | 50 Hz | |
| Łotwa | C, F | 220 V | 50 Hz | |
| Liban | A, B, C, D, G | 110 i 200 V | 50 Hz | |
| Lesoto | M | 220 V | 50 Hz | |
| Liberia | A, B, C, F | 120 i 220 V | 50 Hz | |
| Libia | D | 127 V | 50 Hz | W miastach Barce, Bengazi, Darna, |

*TABELA A.1*
*ciąg dalszy*

| Kraj | Typ wtyku/oprawy | Napięcie | Częstotliwość | Uwagi |
|---|---|---|---|---|
| | | | | Sabha i Tobruk napięcie elektryczne w gniazdach wynosi 230V |
| Litwa | C, F | 220 V | 50 Hz | |
| Liechtenstein | C, J | 230 V | 50 Hz | Obowiązują standardy szwajcarskie |
| Luksemburg | C, F | 230 V (wcześniej 220V) | 50 Hz | |
| Makau (ChRL) | D, F, M, G | 220 V | 50 Hz | |
| Macedonia | C, F | 220 V | 50 Hz | |
| Madagaskar | C, D, E, J, K | 127 i 220 V | 50 Hz | |
| Madera | C, F | 220 V | 50 Hz | |
| Malawi | G | 230 V | 50 Hz | |
| Malezja | C, G, M | 240 V | 50 Hz | W Penang napięcie elektryczne w gniazdach wynosi 230V |
| Malediwy | A, D, G, J, K, L | 230 V | 50 Hz | |
| Mali | C, E | 220 V | 50 Hz | |
| Malta | G | 230 V | 50 Hz | |
| Maroko | C, E | 127 i 220 V | 50 Hz | |
| Martynika | C, D, E | 220 V | 50 Hz | |
| Mauretania | C | 220 V | 50 Hz | |
| Mauritius | C, G | 230 V | 50 Hz | |
| Meksyk | A, B | 120 V | 60 Hz | Napięcie elektryczne w gniazdach może się wahać między 110 a 135 V |
| Mikronezja | A, B | 120 V | 60 Hz | |
| Monako | C, D, E, F | 127 i 220 V | | |
| Mongolia | C, E | 230 V | 50 Hz | |
| Montserrat | A, B | 230 V | 50 Hz | |
| Mozambik | C, F, M | 220 V | 50 Hz | Na niektórych obszarach obowiązują wtyki typu M |
| Myanmar (Birma) | C, D, F, G | 230 V | 50 Hz | W niektórych hotelach obowiązują wtyki typu G |
| Namibia | D, M | 220 V | 50 Hz | |
| Nauru | I | 240 V | 50 Hz | |
| Nepal | C, D, M | 230 V | 50 Hz | |
| Nowa Kaledonia | F | 230 V (wcześniej 220V) | 50 Hz | |
| Nowa Zelandia | I | 240 V | 50 Hz | |
| Niemcy | C, F | 230 V (wcześniej 220V) | 50 Hz | |
| Nikaragua | A, B | 120 V | 60 Hz | |
| Niger | A, B, C, D, E, F | 220 V | 50 Hz | |
| Nigeria | D, G | 240 V | 50 Hz | |
| Norwegia | C, F | 230 V | 50 Hz | |
| Okinawa | A, B, I | 100 V | 60 Hz | Napięcie elektryczne w bazach wojskowych wynosi 120V |
| Oman | C, G | 240 V | 50 Hz | Obowiązują różne wysokości napięcia w gniazdach |

*TABELA A.1*
*ciąg dalszy*

| Kraj | Typ wtyku/oprawy | Napięcie | Częstotliwość | Uwagi |
|---|---|---|---|---|
| Pakistan | C, D | 220 V | 50 Hz | |
| Palestyna | C, H, M | 230 V | 50 Hz | |
| Panama | A, B | 110 V | 60 Hz | W Panama City napięcie elektryczne w gniazdach wynosi 120V |
| Papua Nowa Gwinea | I | 240 V | 50 Hz | |
| Paragwaj | C | 220 V | 50 Hz | |
| Peru | A, B, C | 220 V | 60 Hz | Talara – 110/220 V; Arequipa 50Hz |
| Polska | C, E | 230 V | 50 Hz | |
| Portugalia | C, F | 220 V[3] | 50 Hz | |
| Portoryko | A, B | 120 V | 60 Hz | |
| Reunion | E | 220 V | 50 Hz | |
| Republika Południowej Afryki | M | 220 V | 50 Hz | Na niektórych obszarach napięcie elektryczne w gniazdach wynosi 250V |
| Republika środkowoafrykańska | C, E | 220 V | 50 Hz | |
| Republika Zielonego Przylądka | C, F | 220 V | 50 Hz | |
| Rumunia | C, F | 230 V | 50 Hz | Standardy takie, jak w Niemczech |
| Rwanda | C, J | 230 V | 50 Hz | |
| Saint Kitts i Nevis | D, G | 230 V | 60 Hz | |
| Saint Lucia | G | 240 V | 50 Hz | |
| Saint Wincent | A, C, E, G, I, K | 230 V | 50 Hz | |
| Salwador | A, B | 115 V | 60 Hz | |
| Samoa | I | 230 V | 50 Hz | |
| Samoa Amerykańskie | A, B, F, I | 120 V | 60 Hz | |
| Senegal | C, D, E, K | 230 V | 50 Hz | |
| Serbia | C, F | 220 V | 50 Hz | |
| Seszele | G | 240 V | 50 Hz | |
| Sierra Leone | D, G | 230 V | 50 Hz | |
| Singapur | G, D, M | 230 V | 50 Hz | |
| Słowacja | C, E | 230 V | 50 Hz | |
| Słowenia | C, F | 230 V | 50 Hz | Przy ciężkim sprzęcie napięcie elektryczne w gniazdach wynosi 360V |
| Somalia | C | 220 V | 50 Hz | |
| Sri Lanka | D, M, G | 230 V | 50 Hz | |
| Strefa Gazy | G, H, M | 230 V | 50 Hz | |
| Sudan | C, D | 230 V | 50 Hz | |
| Surinam | C, F | 127 V | 60 Hz | |
| Suazi | M | 230 V | 50 Hz | |
| Szwecja | C, F | 230 V | 50 Hz | |
| Szwajcaria | C, J | 230 V | 50 Hz | |

*TABELA A.1*
*ciąg dalszy*

| Kraj | Typ wtyku/oprawy | Napięcie | Częstotliwość | Uwagi |
|---|---|---|---|---|
| Syria | C, E, L | 220 V | 50 Hz | |
| Tahiti | A, B, E | 110 i 220 V | 60 Hz | |
| Tadżykistan | C, I | 220 V | 50 Hz | |
| Timor Wschodni | C, E, F, I | 220 V | 50 Hz | |
| Tanzania | D G | 230 V | 50 Hz | |
| Tajlandia | A, B, C | 220 V | 50 Hz | Obowiązują standardy amerykańskie |
| Togo | C | 220 V | 50 Hz | Można spotkać się z napięciem elektrycznym w gniazdach o wysokości 127V |
| Tonga | I | 240 V | 50 Hz | |
| Trynidad i Tobago | A, B | 115 V | 60 Hz | |
| Tunezja | C, E | 230 V | 50 Hz | |
| Turcja | C, F | 230 V | 50 Hz | |
| Turkmenistan | B, F | 220 V | 50 Hz | |
| Uganda | G | 240 V | 50 Hz | |
| Ukraina | C, F | 220 V | 50 Hz | |
| Urugwaj | C, F, I, L | 230 V | 50 Hz | Przewody pod napięciem i neutralnym są odwrócone, tak jak w Argentynie |
| USA | A, B | 120 V | 60 Hz | Napięcie elektryczne w gniazdach może wynosić od 105V do 130V, zależnie od lokalnych standardów. Przy ciężkim sprzęcie wykorzystuje się napięcie 240V/60Hz |
| Uzbekistan | C, I | 220 V | 50 Hz | |
| Wenezuela | A, B | 120 V | 60 Hz | |
| Węgry | C, F | 230 V | 50 Hz | |
| Wielka Brytania | G | 240 i 220 V | 50 Hz | W budynkach starszego typu wtyki typu D i M |
| Wietnam | A, C, G | 220 V | 50 Hz | W niektórych hotelach spotkać można wtyki typu G |
| Włochy | C, F, L | 230 V (wcześniej 220V) | 50 Hz | |
| Wybrzeże Kości Słoniowej | C, E | 230 V | 50 Hz | |
| Wyspy Cooka | I | 240 V | 50 Hz | |
| Wyspy Dziewicze | A, B | 110 V | 60 Hz | |
| Wyspy Kanaryjskie | C, E, L | 220 V | 50 Hz | |
| Wyspa Man | C, G | 240 V | 50 Hz | |
| Wyspy Normandzkie | C, G | 230 V | 50 Hz | |
| Wyspy Owcze | C, K | 220 V | 50 Hz | |
| Zambia | C, D, G | 230 V | 50 Hz | |
| Zimbabwe | D, G | 220 V | 50 Hz | |
| Zjednoczone Emiraty Arabskie | C, D, G | 220 V | 50 Hz | |

Międzynarodowe typy wtyków i opraw.

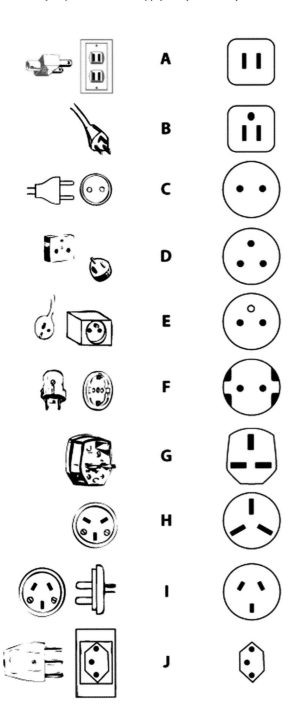

# PODZIĘKOWANIA

Chciałbym szczególnie podziękować za pomoc przy pracy nad książką następującym instytucjom i osobom:

The Los Angeles Film School
www.LAFilm.com

Mole-Richardson Lighting i Larry'emu Parkerowi
www.mole.com

DSC Laboratories
www.dsclabs.com

ETC – Electronic Theater Controls (Source Four Lights)
www.etcconnect.com

Gossen Foto
www.gossen-photo.de

Bogen Imaging
www.bogenimaging.us

Barger BagLites, Edowi Bargerowi
www.barger-baglite.com

Yuri Neymanowi, Gamma and Density
www.gammadensity.com

Wszystkim z listy mailingowej operatorów filmowych, stworzonej przez Geoffa Boyle'a
www.cinematography.net

Magic Film and Video
www.mfvw.com

Elinor Actipis z Focal Press
http://books.elsevier.com/focalbooks/

Carze Anderson z Focal Press

Owenowi Stephensowi z Pampa Lites
www.pampalite.com

Charlesowi Libinowi, Davidowi Skutchowi z Luminaria/Ruby 7
www.luminaria.net

Freiderowi Hochheimowi z Kino Flo
www.kinoflo.com

Rosco
www.rosco.com

Tony'emu „Nako" Nakonechnyj'emu, mistrzowi oświetlenia i operatorowi

Tomowi Denove'owi, operatorowi

**Szczególne podziękowania**
Chciałbym bardzo podziękować tym, którzy pomogli mi napisać tę książkę i być
lepszym nauczycielem sztuki operatorskiej, a także tym, dzięki którym mogłem lepiej
zrozumieć sztukę oświetlenia filmu i wideo.
Joe'emu Byronowi, dyrektorowi departamentu edukacji w Los Angeles Film School
Arielowi Levy'emu, kierownikowi produkcji w Los Angeles Film School
Dave'owi Dailey'owi z Los Angeles Film School

Pracownikom i studentom z Los Angeles Film School, szczególnie Barbarze Dunphy,
Karen Thompson, Patrickowi Olmsteadowi, Nesdonowi Boothowi, Paulowi Balbirniemu,
Mattowi Villinesowi, Ginie Tucker, Gregowi Filkinsowi, Charliemu Rose, Kevinowi Atkin-
sonowi i wszystkim innym.

Larry'emu Mole'owi Parkerowi i Johnowi Clishamowi z Mole-Richardson. Mistrzowi
oświetlenia i operatorowi Tony'emy „Nako" Nakonechnyjemu, operatorowi i mistrzowi
oświetlenia Davidowi Chungowi.

Szczególnie podziękowania chciałbym złożyć Brockowi D. Lafondowi za stworzenie
trójwymiarowych modeli sprzętu oświetleniowego, wykorzystanych w tej książce jako ilust-
racje: brock@ateires-media.com

# O AUTORZE

**Blain Brown** od ponad 20 lat pracuje jako operator przy produkcji filmowej i wideo. Był również reżyserem i scenarzystą kilku filmów, spotów reklamowych i wideoklipów, a także producentem.

Obecnie pracuje jako operator filmowy, a także scenarzysta/reżyser w Los Angeles; wykłada na wydziale operatorskim w Los Angeles Film School w Hollywood. Opublikował m. in. Cinematography: Theory and Practice, książkę wykorzystywaną jako podręcznik w wielu szkołach filmowych. Ma również swoją stronę internetową: www.BlainBrown.com

# INDEKS

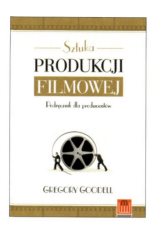

książki

Wydawnictwa
Wojciech Marzec
www.w-wm.pl

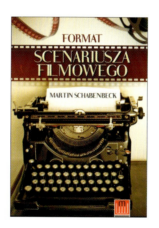

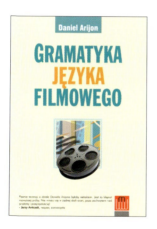

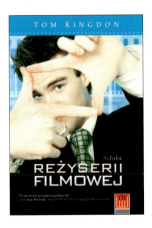

ksiażki

Wydawnictwa
Wojciech Marzec
www.w-wm.pl

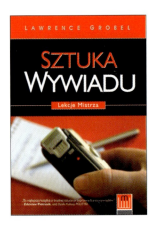

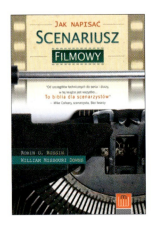